熱狂的
ビジネス
モデル

Emotion-Based Business Model
The Future of Value Creation Inspired by Art

アートが見せる
価値創造の未来

川上昌直
Masanao Kawakami

東洋経済新報社

i

はじめに

▶ アートがビジネスを強くする

　ビジネスモデルを一言で言うならば、「儲ける仕組み」である。その語感から、いかに収益化を図るのか、いかに多く利益を得るのか、それにはどのようなパターンがあるのか、といった議論を期待しがちである。広く流布する定義というのは怖いもので、それが浸透している現在、ビジネスモデルには冷静かつ冷徹に利益を追求するようなイメージさえある。

　儲ける仕組みの追求は大切なことではあるが、それはビジネスモデルの持つ「価値獲得」（利益獲得）といわれる一面にすぎない。ただし、利益獲得はそれ自体では存在しえない。企業にユーザーや顧客を喜ばせるだけのプロダクトがあり、なおかつそれを企業自身が提供するプロセスがあって初めて語れるのだ。

　広くビジネスの世界では、前者を顧客価値提案（CVP: Customer Value Proposition）、後者を価値提供プロセスと呼ぶ。これら付加価値を生み出す2つの要素に注目してビジネスを推進することは、「（顧客）価値創造」という文脈の下に論じられてきた。

　ビジネスモデルは本来、この価値創造を続けるために必要なカネ、すなわち、利益獲得を考えるものである。言い換えれば、顧客に価値を提供しつつ、その過程で企業が持続可能な利益を生み出す仕組みを設計する。これがビジネスモデルの本質だ。単なる利益の追求ではなく、顧客価値と企業価値の両立をめざす「現代の経営学」の核心部分ともいえる。

　そのため、ビジネスモデルを語るときは、価値提案、プロセス、利益といった構成要素を取り扱うとしても、企業の現状と直面する課題に応

じて、トーンが異なっている。

　プロダクトが秀逸で技術力が高いのに収益性が低い企業においては、利益獲得に重点を置いた議論が展開される。また、プロダクトから利益を得ているものの、それを支える技術がない場合には、プロセスに重点を置いた議論になるだろう。

　あるいは、現状において、特定の技術に支えられたプロダクトから利益を生んでいるとしても、陳腐化の傾向が見られるようであれば、顧客価値提案に重点を置くことになる。

　前著『収益多様化の戦略』では、良いプロダクトとそれを生み出す技術力のある日本企業が、価値創造を起点として、さらに利益を獲得できるようにするにはどうすればよいのかという点を述べた。単純に利益を高めるための小手先の技術を述べたわけではない。すでにその企業のプロダクトと技術が素晴らしい成果を収めているならば、おいそれと何かを変革できるわけではない。

　そこで利益を中心として、最も難易度の高い価値創造の変革のための余白を創る、というアプローチを取り、最終的にはビジネスモデルそのものを改革できることを明らかにしてきた。目的は、あくまで価値創造の変革を伴ったビジネスモデルの改革である。現に、世界をリードするテック企業は、価値創造はもとより利益獲得をも駆使しながら、ビジネスモデルを変革していることが見て取れるのだ。[1]

　利益獲得についてオリジナリティのある方法論を取れば、当然にビジネスモデルの本丸である価値創造のあり方も大幅なアップデートを迫られるが、果たしてこれまで論じられてきた伝統的なマーケティング方法やプロセス構築の方法が、それに対応しきれるのだろうか。

　たとえば、いくら魅力的であるからといって、企業が販売モデルからサブスクリプション（継続購入）モデルに利益獲得を変革しても、価値創造のあり方がそれに対応していなければ、うまくいくはずがない。そう

---

[1]　川上 [2021]。

して、お題目のみサブスクリプションを掲げた多くの企業が、成果をあげられないままであったり、活用できずに苦しんでいたり、はたまた撤退の憂き目に遭うという苦い経験をしている。[★2]

　そこから、現代のビジネス環境下で生きる私たちに必要な価値創造のあり方を根本的に問うために本書の執筆に至った。

　利益獲得を意識すれば、ユーザーが思わず使わずにはいられない、気になって仕方ないプロダクトを提案し、提供できなければならない。しかし、今の日本企業はそうではない。丁寧な作り込みや、壊れないプロダクト、それを支える技術力の素晴らしさには特筆するべきものがあるが、ユーザーを夢中にするほどのプロダクトが作れているだろうか。継続的に支払いたくなるほど粘着性のあるサービスはあるか。桁違いな価格を支払ってでも購入したいものはあるか。そうでないとすれば、何を頼りに変革を進めるべきか。

　本書では、それをアート（art）と、それにまつわるアーティストの態度をベースに議論を進める。

　なぜ、アートなのか。

　それは、アートが持つ本質的な創造性という特性や直感、感性がビジネスのイノベーションに不可欠だからだ。

　昨今、「アート思考」がブームのようになっているが、どうにも違和感が拭えない。アーティストが世の中をどのように観察し、解釈し、表現するのか、といった飽くなき挑戦を続けているその態度を「思考（thinking）」と表現してよいのだろうか？

　アートにおいて重要なのは、思考そのものではなく、「感覚」や、それらのもととなる「態度」や「心構え」、あるいは「精神」そのものではないか。これらの要素は、思考や分析を超えたより深い創造の源泉となる。アーティストは、世界を独自の視点で捉え、既存の枠組みにとらわれず、自由な発想で表現する。

――――――――――

★2　川上［2019］。

この姿勢は、ビジネスにおいても革新的なアイディアや製品を生み出すカギとなる。思考では到達できない領域に感覚を駆使して踏み込むことで、真に顧客の心を揺さぶるプロダクトやサービスが生まれる可能性があるからだ。

本書では、これらを包括して「アートマインドセット」という独自の概念を提唱する。そして、「思考」の定義の下では縛られたままの感覚を爆発させる。思考を超越する「アートとビジネスの交差点」を示し、ビジネスモデルを飛躍的に強化していきたい。

▶ ビジネスモデルを熱狂的レベルまで高める

アートの力は、ビジネスモデルを強くする。導入に際して、いま一度ビジネスモデルを明確に定義しておこう。

> **ビジネスモデルとは、顧客を喜ばせながらも、企業が継続的に利益を生む仕組みである。**

先述のとおり、ビジネスモデルは「儲ける仕組み」と定義されることが多いため、利益に焦点が置かれがちだが、その理解では本質を見失ってしまう。利益はあくまで制約条件だ。利益は事業を続けるために必要なのである。では、何のために事業を続けるのか。それが顧客を喜ばせることにほかならないのだ。

ただし、現在、「顧客を喜ばせる」くらいで製品やサービスが支持され続けることは難しい。手っ取り早く顧客の言うことを聞いて瞬間的に喜ばせることはできても、顧客の要求水準は高くなるばかりで、いたちごっこが終わらない。

長らくの間、学界においても実業界においても、ビジネスにおけるほとんどの記事や文献において、「顧客を喜ばせる」ことが最も重要視されてきたが、サブスクリプションをはじめとするリカーリングモデルを

見れば、「顧客を喜ばせること」が継続の決め手になるとは、到底言えない。

単月分の月額利用料を支払って、瞬間的に用事をこなすことができれば、当月で簡単に解約されてしまう。「顧客満足」では支払いが継続しないため、デジタル企業は「顧客を成功させる（カスタマーサクセス）」を号令に、顧客を喜ばせる概念を拡張させてきた。

では、その次は何か？ いや、次を考えている場合ではない。本質は何かが問われているのだ。これからのビジネスにおいて、筆者は「熱狂」が大きなキーワードになっていると確信している。

いかに、顧客を熱狂させるか。

それを考えるうえで大きなヒントになるのが、本書で力を借りるアートである。数十年、数百年、あるいは、それ以上の期間にわたって、アートは鑑賞者の心を感動させ続けている。絵画のみならず、音楽であれ、舞台であれ、彫刻であれ、建築であれ、アートは一度人の心を捉えたら、「原体験」として、しばらくその中に居座り、根を張っていく。鑑賞者の心の中に長らく住み着き、ふとした瞬間やきっかけに、再び熱狂を蘇らせることもある。さらには日々の経験や何気ないアイディアと融合し、革新的な発想を生み出していく。

卑近なところでは、日々音楽配信サービスで、ポップスやロックを聴いていても、そのような体験に見舞われることがある。ポップカルチャー1つとっても、アートの存在のありがたさに気づいている人は多いのではないだろうか。

アートの中でも、本書では主に純粋芸術（fine art／pure art）としての絵画を中心に取り上げる。その理由は4つある。

1つ目は、絵画は、アーティスト本人が作り上げたものが、ほぼそのままの形で保存された状態で鑑賞可能であるからだ。絵画からは、まるで時を切り取ったかのような臨場感や空気感を味わえる。

現在では、インターネットで検索すれば概要を知ることはできるし、美術館に行けば実物を見ることもできる。世界中を旅しなくても、自分

の住む街の美術館にすでに収蔵されていたり、企画展が開催されること
もある。熱量が保存された現物を見ることができる貴重な機会。ここで
学ばない手はない。

　2つ目に、アーティストが自分の名を掲げ、自身のオリジナリティを
もって作り上げた歴史は、まさに抵抗と突破、ブレークスルーとイノ
ベーションの格好の教科書であるからだ。

　特に、ダ・ヴィンチやミケランジェロ、そしてラファエロなど、アー
ティストという名称が世に知られるようになったルネサンス期で、アー
トは大きなイノベーションを迎えた。それから400年、その方法をベー
スとした持続的な革新は続くが、19世紀後期の印象主義によって、破
壊的イノベーションが実現される。

　その後は、破壊的イノベーションが連続的に起こり、わずか60年の
間に抽象絵画まで大転換を果たす。さらにイノベーションは続き、コン
テンポラリーアート（現代アート）へと続いていく。一度起きた破壊的イ
ノベーションは現代にわたっても継続しているのだ。伝統を崩すための
ブレークスルーのお手本として、これほど好ましいものはないと言える
だろう。★3

　3つ目は、アーティストは創作において必ず何らかの問題意識を持っ
ているからだ。そうして生み出された絵画が、時を経てもなお愛されて
いるのだ。

　絵画は、その時代の背景とアーティスト本人の問題意識とリンクして
いるため、まさに「なぜ」の連続を私たちに提起する。すでに「問題解
決」や「ソリューション」をベースとしたイノベーションが価値を失い
つつある現代において、純粋絵画はまさに「問題提起」の格好のケース
スタディであり、それらをビジネスの目線から脈絡に沿って見直すこと
で、新たな発見が期待できる。

★3　絵画の起源をたどれば、紀元前の大昔に洞窟に書かれた壁画、あるいは、神話や聖書を
　　題材としたものがあるが、本書では、こうした作者不詳のものは取り扱わない。

最後に4つ目として、老若男女問わず、いつ始めても養うことのできるマインドセットであるからだ。かくいう筆者は、2021年に『収益多様化の戦略』を上梓して以降、マネタイズやビジネスモデル研究からいったん距離を置いて、ロンドンに居住する機会を得た。

欧州の30都市以上をめぐり、行く先々で訪れた美術館・博物館の数はゆうに50を超える。幸運なことに、現代アーティストやオークション担当者とも親交を深めてきた。本書で提案するのは、アーティストたちに取り囲んでもらって初めて高まったマインドセットである。

ビジネスばかりを考えてきた人間であっても、あるいは一定の年齢を超えても、そのような感覚が得られることを身をもって体験できた。これ以上の経験談は控えるが、絵画が凝り固まったビジネスのマインドセットを根底から覆すことができると感じたことは大きい。

以上から本書では、アートの力を借りてビジネスモデルをいかに熱狂的レベルまで高めていくのか、感動の火を燃やし、さらに大きな熱狂といううねりへと、どのように変えていくのかを述べる。

熱狂はマーケティングや組織論で語る性質のものであり、ビジネスモデルは淡々と利益を生み出す仕組みを述べておけばよいと思う方もいるかもしれない。しかし、プロダクトとそれを包含するビジネスモデルそのものが熱狂を帯びていない限り、それを立体化する人々もまた熱狂することはない。これが、筆者が本書を上梓しようと思ったきっかけでもある。

* * *

本書は、大きく3つの部で構成されている。

第Ⅰ部は、ビジネスがアートから学ぶべきマインドセットについて問題提起をしている。

第Ⅱ部では、実際にアートマインドセットがどのような要因から成り立っているのかを、アート作品やアーティストに焦点を当てながら個別具体的に示している。

第Ⅲ部は、アートマインドセットを取り入れることで、未来のユーザーに向けた問題提起を利益獲得につなげる、全く新しいビジネスモデルの考え方を提示する。

最初から順に読むことをお勧めするが、革新的なビジネスモデルのあり方を効率よく知りたいのであれば、第Ⅰ部の次に第Ⅲ部へと読み進め、その後に第Ⅱ部を読むルートをたどっても問題ない。アートに興味があるビジネスパーソンは、時間はかかるかもしれないが、特に第Ⅱ部に時間をかけることで、ビジネスとアートの両方の知見を同時に深めることができる。

本書をきっかけに、多くの企業が力強いアートが持つ「熱狂」の力を借りて、持てる力を最大限に発揮し、ユーザーにも感動と熱狂をもたらすビジネスモデルを生み出せるようになってほしいと切に願っている。

2025年春

川上昌直

熱狂的ビジネスモデル
目次

はじめに　i

  ▶ アートがビジネスを強くする　i
  ▶ ビジネスモデルを熱狂的レベルまで高める　iv

第 I 部　ビジネスに熱狂が必要な理由

第 1 章　プロダクトを強くするアート ——— 003

1. 規格外のプロダクト　004

2. 高額プロダクトの取引理由　008

  ▶ 顧客が喜び、利益も生まれる　008／▶ WTPは意味的価値に依存する　010
  ▶ 意味的価値の創造をめざして　012

3. アーティストが捉えるアート　013

  ▶ アートがアートたる理由　013／▶ アートマインドセット　016
  ▶ マインドセットからアートを探る　019

4. プロダクト・アズ・アート　023

第2章 ビジネス・アートマインドセット —— 025

1. これまでのビジネスモデルでは不可能 027

▶ 従来のビジネスモデル概念 027 ／ ▶ 激動期に求められるビジネスモデル概念 030

2. ビジネスマインドセットをアートで書き換える 032

▶ アートマインドセットをビジネスに取り込む 032
▶ アートからビジネスをならう根拠 035 ／ ▶ これまでのビジネスモデル 038
▶ アートマインドセットのビジネスモデル 039

3. ビジネス・アートマインドセットの概説 042

▶ 創り手の熱狂 043 ／ ▶ 創り手の感覚 044 ／ ▶ プロダクト 044
▶ 受け手の感覚 045 ／ ▶ 受け手の熱狂 045

4. アート思考との違い 046

▶ アート思考の台頭 046 ／ ▶ アート思考が示すもの 050

5. アート思考を超えて 055

▶ アート思考では足りない 055 ／ ▶ アートから学ぶこと 057
▶ 新たなビジネスモデル 058 ／ ▶ 熱狂的ビジネスモデルへ 061

第 **II** 部 アートが見せる革新的な価値創造

第3章 すべては創り手の熱狂から始まる ——— 065

1. 熱狂の宿主 066

▶ 世紀をまたぐ熱狂　066／▶ 人生を変える熱狂体験　068

2. 熱狂と内的必然性 071

▶ 内的必然性　071／▶ 内的必然性の3要素　073／▶ 熱狂を生む原体験　075

3. アーティストたちの熱狂 077

▶ フランシスコ・デ・ゴヤ《1808年5月3日》　077
▶ エドゥアール・マネ《草上の昼食》《オランピア》　080
▶ ポール・ゴーガン
《我々はどこから来たのか、我々は何者か、我々はどこへ行くのか》　084

4. 熱狂を生み出すパワー 090

▶ 内的必然性の3A　090
▶ 何を追体験させるのか？　作品に込められた原体験　093
▶ 現実歪曲フィールド　094／▶ 類似概念としての内発的動機づけとの違い　097

第4章 創り手の感覚 —————————————— 099

1. 熱狂を作品へと落とし込む感覚　100

2. アーティストの感覚　102

▶ アーティストの感覚と前提　102
▶ レオナルド・ダ・ヴィンチ──空気遠近法とスフマート　104
▶ ヨハネス・フェルメール──ポワンティエ、ルプソワール、ウルトラマリンブルー　108
▶ クロード・モネ──筆触分割による空気感の表現　113

3. 感覚の系譜とブレークスルー　117

▶ アーティストの感覚　117／▶ ポール・セザンヌによる「感覚の実現」　120
▶ 感覚から熱狂への逆流　126

4. 熱狂を伝えるビジネス感覚　127

▶ 創作活動を特別にする感覚の特徴　127
▶ ビジネスにおける一般的な意識との乖離　130／▶ 逆張りの意思決定　134

第5章 受け手の感覚 —————————————— 135

1. 受け手の感覚とは　136

▶ 感覚の非対称性　136／▶ 名作は間口が広い　138
▶ コンテンポラリーアートの障壁が低い理由　140

2. 美術商によるキュレーション 142

- ▶ キュレーションの重要性　142 ／ ▶ 美術商の成り立ち　144
- ▶ 印象派の立役者、美術商デュラン＝リュエル　145
- ▶ ポスト印象主義を支えた美術商ヴォラール　149

3. アーティストによるキュレーション 150

- ▶ キュレーターとしてのアーティスト　150
- ▶ アーティスト本人によるセルフキュレーション　152

4. プロダクトへの感受性を知る 156

- ▶ 受け手は主観的に判断する　156 ／ ▶ 間口の拡大　157
- ▶ キュレーション　158 ／ ▶ プロダクトの価値を適切に伝えるために　159
- ▶ A24──現代のキュレーター企業　159

第6章 受け手の熱狂 163

1. デコードと熱狂 164

2. 熱狂の追体験 165

- ▶ 感覚と熱狂の双方向性　166 ／ ▶ 感覚の限界に挑む　169

3. 「わかる人にはわかる」熱狂を引き出す感覚 172

- ▶ 「わかる人にはわかる」というスタンス　172
- ▶ 熱狂を引き出す「感覚」とは　175 ／ ▶ 感覚をつかまえる　178

4. わかる人以上にわかろうとする熱狂　179

▶ さらなる熱狂にも耐える懐の深さ　179／▶ 客観と主観で作品を受け取る　180
▶ 客観的事実を深掘りする　182／▶ 解明される違和感　185

5. プロダクトで生み出される受け手の熱狂　188

▶ スティーブ・ジョブズのマッキントッシュ　188／▶ 熱狂的なものづくりへ　191

第7章　アーティストの存在を浮き彫りにするアートマインドセット — 193

1. アートマインドセットを俯瞰する　194

▶ 熱狂の源泉——内的必然性の3A　194
▶ 創り手の感覚——シグネチャーとオマージュ　195
▶ アート作品——ごまかしか否か　196／▶ 受け手の感覚——好きなものは好き　196
▶ 熱狂の追体験——わかる人にはわかる　197

2. アーティストの熱狂を鑑賞者の熱狂へ　198

▶ ワシリー・カンディンスキー　200／▶ レオナルド・ダ・ヴィンチ　201
▶ ヨハネス・フェルメール　202／▶ フランシスコ・デ・ゴヤ　203
▶ エドゥアール・マネ　204／▶ クロード・モネ　205
▶ ポール・セザンヌ　206／▶ ポール・ゴーガン　207
▶ パブロ・ピカソ　208／▶ サルバドール・ダリ　209
▶ アンディ・ウォーホル　210

3. 熱狂でつながる　211

第 **III** 部　熱狂するビジネスモデル

第 **8** 章　アートマインドセットを
　　　　ビジネスに転写する ———————— 217

1. ビジネスへの転写 218

- ▶ ビジネスマインドセットへの適用　218
- ▶ メーカーの熱狂の源泉——原体験と問題意識　219
- ▶ メーカーの感覚——シグネチャー　221／▶ プロダクト・アズ・アート（PaArt）　222
- ▶ ユーザーの感覚——好きなものは好き　227
- ▶ ユーザーの熱狂——わかる人にはわかる　228

2. ビジネスモデルへの展開 230

- ▶ ビジネスモデルへの適用　231／▶ 提供プロセス　233

3. ビジネスモデルを完成させる価値獲得 235

- ▶ 価値獲得　235／▶ 誰が大黒柱か　239／▶ 何が利益源か　240
- ▶ どのように期待利益を回収するか　242／▶ 利益方程式　245

4. アートマインドセットのビジネスモデルへ 246

第9章 熱狂的ビジネスモデル ——————— 249

1. 熱狂的ビジネスモデルのフレームワーク 250

2. ビジネス界のアーティスト 252

▶偉大なアーティストの功績 252／▶数少ないビジネス界のアーティスト 254

3. バリュー・インターセクションによる熱狂的ビジネスモデルの追体験 256

▶ジョブズのアップルコンピュータ（マッキントッシュ） 256
▶ジョブズのアップル（iPhone） 259
▶マスクのテスラモーターズ（高級スポーツカー） 262
▶マスクのテスラ（普及価格帯へ） 264

4. ビジネスモデルを熱狂的にするために 267

▶バリュー・インターセクションの特異点 267／▶価値創造の一貫性 269
▶価値獲得の多様性 271

5. バリュー・インターセクションによる革新的ビジネスづくりへ 273

おわりに 275

参考文献 280

第 I 部

ビジネスに熱狂が必要な理由

革新的なプロダクトをいかにして創り上げるのか？　ビジネスに携わる人々は、日々この問題に取り組んでいるが、論理的に解き明かされない部分も多いため、既存のビジネス理論で十分な解が得られるものではない。不確実性の高い環境でビジネスにどう向き合うのか、という根本的な姿勢や態度に焦点を当てる必要がある。このとき、アートは格好の教材となる。第Ｉ部では、ビジネスパーソンがなぜアートから学ぶ必要があるのか、そして、最終的に本書がめざすゴールとしてのビジネス・アートマインドセットについて説明する。

第 1 章

プロダクトを強くするアート

Connecting the dots.
点はいつかつながる。

——スティーブ・ジョブズ

Everything starts from a dot.
すべては点から始めよ。

——ワシリー・カンディンスキー

卓越した製品やサービスを生み出して、世の中を前進させる。

どの企業の経営者も、どのビジネスパーソンも意識するべきことであろう。その実現のために、プロダクトだけではなく、「儲ける仕組み」であるビジネスモデル自体を革新し続けるのが経営の本質である。

では、どんなプロダクトが喜ばれるのだろうか。それを考えるときに最もわかりやすいのは、「非常識に価値を見出されているもの」を洗い出してみることだ。ハンドバッグか、時計か、自動車か、宝石などのラグジュアリーなプロダクトか、はたまたアートか。まずは、これらのそれぞれの史上最高額を探ってみよう。★1

1. 規格外のプロダクト

まずは、2010年にクリスティーズで落札されたモワードの「1001ナイツ・ダイヤモンドパース」と呼ばれるハンドバッグである。価格は380万ドル（当時のレートで4.3億円）で過去最高額を記録した。ハンドバッグそのものの価格というよりは、至るところに施されたダイヤモンドにその価値があったといってよい。

資産価値が高いと認知されている時計の史上最高額はどうだろうか。ハンドバッグの8倍ほどの3100万スイスフラン（当時34億円）で、2019年11月に落札された腕時計がそれだ。世界三大雲上時計の一角、パテック・フィリップの「グランドマスター・チャイム6300A-010」である。ステンレス製ながら、超絶技巧が用いられていることはもとより、

★1 なお、ヴィンテージとして扱われるもののほうが価値が高いため、新品小売価格の最高額ではなく、オークションや二次流通での価格を見ていく。

図表1-1 ▶ ラグジュアリー商品の史上最高価格

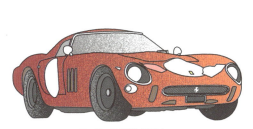

フェラーリ「250GTO」
5200万ポンド（76億円）
個人売買、2018年8月

モワード「1001ナイツ・ダイヤモンドパース」
380万ドル（4.3億円）
クリスティーズ、2010年

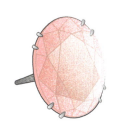

ファンシー・ヴィヴィッド・ピンク・ダイヤモンド
59.61カラット
8302万ドル（85億円）
サザビーズ、2013年11月

パテック・フィリップ
「グランドマスター・チャイム6300A-010」
3100万スイスフラン（34億円）
オンリーウォッチ、2019年11月

両面にダイアルを持つ特別仕様の一点物であるため、超高額で取引された。

　自動車の史上最高額に関しては、個人売買でありながらも2018年8月に落札された、フェラーリ「250GTO」であった。落札価格は5200万ポンド（当時76億円）である。史上最高額でいえば、時計の倍以上の価格となっている。

　宝石は2013年11月に8302万ドル（当時85億円）で落札された、ファン

006 第Ⅰ部◆ビジネスに熱狂が必要な理由

図表1-2▶絵画の売買価格（2025年2月時点でのランキング）

順位	画家名	作品名	落札年	落札金額	取引形態
1	ダ・ヴィンチ	サルバトール・ムンディ	2017年	4億5000万ドル	オークション
2	デ・クーニング	インターチェンジ	2015年	3億ドル	個人間取引
3	セザンヌ	カード遊びをする人々	2011年	2億5000万ドル	個人間取引
4	ゴーガン	いつ結婚するの？	2014年	2億1000万ドル	個人間取引
5	ポロック	Number 17A	2015年	2億ドル	個人間取引
6	レンブラント	旗手	2022年	1億9800万ドル	個人間取引
7	ウォーホル	ショット・セージブルー・マリリン	2022年	1億9500万ドル	オークション
8	ロスコ	No.6	2014年	1億8600万ドル	個人間取引
9	クリムト	水蛇II	2013年	1億8400万ドル	個人間取引
10	レンブラント	ソールマンスとコーピットの肖像	2015年	1億8000万ドル	個人間取引
11	ピカソ	アルジェの女たち（バージョンO）	2015年	1億7900万ドル	オークション
12	モディリアーニ	横たわる裸婦	2015年	1億7000万ドル	オークション
13	リキテンスタイン	マスターピース	2017年	1億6500万ドル	個人間取引
14	モディリアーニ	（左向きに）横たわる裸婦	2018年	1億5720万ドル	オークション
15	ピカソ	夢	2013年	1億5500万ドル	個人間取引

（注）落札金額は概算。
（出所）各種データをもとに作成。

シー・ヴィヴィッド・ピンク・ダイヤモンドが史上最高額である。自動車よりも高額で取引されており、ここまでで、動産の最高額は宝石であった。

では、アートはどうだろうか。

図表1-2は絵画の売買価格の歴代ランキング（2025年2月時点）を示したものである。15位にランクしているパブロ・ピカソの《夢》が落札されたのは2013年、その価格は1億5500万ドルであった。この段階ですでに、先ほどの動産最高額である宝石の1.8倍以上の価格となっている。圧倒的な価格差である。

そこからランクが上がるにつれて、ポップアートの巨匠ロイ・リキテンスタインやアンディ・ウォーホル、そして、オールドマスターのレンブラント・ファン・レインの名が挙がる。

3位にランクインしたのが、2011年当時で歴代最高額である2.5億ドル（当時レートで約241億円）となった、現代アートに大きな影響を与えたポール・セザンヌの《カード遊びをする人々》である。5枚あるうちの1枚が売りに出された。

その後、現代アートのウィレム・デ・クーニングの《インターチェンジ》が2015年に3億ドル（当時は約412億円）で落札、絵画の値はさらに上がった。

絵画の売買における史上最高額は、クリスティーズ・オークションで落札された《サルバトール・ムンディ》だ。その額は4.5億ドル（当時は約513億円）で、当時世界中で話題となった（図表1-3）。2017年に真贋や過修復など、数々の問題が指摘されながらも、失われた最後のレオナルド・ダ・ヴィンチ作（"the last Leonard"）として注目されたこの絵画は、ダイヤモンドの史上最高額の実に6倍もの額である。

ここで1つの疑問が浮かび上がる。絵画は人件費を除く原価で見れば、キャンバスと絵の具、フレーム費用ぐらいしかかかっていない。バッグや時計のように身につけることもできず、宝石のように希少資源でもない。ましてや、自動車のように動かすことなどできない。にもかかわらず、なぜこれほどまでに高値で取引されるのだろうか。

実は動産、すなわち、プロダクトとして見たとき、絵画は他のプロダクトの追随を許さない飛び抜けた性質を持っているのだ。ここから、ビジネスモデルの研究者という立場から、なぜアートに高い価値がつくのかという点を見ていこう。それは、プライシングに悩む経営者に有益な視座を与えることにもなるはずだ。

図表1-3 ▶ ダ・ヴィンチ作とされる《サルバトール・ムンディ》(1500年頃)

(個人所有)

2. 高額プロダクトの取引理由

▶ **顧客が喜び、利益も生まれる**

　アートが規格外の価格でも取引されている事実は、それを欲しがる人がきわめて高額な評価をしているからにほかならない。ビジネスモデル

図表1-4 ▶ 価値創造と価値獲得

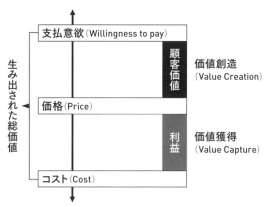

(出所) 川上 [2021] p.7。

は「儲ける仕組み」である。正式に定義すれば、「買い手に価値を与え、売り手に利益をもたらす仕組み」である。この考え方に基づけば、アートの価格がいくら法外であると多くの人が評価しても、買い手本人にとっては妥当なのだ。取引が行われると、売り手、買い手の双方が喜んでいるという状況が生まれる。

これをビジネスモデルの脈絡で示したものが、図表1-4である。まずは、わかりやすいところから利益を定義してみよう。利益は、価格からコストを差し引いたものである。たとえば絵画の売り手は、かつてそれを手に入れた金額がコストであり、売却するときに付いた値段が価格である。ここまでは、アカウンティングやファイナンス的発想で簡単に定義できる。ポイントは、なぜその価格で売れたのかということである。

それを説明するのが「顧客価値」という概念である。顧客価値とは、買い手が支払ってもよいと思っている金額である支払意欲（WTP: Willingness to Pay）から、その価格を差し引いたものである。

たとえば、暑い日に路上でのどが渇いたとする。200円を支払うからなんとかしてほしい。その状況におけるWTPは200円である。自販機

でボトル入りの水を見つけたとき、もしその価格が120円であればどうなるか。

200円を払う気でいた人は、水を手に入れるだけでなく、お釣りの80円も手にすることができる。これが顧客価値の正体である。つまりは、自身の評価した金額よりも価格が安いとき、すなわち、顧客価値が存在するときに取引が起こるのだ。

そして、プロダクトを価格以下で提供できるとき、売り手は利益を手にする。これが利益獲得（価値獲得）と呼ばれる行為である。先の事例であれば、水のボトルを120円未満で提供できれば、残りは売り手の利益となる。1本50円で提供できれば70円の利益を手にすることになる。

この事例では、買い手が200円と評価するものを売り手が50円のコストで提供できるため、この取引で想像された総価値は150円になる。価格を120円としたことで、買い手に80円、売り手に70円、それぞれ価値が分配されたことになるのだ。

企業はこれまでWTPを高めるか、コストを下げるかして、総価値を創造し、大きくする取り組みをしてきた。最も単純なのはコストダウンである。これは日本企業のお家芸ともいえる、模倣や効率性、合理化などの血のにじむ努力によって実現されてきた。デジタル化もコストダウンに大きく貢献してきた。

しかし、どの企業もデジタル化が当たり前になり、そのうえ、為替変動やカントリーリスクによって合理化の努力を無に帰するほどの原料高を経験している。もはやビジネスモデルを成立させるには、コストダウンだけでは限界に来ており、WTPを高める戦い方のバリエーションを持つことが必要である。いわば、絶えざるプロダクトイノベーションが何より重要なのだ。

▶ WTPは意味的価値に依存する

WTPは、ビジネスモデルの成立にとって重要であるものの、それを

図表1-5 ▶ 機能的価値と意味的価値(情緒的価値)

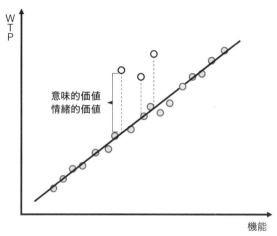

（出所）延岡［2011］p.101を加筆修正して作成。

成功裏に高めるのは困難を極める。というのも、買い手が多くの情報を得るようになると、WTPの評価は辛口になってくる。特にプロダクトにまつわる特定の機能の評価ができるようになると、ある程度は適正にWTPを見積もれるようになる。

たとえば、パソコンであればCPU性能やメモリなどの基本スペックを横軸にとり、縦軸にWTPをとってみる。すると、機能に比例してWTPが高くなっていく散布図が描ける。さらには、それらは右斜め上に走る直線上に並ぶことになる。図表1-5はそれを表している。

しかし、そうした標準的なプロダクトとは一線を画する異常値が現れることがある。たとえば、そこに付加されたブランド性や希少性、その他、機能外の評価によってWTPが大きく評価されているものがあるのだ。それが、機能との差分を表す「意味的価値」や「情緒的価値」と呼ばれるものだ。

パソコンではアップルのMacBookシリーズがそうだろう。あるい

は、自動車では、突出したブランドを持つフェラーリやベントレーなど、機能を無視したWTPを持つプロダクトが出てくる。

　企業はこの意味的価値を高めるべく、さまざまなプロダクトを開発し、それを生み出すビジネスモデルの構築に邁進してきた。その際、先ほど紹介した屈強のブランドを持つ企業や、そのプロダクトがベンチマークされてきた。

　他にも、レザープロダクトであればエルメス、アパレルであればルイ・ヴィトングループ、あるいはサービス業や飲食業であれば、ミシュランガイド掲載店舗などである。これら企業が「最も意味的価値の高いプロダクトは何か」と尋ねられたら、こう答えるだろう。「アートだ」と。

▶意味的価値の創造をめざして

　アート作品は意味的価値の塊である。そもそもファインアートやピュアアートといわれる「純粋芸術」には、「観る」以外の価値はない。機能的価値はほぼ存在せず、意味的価値のみで評価されているといってよい。しかもその価格が、動産で圧倒的に高い。

　名だたるハイブランド企業は、アートを所有するか、あるいは美術館を保有していることも多い。アートからインスピレーションをもらって、さらなる意味的価値の創造を試みているといえる。今後、意味的価値を創造するためには、企業はこれまで以上にアートからイノベーションのヒントを得られるはずだ。

　もはや成功した企業をベンチマークしても、わかりきった結果しか得られない。また、その企業の真似をしても、事業環境が比較的近い状況では多少は再現可能だが、まさに激動の時代において、果たしてどれだけ有益かは、はなはだ疑問である。これから世の中をあっといわせようとする企業は、先行企業に正解を求めている場合ではない。自身でテーマを作り出し、自ら未開の地に踏み出さなければならない。

　このとき、大いにヒントになるのが、時の洗礼を経てなお、きわめて

高い価値がつくアートだ。アートに意味的価値の根拠を求めるほうが、よほど合理的ではないだろうか。筆者は、名を残したアーティストのアートに向かう姿勢や態度こそが、起業家がプロダクトやビジネスモデルそのものに向かう姿勢や態度に大いなるヒントをもたらすと考えている。

3. アーティストが捉えるアート

　では、アーティストはどのように価値創造に対峙しているのだろうか？　その考えは、アーティスト本人に聞くのが最も適切であろう。

▶アートがアートたる理由

　芸術作品としてのアートを見て感動する。そのような機会を得た人は多いだろう。特に名画を生み出したアーティストの作品を見れば、理由なく感動してしまうことがある。

　レオナルド・ダ・ヴィンチやラファエロ・サンティなどのルネサンス期を代表する作品群や、アート界のイノベーションといわれたクロード・モネやオーギュスト・ルノワールなどの印象派、さらにはより自由な表現が進んだパブロ・ピカソのキュビスムや、アンリ・マティスのフォーヴィスム、サルバドール・ダリのシュルレアリスムなどの絵画は、数十年どころか数百年以上の時を経て、今でも人々の心を動かし続け、熱狂させている。

　アーティストが生む作品が世紀を超えて愛され続け、人々の心を揺さぶり続けているのはなぜだろうか。看板に書かれた絵やポスターなどのコマーシャルアートと、何が違っているのだろうか。

　それについて卓見を述べているのが、抽象絵画の父と呼ばれるワシリー・カンディンスキーの一連の著作と論文である。カンディンスキー

は、アーティストである前に大学で教授の椅子を約束された学者であった。モスクワ大学で政治経済を学び、ドルパト大学に招聘されたが、安定した仕事を捨てて、30歳でアーティストへと転身する。その後、自身の芸術的手法を確立し、現代アートでも広く展開される抽象絵画という分野を生み出した。

そのようなロジカルな経歴からアートへと転換した人物が純粋芸術とは何かを論文「純粋芸術としての絵画」（1913年）の中で語っている。まさしくこれがアーティスト自身が述べた、アーティストのマインドセットを言語化した最も体系的なものである。要約すれば、その骨子は次のとおりである。

> 作品としてのアートは、アーティストの内面的要素と外的要素から成り立っている。前者はアーティストの魂の感動であり、それが鑑賞者の魂に伝わって感動を生み出す。アーティストの魂は、その感覚によって表現され作品となる。そして、鑑賞者の感覚を通じて、それがまた彼らの感動となる。

カンディンスキーは、次のたった1行の簡単な文章でアートの本質を簡潔に示した。

感動→感覚→アート作品→感覚→感動

アーティストが感じた感動を、その感覚を通してアート作品として創り上げる。その後、鑑賞者は自身の感覚を通じて、アート作品から何かを感じ取る。アーティストの感動がそこで再現されることで、アートはアートとしての役割を初めて果たすことができる。

これは、アーティスト自身が語ったアートへの向き合い方を示した貴重な記述である。簡潔でありながらも、きわめて論理的にアートそのものを語っている。カンディンスキー本人は、この論文を著した1913年

時点で、歴史上のすべてのアート作品に、このことが当てはまると述べている。

ダ・ヴィンチやラファエロが活躍したルネサンス期の肖像画や歴史画も、その後のウジェーヌ・ドラクロワに至るまでの写実的な絵画も、モネや初期のルノワールらの筆触分割などの革新的手法で空気感を描いた印象主義絵画も、そして、一見しただけでは何が描いてあるのかさえわからないような抽象絵画も、それらは変わることなく当てはまるというのだ。

「感動→感覚→アート作品→感覚→感動」。この関係性に適合しない限り、作品はアートとして成立しえないのだ。なかでも特に重要なのは、アーティスト本人の「感動」である。

つまり、感動を人に伝えなければならないと感じたアーティスト自身の内面である。これをカンディンスキーは「内的必然性（inner necessity）」と呼ぶ。それがないアートは単なるごまかしにすぎず、有害ですらあると述べる。

カンディンスキーの言う「感動」には、実際には、それ以上の意味合いが含まれていることが読み取れる。日本語で言うところの「感動」よりもより強い意味合いで、emotionが定義されているのだ。

それは一時の激しい感情の昂りを暗示しており、「熱狂」が最も適切な意味合いとなる。これは、カンディンスキーが抽象絵画の父であるとともに、「熱い抽象（hot abstraction）」と称されるほど、心の中を躍動感ある筆使いで表現したことからも見て取れる。

なるほど、人を熱狂させようという意図のないアートは、そもそもアートたりえず、そのようなものを創ったとしても、それは何の意味も持たないどころか、人を欺く行為であるとカンディンスキーは語る。

私たちはこのようなアーティストの真摯な姿勢を知ることで、アート作品の何たるかをうかがい知ることができるとともに、それを受信する感覚も試されているのである。つまり、アーティストは鑑賞者のレベルをも高めていく役割も担っている。それによって、鑑賞者である私たち

図表1-6 ▶ アートマインドセット

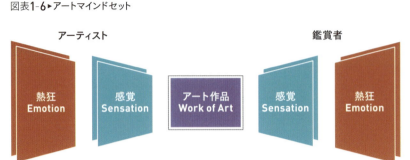

（出所）Kandinsky [1913a] の記述をもとに作成。

も、アートとそうでないものを峻別することもできるようになる。

ここから、アートがいかにアートたりえるのかを示したものが図表1-6である。これを本書では、アートマインドセットと呼ぶ。

▶ アートマインドセット

偶然にも目に止まった絵の前で、立ちすくみ、ただ時間が過ぎてしまったという経験はないだろうか。それがただ美しいという理由であってもよい。なぜか魅了されてしまい、見終わった後もそのことをずっと考えてしまう。またその絵を見るために、足を延ばして遠くまで赴く。

まさに鑑賞者が「熱狂」しているのであるが、アート作品にはそうした力がある。こちらの感覚が研ぎ澄まされていくことで、見るたびに異なる印象を持ち、さらに深みが増していく。私たちが作品に熱狂するのは、そこにアーティストの原体験や熱狂が込められているからだ。

逆に、何かの模写や、きれいなだけの模様を描いた作品を見たとき、作者本人に「アート作品だ」と主張されても戸惑うことがあるだろう。もちろん、観るこちら側が、その作品を感じ取るだけの感覚を持ち合わせていない可能性もあるが、それがアート作品であるかどうかは、アー

第1章◆プロダクトを強くするアート　017

図表1-7▶アートマインドセットによる評価

		鑑賞者が熱狂を覚えていない	鑑賞者が熱狂を覚えている
作者の意図	イラスト作品	①イラストそのもの（作者の意図どおり）	②鑑賞者にとってのアート（意図以上の熱量）
	アート作品	③アート以外の何か（意図が伝わっていない）	④認められているアート（作者の意図どおり）

ティストの熱狂を感じ取れるかどうかという点において一定の評価を下すことができる。

　他方で、その作品がアートでない場合があるのも、また事実である。アーティストとイラストレーターの違いがまさにそうだ。アート作品と言いつつも、熱狂なきものはイラストである。

　反対に、作者自身がイラストと言おうが、そこに熱狂があればアートである。コンテンポラリーアート（現代アート）の時代になってから、抽象絵画やコンセプチュアルアートが多く登場するようになり、アートが何であるか、作品だけでは判断がつかなくなっている。

　重要なのはアーティストの熱狂があるかである。それが作品から感じられるときには、鑑賞者にとってアートとなる。逆に、アートというカテゴリーで紹介されなくても、創り手の熱狂を感じ魅了されるのであれば、その鑑賞者にとってはアートといえる。

　アートマインドセットを用いて、これまでの議論を整理したものが、図表1-7である。ここではアートとそうでないものを判断する際に考えられるバリエーションを示した。縦列は、作者がその作品をアートとイラストのどちらかに位置づけているかどうか、横列は作品から鑑賞者が熱狂を感じ取れるかどうかである。

　ここからわかることは、作品の位置づけがアートであれイラストであ

れ、大切なことは、「鑑賞者が熱狂を感じ取れるかどうか」がアートを定義づけるうえで機能しているということだ。

最初からイラスト作品であることを創り手が認識し、位置づけている作品で、特に鑑賞者に熱狂が受け取れない場合は、イラストである（①）。イラストとして商業的な役割を果たすので、アートの世界においても何ら無害である。

他方で、アート作品であると位置づけられたものが真にアートであるかどうかは、熱狂の有無にかかっている。名画が名画たる理由は、すでに過去の誰か、多くの場合において識者が熱狂を感じ取り、それをアートとしてきたからだ。ゆえに、それがアート作品（④）として後世に紹介され、さらに多くの人が熱狂を感じ取って、アートとしての名声を高めていく。

同じく、新進気鋭の自称アーティストがその作品をアートとして紹介したときに、鑑賞者が創り手の熱狂を感じ取れれば、それもまたアートなのだ。その際には、美術界の批評家や画廊などの解釈や伝導が重要で、それがアートであることを説明し、太鼓判を押す役割を担っている。

以上の2つは明快であるが、実はそれ以外が、私たちにとって判断が難しいものである。まずは、②鑑賞者にとってのアートである。これが意味するところは、その作品がイラストであると創り手が言おうが、鑑賞者が熱狂を感じ取れば、鑑賞者にとってはアートである、ということである。

現段階で、それがアートとして認められていなかろうが、一部の鑑賞者が熱狂を感じれば、当人にとって、それはアートなのだ。その鑑賞者は単にそれが好きなだけかもしれないが、もしかしたら隠れたアーティストを発掘しているのかもしれない。

このような②鑑賞者にとってのアートを見つけることもまた、批評家や画廊の役割といえるだろう。こうした創り手の中には、正式にアート作品の創り手になる者もいるだろう。

問題は、熱狂を感じ取れない、アート作品と位置づけられたものだ
（③）。自称アーティストが、この作品はアートであるといくら言ったと
ころで、熱狂なきものはアートではない。それは鑑賞者の熱狂を引き起
こすものでもない。

　現代ではアート投資のブームが起こり、何でもアート、誰でもアー
ティストのような風潮が確かに存在している。その結果、アート詐欺の
ようなものも横行する。そこではアートの選定基準である熱狂ではな
く、安く買って高く売る経済取引のルールがはびこっているようにも思
われる。誰かが欲しいものを買えるうちに買う、値上がりを待って売り
抜ける、まさに不動産や株式と変わらないマネーゲームが繰り広げられ
ている。そのため、市場が必要とするプレーヤーとして、アーティスト
も玉石混交の様相を呈している。

　カンディンスキーが示したアート作品の定義は、アートとは何かを専
門家でなくても判断できるだけのマインドセットを提供してくれる。本
書がそれをアートマインドセットと呼ぶのはそうした理由である。

▶ マインドセットからアートを探る

　本書で伝えるアートマインドセットは、さまざまなアート作品を観る
ときに、私たちの理解を高めてくれる。**図表1-8**はこれを、さまざまな
アーティストや様式に当てはめたものである。

　カンディンスキーは、前述のように政治経済学者の席を捨てて、30
歳で芸術の道へと進んだ異色のアーティストである。原体験として語ら
れるのは、ロシアの田舎で法律制度の現地調査をした際に触れた民族芸
術である。

　その後、モスクワで開かれた印象派展でモネの《積みわら》を見て、
大きなショックを受けた。絵画が自然を離れ、対象を捨てていることに
衝撃を受け、魂を揺さぶられた彼は、それに葛藤しながらも、自身の内
面とそのイメージを表現するべく熱狂していく。そして、絵画史上初の

図表1-8▶アーティストの熱狂を鑑賞者に伝達する──カンディンスキー・アプローチ

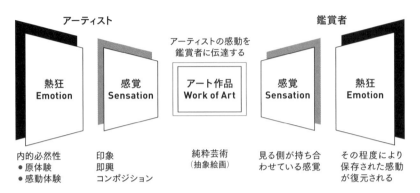

　抽象絵画の提唱者、イノベーターとなった。
　カンディンスキーは、聴いた音が色で見えるという共感覚の持ち主でもあった。形のない音楽が人を感動させるように、色彩でも人を感動させることができるはず。そう考えた彼は、内面世界を表現する試みを始めた。その際に彼がテーマに据えたのが、「印象」「即興」「コンポジション（作曲・構図）」の3つであった。
　具体的には「印象」は、そのまま外的な自然から受けた直接の印象を描いたものである。たとえば、図表1-9に示した《印象Ⅲ（コンサート）》では、抽象的でありながらもコンサートの雰囲気が表現されている。ここでは、共感覚を利用して音楽を色彩で表現しようという試みが見られる。印象シリーズの名のとおり、この段階では印象派の発展形のようなスタイルを取っていることがわかる。
　その次に試みた「即興」では、外界とは離れ内面の印象を表現する。このテーマから、より内面的世界が直感的に描かれていく（図表1-10）。そして、集大成ともいえる「コンポジション」は、内面をテーマとしながらもより練り上げた構図で、時間をかけて生み出されていく（図表1-11）。その過程において、検討や思慮は重ねるものの、最終的には「感覚」が優位となって、最終的な作品が仕上げられていく。

図表1-9 ▶ カンディンスキー《印象Ⅲ(コンサート)》(1911年)

(レンバッハハウス美術館所蔵)

　こうして創り上げられたアート作品には、アーティストの熱量が保存されているはずである。熱狂なき作品は、純粋芸術とはいえず、美術館に展示されたり、美術史上に位置づけられたり、高額で取引される「アート」ではない。カンディンスキーが論理的にアートを説明した背景には、彼自身が抽象絵画の創始者として、それまでのアートとの関係性、そして、アートは何をどのように表現しているのかといった説明を試みようとしたことが挙げられる。

　アーティストの「熱狂」は、鑑賞者自身の「感覚」によって感知される。このときには、洞察力や知覚力が必要となる。そのため、鑑賞者個人の感覚のレベルによって、熱狂の感度は異なる。全く素地のない鑑賞者は、そこに名画があっても素通りするだろう。立ち止まりもせずに、

図表1-10 ▶ カンディンスキー《即興 渓谷》(1914年)

(レンバッハハウス美術館所蔵)

背景のように眺めるだけかもしれない。

　しかし、極度に熱を帯び、優れた感覚をもって生み出されたアート作品は、そうした人々にも訴える力がある。そこで鑑賞者が言葉にならない熱狂を作品から感じ取ることができたら、素晴らしい作品であるといえる。他方で、感覚の鋭い鑑賞者であれば、さらにその作品の熱量を引き出すことができる。

　ここに、教養としてもアートを学ぶことの意味がある。具体的には美術史や、構図や技術的な知見を通して作品を感じる力を養うことである。それにより、作品に保存されたアーティストの熱狂が復元され、感動を追体験することができるのだ。

図表1-11▶カンディンスキー《コンポジションⅧ》(1923年)

(グッゲンハイム美術館所蔵)

4. プロダクト・アズ・アート

　今、ビジネスに求められているもの、それこそが創り手の熱狂である。アプリやインターネットでビジネスを生み出すテック企業であれば、もはや国にかかわらず、一定程度のレベルのものは作れる。デジタル面で言えば、むしろ日本は後れをとっており、中国やインドに大きく差をつけられた。

　また、サービス産業であっても、同じことが起こっている。映画の特撮技術も、デジタルのソフトウェアを安価に使えるようになってから、一定水準の画作りは、どのクリエイターもできるようになった。

　音楽も、アマチュアによってDTM（デスクトップ・ミュージック）で創ら

れたものが、プロミュージシャンの創る音楽に質的には肉薄し、世界の
ヒットチャートにランクインする。このような状況は、追い上げる側に
とっては好機であり、逃げる側にとっては脅威以外の何ものでもない。

　さらに、デジタルがものづくりに与えた影響も、よく知られていると
おりだ。アナログ時代には、製品の各部分や工程を緻密に調整し、全体
として最適な性能や品質を実現するすり合わせ能力で大きく勝っていた
日本企業は、モジュール化され最終製品の質に差異がなくなったものづ
くりの分野で、これまでノーマークであった国の企業群と戦っている。

　そして、日本企業が長年培ってきた競争優位性が急速に失われ、強み
が雲散霧消するようなルールで熾烈な戦いを強いられることになった。
パソコンや家電、電気自動車といった分野で、品質や機能だけで戦うこ
とは、もはや不可能である。

　このような状況では、ユーザーが熱狂するプロダクトづくりが何よ
り必要である。熱狂的なユーザーを生み出すにはどうしたらよいのか。
ユーザーの期待どおりのことや、多少の期待を上回ることが必要なので
はない。ビジョナリーなメーカーによって、期待をはるかに上回り、感
動し、熱狂するプロダクトを創り続けることこそが求められるのだ。こ
こまで述べてきたように、答えはアートのマインドセットにある。

　ここで、アートマインドセットをビジネスに落とし込む際に重要な視
点がある。それは、プロダクトをアートとして見ることだ。創り手の熱
狂を、独特の感覚を通じてプロダクトに保存する。これを本書ではプロ
ダクト・アズ・アート（PaArt: Product as Art）と呼ぶ。それこそが意味
的価値の源泉になる。実際に筆者がアーティスティックであると見なす
企業では、このような取り組みが行われている。

　本章では、アート作品に学ぶプロダクトのあり方を模索してきたが、
まさにPaArtというコンセプトこそが、アートマインドセットを用い
たビジネスモデルにおいて重要な要素となる。第2章では、アートマイ
ンドセットをいかにビジネスに取り込むことができるか、そして、既存
のアート思考とどのような違いがあるのかを見ていくことにしよう。

第 **2** 章

ビジネス・アート
マインドセット

Business model is a framework for making money.
ビジネスモデルとは儲ける仕組みのことだ。

——アラン・アファー

Making money is art... Good business is the best art.
儲けることはアートだ……。良いビジネスは最も優れたアートだ。

——アンディ・ウォーホル

「熱狂→感覚→アート作品→感覚→熱狂」

カンディンスキーが100年以上前に示した、このたった一行の言葉に、アートの本質が凝縮されている。時を経て今、正解のない時代でビジネスを展開する私たちにとって、彼の言葉はこれからの方向性を示しているように思われる。今や、アーティストからビジネスを教わる時代なのかもしれない。

激動の環境を泳ぎ切るうえで、現在のプロダクトの捉え方では、イノベーションは起こしにくい。同様に、ビジネスモデルにおいても、2010年代までの方法論では既存のユーザーを喜ばせることはできても、新たな市場を創り出すことは難しい。全く異なる要素を組み合わせることがイノベーションの醍醐味であるとすれば、まさにアートは格好の教材である。

第1章で述べた、創り手の熱狂を独特の感覚を通じてプロダクトに保存する「プロダクト・アズ・アート (アートとしてのプロダクト)」という概念は、人々を熱狂させるプロダクトをいかに世の中に提案できるのかを問う。他方で、アートの要件を備えるプロダクトを生み出すには、それを創り出すアーティストの態度や姿勢が不可欠となる。つまり、起業家や事業担当者がアーティストの基本姿勢を知り、その姿勢をビジネスに落とし込むことが必要なのだ。

本章では、アーティストのマインドセットをビジネスへと活かす考え方の基礎について述べる。そして、ここで提案するビジネス・アートマインドセットが既存の「アート思考」と何がどのように違っているのかについても明らかにしたうえで、本書の構成を示す。

1. これまでのビジネスモデルでは不可能

アート作品の価値の高さを考えれば、プロダクト・アズ・アート（PaArt）は、今だからこそ、どの企業でも取り入れてほしい概念だ。

ただし、PaArtの考え方は、確立されたビジネス理論の下で構築された既存のビジネスモデルで実現するのは、きわめて難しいと言わざるをえない。

▶ 従来のビジネスモデル概念

世の中をより良くし続けるには、どの組織にも筋の良いビジネスモデルが必要である。ビジネスモデルとは「顧客を喜ばせながら、企業が利益を得る仕組み」のことである。要約されて「儲ける仕組み」ともいわれるが、その根底には「顧客を喜ばせる」ことが不可欠である。

顧客の潜在的なニーズを見つけて解決するプロダクトを生み出すとき、それだけで利益が生まれるはずはない。できる限り低いコストで創り出し、確実に顧客に届け、最終的に顧客が本当に自身の問題を解決できるように寄り添うという事業プロセスが伴って、初めて持続的な利益が確定する。つまり、図表2-1が示すように、顧客をどう喜ばせるのか、どのように儲けるのか、どう送り届けるのかということがビジネスモデルの主題になるのだ。

このような考えの下、ビジネスモデルを分析し、設計するためのフレームワークが活用されてきた。著名なものがアレックス・オスターワルダーらによるビジネスモデル・キャンバスである（図表2-2）。

そこでは、上記ビジネスモデルの構成要素を、さらに小さな9つのブロックで表現している。真ん中に「顧客価値提案」を置き、他の要素との関係性を一目で簡潔に理解できるようにするものである。ビジネスモデル・キャンバスは、顧客価値を中心としながら全体最適の仕組みを、

図表2-1▶ビジネスモデルの構成要素

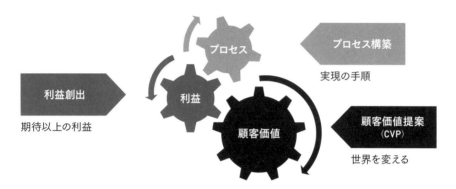

図表2-2▶ビジネスモデル・キャンバス

主要パートナー	主な活動	顧客価値提案	顧客との関係	顧客セグメント
主要パートナー、サプライヤーは誰か	価値提案に必要な主な活動は何か	顧客にどのような価値を提案するか	顧客とどのような関係を構築するか	最も重要な顧客は誰か
	主なリソース 価値提案に必要な資源は何か		**チャネル** 顧客にどのようにアプローチするか	
コスト どれほどコストがかかるのか			**収入** 何から収入を得るか	

（出所）Osterwalder and Pigneur [2010] をもとに作成。

事業担当者に再考させることに大きく貢献した。

　ただし、ビジネスモデル・キャンバスは顧客価値やプロセスについては手厚いものの、「利益」についての議論が希薄である感は拭えない。収入とコストは最後に決定する結果変数であり、利益（儲け）に直接的にアプローチすることは期待できない。これでは、ビジネスモデルはマーケティングや戦略とあまり違いが見出せなくなってしまう。

図表2-3▶9セルメソッド

	Who?	What?	How?
顧客価値	①顧客は誰?	②ソリューションは何?	③代替とどう違う?
利益	④誰から儲ける?	⑤何で儲ける?	⑥どう回収する?
プロセス	⑨誰と組む?	⑧強みは何?	⑦どう実現する?

(出所) 川上 [2011；2013]。

　利益は結果として受け入れるものではなく、デザインするものだ。そこで、利益そのものに着目したビジネスモデルのフレームワークが登場する。図表2-3に示す「9（ナイン）セルメソッド」である。[1] これもビジネスモデル・キャンバスと同じく9つのセルからなるが、大きな違いは顧客価値の次に利益に重きを置いている点である。これにより、顧客を喜ばせながらも、企業がどのように利益を生むのかを早い段階でチェックし、統合を図ることができる。

　このようなビジネスモデルの分析と設計の技法は2010年代から提案され、一定の成果も上げてきた。従来の考え方は、既存事業のからくり

────────

★1　川上 [2011；2013]。

を知り、持続的なアップデートを重ねていくうえでは十分有効である。

▶ 激動期に求められるビジネスモデル概念

　他方で、イノベーティブな新規事業開発においては、それとは異なる考え方が必要になってくる。2020年に入り、コロナ禍とAIの急速な進化という環境変動に直面した。まさに激動の時代を迎え、通常のビジネスモデルの捉え方が今後も有効であるかどうかは、きわめて不透明になった。

　顧客を徹底的に分析し、そのニーズに基づいてプロダクトを生み出す手法を重視してきたが、これでは大きな変革は起こしにくい。顧客を分析してプロダクトを設計する時点でタイムラグが発生するからだ。また、分析コストが安くなることで同質化が起こりやすくなり、その結果、すべての企業が同じ解答、すなわち、類似したアイディアにたどり着きやすくなる。仮に、市場変化に合わせてスピーディーにプロダクト化しスケールできれば利益になるが、長続きはしないだろう。

　こうした点を踏まえると、次のような問題が浮かび上がる。現状の過度なマーケティングやビジネスモデルが、革新的なプロダクトを生み出し続けることを困難にしているとはいえないだろうか。

　それを解決するには、プロダクトに向き合う姿勢そのものを、よりクリエイティブにすべきではないだろうか。時を経て、なお熱狂するアートこそ、クリエイティブなものづくりそのものではないだろうか。アーティストがアートに向き合うその姿勢を、ビジネスに取り入れることが革新的なプロダクト開発の可能性を示唆しているといえないだろうか。

　通常のビジネスモデルの考え方は、顧客やユーザーを起点とするものである。事業環境の成長が著しい状況で、さらにユーザーがプロダクトに求める条件が明らかなときに、それに応えるやり方で、企業の発展に大いなる効果を発揮した。あるいは、同業他社がこぞって業界慣行に縛られ、ユーザーを見ることができずに停滞しているときに、それを出し

抜く脱コモディティ化の方法として機能してきた。

　しかし、AIが瞬間的にソリューションを提示することが当たり前になった2020年以降は、まさに情報過多の時代に突入し、ユーザーすら何が欲しいのか、何が問題かもわからない状況になった。

　その中でユーザーに正解を問うても、明確な解答など出るはずがない。ユーザーの企業に対する期待は大きく変化し、時に力強いリーダーを必要としているのだ。ユーザーは、企業が単に自分たちの出した問題を解決するようなプロダクトを提供するだけでなく、より広い文脈で未来がどうなるのかを示し、何が問題なのかを教えてほしいのだ。

　そうなると、ユーザーの問題解決一辺倒でやってきたビジネス理論、特にマーケティングや戦略、そして、ビジネスモデルは大変革を迫られる。世の中のリーダーとして、問題を提起（再定義）し、それに対する自社なりの現段階の解答を提示し続けることが、これからの企業に求められる基本姿勢である。

　継続的な問題提起は、新しい視点の獲得や思考の機会を生み出す。これにより、従来にない革新的なプロダクトが生まれる可能性が高まる。するとそれは、企業のイノベーションや成長、顧客との関係性など、多岐にわたる要素が作用することで、企業全体に熱狂をもたらす。その結果、従業員も熱狂し、資本提供者も熱狂する。その企業が本拠を置く地域や国も熱狂し、すべてのステークホルダーが熱狂に包まれる。

　これが、本書を貫く「熱狂」に深くかかわる話だ。まさに今、そのような企業像が求められており、芸術家の仕事ぶりや生きざま、事に当たる基本姿勢こそ、自社のあり方を学ぶのに最適なのだ。

2. ビジネスマインドセットをアートで書き換える

▶ アートマインドセットをビジネスに取り込む

　アートは、従来のビジネスに向き合う姿勢や態度を意味するマインドセットを大変革する力を持っている。特にビジネスモデルにおいて、その力を発揮する。

　本書は、第1章で示したカンディンスキーによるアートマインドセットをビジネスの脈絡に落とし込むことで、これからの「問題提起型」の事業環境に適したマインドセットを確立し、ビジネスのアップグレードをめざす。

　これを本書では、ビジネス・アートマインドセットと呼ぶ。類似する概念に「アート思考」がある。アート思考については後で詳しく説明するが、ビジネスの観点にアートを取り込もうと試みる本書のアートマインドセットとの間には、さまざまな違いがある。図表2-4を見れば、これらの関係性は明らかだ。

　アート思考は、あくまでビジネスを主軸に置きながら、アートの着眼点を導入するものである。つまり、従来のビジネスモデルの考え方を踏襲しながら、そこにアート的な要素を入れ込もうとするものだ。

　アートの本質である「問題提起」や「自己表現」といった要素を、既存のビジネス理論に単純に追加することは難しい。半世紀以上かけてプロダクトアウトからマーケットインへと転換を図った企業に、もう一度メーカー主導のものづくりを促すことになるからだ。おまけに、ビジネスモデル・キャンバス（図表2-2参照）や9セルメソッド（図表2-3参照）といった現場を動かすメカニズムも、そうした要素を取り入れることができず麻痺し、機能不全を引き起こすか、すべてが破綻するおそれすらある。

　図表2-4からも明らかなように、本書が主眼を置くアートマインドセットをビジネスに転換するビジネス・アートマインドセットは、アー

図表2-4 ▶ ビジネス・アートマインドセット

位置づけ		アート目線	ビジネス目線
	ベースが ビジネス	アート思考 （ビジネスにアートの要素を付加）	ビジネスマインドセット （従来のビジネス理論）
	ベースが アート	アートマインドセット （アートそのもの）	ビジネス・アートマインドセット （アートの姿勢をビジネスに）

ティストがアート作品に向き合う姿勢や態度をベースに置くものだ。既存のビジネスをベースに、単にアートを付け足すのではなく、アーティストの姿勢や行動様式に着目してビジネスモデルを再構築して展開することを提案している。たとえるなら、「もし、アーティストのマインドセットで新規事業を開発したら、どのようなビジネスモデルが生まれるのか」という視点で、新しいビジネスの可能性を探るのだ。

　突飛な話に聞こえるかもしれないが、実は全く無茶な話ではない。実際の企業の中にも、本人の熱狂をユーザーの熱狂へと変換していくアーティストのような起業家は存在する。本書でも折に触れてケースとして登場するスティーブ・ジョブズが、アップルのために実行したことが、まさにこれである。アーティスト気質ゆえに、組織になじまぬ厄介者で有名であるが、彼が率いた数々のプロジェクトにまつわる逸話がそれを物語っている。

　他にも、イーロン・マスクによるスペースXやテスラでの取り組み、リード・ヘイスティングスによるネットフリックスの創業動機なども、同じ脈絡で語ることができるだろう。

　本書では起業家ではなく、アーティストのあり方にフォーカスする。カンディンスキーのアートマインドセットを引用しているのは、そのためだ。概念自体は先に示したとおりであるが、これをもとにビジネスマ

034　第Ⅰ部◆ビジネスに熱狂が必要な理由

図表2-5▸アートマインドセットでビジネスマインドセットを書き換える

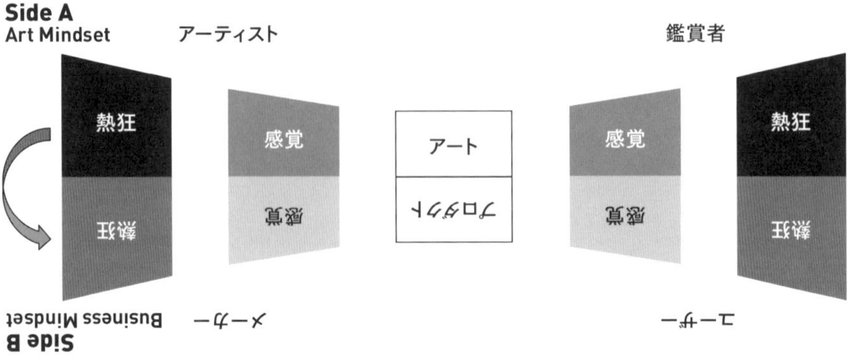

インドセットを書き換えると、どうなるのだろうか。それを示したもの
が、図表2-5である。

　ここでアートマインドセットをサイドA（Art）とする。それをも
とに、ビジネスの現場にサイドAを落とし込んだ規範形をサイドB
（Business）とする。これは、私たちがビジネスの現場で持っている、あ
るいは、ビジネススクールなどで学習してきた既存のビジネスマインド
とは異なる世界線にある。

　サイドAを見てほしい。当然ながらアーティストは、作品を創る。
それが、図の真ん中にある「アート」と書いた部分だ。アート作品を創
るとき、その根底に流れるのは、アーティストの熱狂だ。

　アーティストは、熱狂を表現するべく備わった自らの感覚で作品を創
る（熱狂→感覚→アート）。完成した作品を鑑賞者が観たとき、アーティス
トの熱狂が伝導すると、彼らは深い感動を覚え、アーティストと感動を
共有することになる（感覚→熱狂）。

　このサイドAの流儀を、メーカーとユーザーからなるビジネスの世
界、サイドBのあるべき姿として提示するとき、マインドセットはどの
ような化学変化を起こすのか、それによりビジネスはどう変わるのか。

平たく言えば、もしアーティストが企業というワークショップ（工房）でプロダクトというアート制作を始めたらどんなプロダクトが出来上がり、それをユーザーにどう受け止めてもらうのかというのが本書の意図するところである。

サイドBを見ると、図の真ん中には、出来上がったプロダクトがある。メーカーは、熱狂を表現するべく自社の感覚を駆使してプロダクトを創り（熱狂→感覚→プロダクト）、出来上がったプロダクトを手に入れたユーザーは、自身の感覚でメーカーの熱狂を受け取り、メーカーの意図を理解してメーカーの熱狂を再現することにつながる（感覚→熱狂）。

サイドAの創り手である「アーティスト」とサイドBの「メーカー」、サイドAの受け手である「鑑賞者」とサイドBの「ユーザー」は、それぞれ対応関係にある。

これは、プロダクトイノベーションの議論で完結する話ではない。企業が良いプロダクトを創りさえすれば、ユーザーがそれを購入し、売上が計上できて利益が獲得できるというシンプルなストーリーどおりにはいかないからだ。そのようなルートを確立させるには、ビジネスモデルが必要なのである。[2]

そこで、ビジネスのためのアートマインドセットをもとに、どのようなビジネスを生み出すのか、その体系を示す。従来のビジネスモデルと区別するために、それを「熱狂的ビジネスモデル」と呼ぶことにする。

▶ アートからビジネスをならう根拠

ビジネスの世界では、プロダクトにできるだけ高値を付けるか、あるいは、ユーザーに愛され続けた結果、プロダクトの周辺で支払いが起こり、できれば継続的な支払いが成立するような仕組みづくりが求められている。

---

[2] Whitaker［2016］.

ならば、一連のビジネスのあり方をアートにならうのは理にかなっている。その理由は次のとおりである。

1つ目に、アートは数百年の時を経て、受け手である鑑賞者を熱狂させていることだ。ルネサンス期に職人からアーティストとして認識され始めた画家たちは、自分の個性を表現することを自らの行動規範としてきた。といっても、後世に名を残す名画は、単に彼らが表現したいものを表現して名画となったわけではない。彼らが感じた熱狂の欠片を、別の時代の鑑賞者が感じられるから、名画なのだ。

単に美しく、迫力がある、あるいは超絶技巧であるといった技術的なことだけではなく、創り手が何に感動して熱狂を覚え、それを鑑賞者に同じく熱狂してもらおうとしているのかという点が重要だ。まさにこの点を重視した画期的プロダクトの提案や、それを中心としたビジネスモデルの開発に有益な視座をもたらす。

2つ目に、粘着性のあるプロダクトにはストーリーが必要といわれるが、まさにアートは作品にまつわるストーリーの宝庫であることだ。名画には、必ずストーリーがある。作者の個人的な原体験はもちろん、歴史的な出来事や時代の空気感、さらには、それらをも超越した神秘的なストーリーまで。そのようなバックストーリーがさらにアート作品への愛着や粘着性をもたらし、気にせずにはいられなくなる。

プロダクトにストーリーが必要であることは、企業経営においても指摘されて久しい。[3] ストーリーはプロダクトに付加価値をもたらす。ただし、それが後付けの全く無味乾燥なものではあってはいけないし、そこに嘘があっても、消費者はすぐに見破る。名画はその背景にイベント（事象）があり、ストーリーに従って作品が仕上がっている。それをプロダクトに込めることができれば、アートから学ぶべきことは多い。

3つ目に、アートはブランドの格好の教材であることが挙げられる。ブランドが確立されている企業では、スティーブ・ジョブズしかり、

---

[3] Magretta [2002].

第2章◆ビジネス・アートマインドセット　037

図表2-6▶アートの持つ性質とビジネスのあるべき姿

	創り手の熱狂	ストーリーの存在	創り手の価値
アートが持つ性質	アーティストの熱量	作品の背景	創り手で認知
ビジネスのあるべき姿	利害関係者の高い熱量	プロダクトの前提	企業名で認知

　イーロン・マスクしかり、プロダクトそのものよりも、創り手自身がブランド化されている。それは、創り手が生み出す他のプロダクトの価値も高めていく。アートにおいても、高額で取引された代表作よりも創り手の名前が認知されていることが通常である。

　これは、アート界では古くからアーティストの名前でブランドが成立していることの表れでもある。《モナ・リザ》よりもレオナルド・ダ・ヴィンチ、《フォリー・ベルジェールのバー》よりもエドゥアール・マネ、《積みわら》よりもクロード・モネ、《ひまわり》よりもフィンセント・ファン・ゴッホ、《カード遊びをする男たち》よりもポール・セザンヌ、《ゲルニカ》よりもパブロ・ピカソ、《記憶の固執》よりもサルバドール・ダリ、といった具合に。

　このことは、プロダクトよりも事業名や企業名そのものをブランド化し、ファンを増やしたい企業にとって重要なポイントとなる。これらのことを改めてまとめたものが、図表2-6である。

　ここから、アート作品が生まれるに至るアーティストの熱量や、作品に込められた物語、あるいは、創り手の名前に価値が見出されることに着目すれば、その特性が現代企業の望むビジネスのあるべき姿と驚くほど酷似していることに気づくだろう。

　すなわち、ビジネスにかかわったスタッフをはじめとする利害関係者

の熱量や、製品やサービスに潜むストーリー、さらには企業の名前に価値を見出すことなどを踏まえれば、新たなビジネスのあり方へとアップデートできる。つまり、アートマインドをビジネスに取り入れることの意義も見出される。

アートがなぜ時を経て人々を熱狂させるのか、そのポイントさえ押さえれば、それがイノベーションにも応用できることがわかるだろう。そう考えれば、美術史はそのままイノベーションの歴史であり、美術館は単なる芸術作品の展示場ではなく、人々を熱狂させ、時代を変えてきた見本市ともいえるのである。

▶ これまでのビジネスモデル

アートマインドセットに基づくビジネスは、これまでのビジネスと何が異なるのか。ここでもう一度、今までの話を踏まえて深掘りしていこう。

図表2-7は、ビジネス・アートマインドセットの中に、図表2-1で示したビジネスモデルの要素を当てはめたものである。通常のビジネスにおいては、まずユーザーが必要としているものを調査、分析し、どのような問題解決に従っているのかを明確にする。このとき、ユーザーはもちろん、代替商品を提供するライバル企業の分析も同時に行う。

また、ユーザーの観察を行いながらも、プロトタイプを設計し、ユーザーのフィードバックを得る。その集大成をソリューションを含めたプロダクトとして提案する。この観点から見れば、ユーザーの「感覚」が中心となって、顧客価値提案（CVP: Customer Value Proposition）が行われる。問題は顧客が握っているので、メーカーはそれを解決するために奮闘する。

ただし、ビジネスモデルではあらかじめ、プロダクトを中心としながらも、さまざまな収益源を想定し、何を利益の柱としながら最終利益を生むかを決めることになる。最もオーソドックスなパターンは、生み出

図表2-7▶既存のビジネスモデル

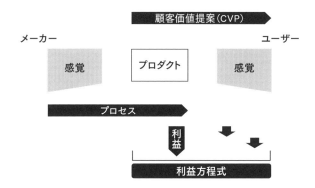

されたプロダクトを高額で、あるいは大量に売りつつ、その提供コストを低くして利益を多く得るというものだ。

それ以外にも、プロダクトから多くの利益を得ずとも、その付属品から時間を掛けて多くの利益を回収し、最終利益を創り出すやり方もある。いわば合わせ技で一本を取るやり方だ。こうしたことをプロダクトとその周辺でまとめ上げていくことで、「儲ける仕組み」の設計図を創るのだ。

以上が明らかになれば、今度はメーカーの種々の活動によってプロダクトを現実に創り出すプロセスに移る。それは企業の持つ資源と、それに裏づけられた活動によって実現するため、企業の「感覚」、すなわち、技術力や最終的な製品開発力がカギとなる。

▶アートマインドセットのビジネスモデル

では、アートマインドセットをもとにした新たなビジネスモデルはどのようになるのだろうか。それを示したものが、図表2-8である。サイドAの流儀をベースにビジネスモデルを考えると、このようになる。

図表2-8▶アートマインドセットのビジネスモデル

　メーカーの熱狂をユーザーの熱狂へと完結させることによって、アートマインドセットは成立する。メーカーの熱狂を創作につなげてプロダクトを生み出すことが最も重要だ。それをユーザーに提供したとき、メーカーの熱狂が伝導し、メーカーと感動を共有できるか。この点が、これまでのビジネスモデルと大きく異なるのだ。

　自分たちの愛するプロダクトと捉えると、従来のメーカーの「顧客価値」は「自分価値」と言い換えることができる。しかしこれは、単に独りよがりのプロダクトアウトという意味ではない。そこにはメーカーなりの独特な眼差しがあり、それをテーマとして世に問う姿勢が重要となる。あくまでもユーザーにおもねらず、自身が良いと信じたプロダクトを世に投げかける。

　ここで、プロセスの役割がきわめて重要となる。どんなに熱狂して創り上げたプロダクトもユーザーに伝わらなければ、ビジネスとしては成立しない。提示するタイミングが遅すぎても早すぎても駄目なのだ。アート作品の中には、価値が認められるのにアーティストの死後まで時間がかかることも多々ある。

　しかし、ビジネスにおいては、そのような時間感覚では許されるはず

もない。ユーザーが反応できるような解釈をしたり、絶妙なタイミングで世に知らしめていき、ユーザーを熱狂させるべく立ち回ることが求められる。

次に、期待する利益の回収については、どのように考えたらよいのだろうか。たとえば、プロダクトを売り切らずに貸付によって定期収入を得る、プロダクトの知的財産権を保有しながらその権利料で対価を得る、あるいは、プロダクト周りの付属品の粗利を高めて販売するなど、プロダクト以外の課金ポイントはさまざまな方法がある。これは、アートビジネスにおいても同様で、作品の貸付を行ったり、商品化の際の著作権料などで継続収益を得ることもある。

このように見てくると、アートマインドセットの下で行われるビジネスモデルは、「顧客価値」がいったん姿を潜め、「自分価値」という新たな要素が重要になることが理解できるだろう。これまでに慣れ親しんだビジネスモデル以上にプロセスが重要な位置を占めていることもわかる。

ともすれば熱狂的ビジネスモデルは、創りたいものを創り、それを一方的に押しつけるようにも見えなくもない。しかし、これが単なるプロダクトアウトではないことは、「できることベース」でやっているわけではないことからうかがい知ることができる。

アートの世界においては、常にアーティストが既存のアプローチに違和感を持ち、それを問題意識まで昇華したら、気持ちに火が入り熱を帯びる。それが受け手に伝えようと、彼ら自身の感覚を使って一心不乱に制作に臨む。

それは、持てる力の中でやれることを繰り返し、製品化を続けていく「プロダクトアウト」とはわけが違う。世に認められたアート作品は、もれなくアーティスト本人の感動や熱狂と、それがもたらすイノベーションの下で生み続けてきたものであり、創り手の感性や感度を通して、作品にその熱気が保存されている。

ルネサンス期以前に「職人（アルチザン：artisan）」と呼ばれた人々は、

教会や王族からの依頼で、作品を創るため、必ずしも熱狂はなかったのではという反論もあるだろう。いわゆる、コミッションという受注生産体制を取るときには、依頼主の意見は無視できず、作品から感じる熱量は低いと思われがちだ。

しかし、時を経て今なお鑑賞者を熱狂させるアート作品の中には、コミッションにより制作されたものも多く存在している。いくら依頼されたものであっても、テーマや主題はアーティストが決定し、独特の感覚を織り込み、熱狂を注ぎ込んでいる作品が確かにあるのだ。

レオナルド・ダ・ヴィンチの《モナ・リザ》はもとより、ディエゴ・ベラスケスの《ラス・メニーナス》、フランシスコ・デ・ゴヤの《着衣のマハ》や《裸のマハ》、レンブラント・ファン・レインの一連の集団肖像画など、枚挙にいとまがない。これらの絵画からは、超絶技巧のみならず、そのテーマを表現するためのアーティストの並々ならぬ熱狂が感じられるだろう。

以上からわかるように、アートマインドセットをもとに、ビジネスマインドセットを定義できれば、企業はより自由にイノベーションを起こし続けることができるだろう。それは技術革新に限った話ではない。これまでとは比べ物にならないほどにビジネスそのものに熱狂を入れ込むということである。

3. ビジネス・アートマインドセットの概説

ここまでビジネス・アートマインドセットの全体像を見てきた。図表2-5を見ればわかるとおり、アートマインドセットをビジネスに置き換えたときのマインドセットは5つの要素から成り立っている。まずは、それぞれの概要を確認しておこう。

▶ 創り手の熱狂

　何よりも重要であるのが、創り手の熱狂である。

　ビジネスパーソンとして、メーカーとして重要な基本姿勢は、そのプロダクトを創造するに至った原体験や理由である。組織を新たな高みへと導く力を持つヴィジョナリーな経営者やクリエイターは、このような経験が、すべてのビジネスを駆動させる原動力になっていると無意識に理解していることが多い。

　特にスタートアップにおいては、自身が苦労したことや、誰も救えなかった経験などが起業に至ったストーリーになっていることも多い。それらはペイン（痛み）で語られることが多い。

　たとえば、ビジネスカンファレンスで混み合うサンフランシスコで、来訪客に自宅のロフトを貸したことがAirbnbの創業秘話になっていたり、大手レンタルビデオ店ブロックバスターに多額の延滞料金を課されたことがネットフリックスを生み出したという逸話がある。これらがその後の熱狂の種となって新たなビジネスとなる。

　一方で、こうした熱狂を大きく凌駕するのは、ゲイン（便益）に基づくものだ。とりわけ強烈な熱狂を放つのがスティーブ・ジョブズだ。ジョブズは自身が欲しいものを、技術の制約があろうが、常識やルールを曲げてでも開発しようとする。すべてをゼロから生み出したわけではなくとも、プロダクトのローンチイベントを見れば、その熱量は一目瞭然である。彼の熱狂に受け手は同じく熱狂するのだ。

　熱狂とは、何かから触発され、それに影響を受けて、自分も新たな世界を創り出したい、それを実現するのには、これが最適なのではないだろうかと興奮冷めやらない状況を指す。熱狂的であるがゆえに、無我夢中で取り組んでしまうのだ。

　「熱狂の果てに生み出されたプロダクト」は、まさにアート領域の真骨頂である。それによって完成したプロダクトをいかに受け手の熱狂に変換できるか、受け手に伝わるまで熱量を保存できるのかが決まるから

だ。もっとも、「熱狂」は創り手の感受性によるところが大きいが、当人の熱狂こそがアートマインドセットにおける最重要テーマである。

▶ 創り手の感覚

　創り手の感覚とは、創り手の持つセンスや、実現方法によって、熱狂をどのようなプロダクトにしていくのかという力量を意味する。ビジネスの脈絡においては、企業活動の集まりであるバリューチェーンはもとより、それを支えるリソース、足りないリソースを差し出してくれる協力者の存在などが挙げられる。

　特に、ステークホルダーの協力が不可欠であるが、それを可能にするのは熱狂的な感覚と形にする技能である。アーティストも制作段階では1人で活動することもあるが、その前後のプロセスにおいては必ず友人や支援者、それに取引相手と強く結びつきながら作品を世に出していく。サイドBでは、その方法をビジネスモデルに取り込む。

▶ プロダクト

　プロダクトは、実物としての製品のこともあれば、サービス業の場合には無形のサービスのこともある。デジタル領域においては、それがアプリケーションと周辺活動になることから、すべてを包含してサービスといった呼ばれ方もする。

　プロダクト・アズ・アートとは、熱量がそのまま保存された状態のものを提案するということだ。どのタッチポイントにおいても、そのプロダクトの品質が一定に保たれ、創り手のこだわりが強く反映されたものとなっている。

　これは一見するとプロダクトアウトのように見えるが、そう単純ではない。創り手がどうしても届けたいものがプロダクトになっているはずであり、儲かるから生まれたというのはプロダクト・アズ・アートの考

えに反する。儲けるためのプロダクト創造を続ければ、どれだけテーマ性の強いプロダクトであっても、熱狂を放っていない自己満足となる。早晩見透かされ、ユーザーは離れていく。儲けは、一定程度プロダクトの価値を毀損するのだ。そのため、収益化はその根拠となるアセット（資産）との兼ね合いで慎重に取り組まなければならない。

▶受け手の感覚

　創り手が熱狂して生み出したプロダクトに対し、ユーザーはどのような印象を持つのか。それはユーザーの感覚に委ねられている。ユーザーが認知できないものは、いくら素晴らしいものでも知られず、ヒットに至らない。そのため、デザイン思考などでは、ユーザーの感覚から始めるスタンスを取る。

　しかし、アートマインドセットにおいてはそうではない。むしろ、その反対だ。あくまでも創り手の感覚ありきで生み出されたプロダクトを、いかにしてユーザーに感じ取ってもらうのかが肝心なのだ。ただし、メーカー主導で創り上げたプロダクトは、ユーザーは感覚的に反応できても、多くを理解することが困難である。そこで期待されるのが、仲介者の役割である。

　ビジネスの世界においては、かつて小売流通業がこのような役割の多くを担ってきた。来店者の行動分析を担う機能を期待されてきたが、現在は人員整理と電子化によって、そうした活動は影を潜めている。ユーザーの感覚をどうくすぐり、高めていくのかがここでの課題となる。その点をアートマインドセットから学ぶ。

▶受け手の熱狂

　アートマインドセットを援用すれば、ビジネスの最終目的はユーザーに熱狂してもらうことだ。特に、プロダクトに熱狂してもらうことは不

可欠である。プロダクトへの熱狂は、ユーザーのロイヤルティを向上させ、継続購入を促し、マネタイズとしてもリカーリングモデル（継続収益）を実現する。満足でもなく、サクセスでもなく、熱狂する。それはいったいどのような状況を意味するのだろうか。これからのビジネスは、それを定義する必要がある。

　後述するが、イノベーティブなプロダクトをリリースして出来上がりと言わんばかりの従来のアート思考では語られない、ユーザーの熱狂の源泉を深く認識する必要がある。ユーザーが熱狂しているとは、どのような状況であるのか。それらをビジネスの脈絡では点在している議論で捉えられがちであるが、熱狂というキーワードの下に集約したい。

4. アート思考との違い

　ビジネスの脈絡で用いられるアートの考え方といえば、真っ先に「アート思考」が思い浮かぶ。すでに流布しているため、アート思考が意図するところと、本書で用いるアートマインドセットの違いを改めて明らかにしたい。

▶ アート思考の台頭

　2015年頃より「アート思考」の概念は流行のきざしを見せた。もともとは、ダニエル・ピンクが、2005年に著書 *The Whole New World*（邦題『ハイコンセプト』）[★4] の中で "MFA is New MBA" という言葉を登場させて注目された後、2008年にハーバード・ビジネスオンラインにおいてHBR.orgの編集者であったキャサリン・ベルが「MFA（美術修士）は新たなMBAである（The MFA Is the New MBA）」という論考を出

★4　Pink [2005].

したことが起爆剤となって世界中に広まった。

これらはアートの常識に見習って、美意識や知覚力や感受性を高めようというものだ。アート感覚を研ぎ澄ませれば、これまでのビジネスにおけるイノベーションの起こし方に変化があるのではないかということを問題意識としている。

日本では、山口周氏の2017年の著書『世界のエリートはなぜ「美意識」を鍛えるのか?』を境に、アートの感覚をビジネスに取り入れることが1つのブームとなり、それを嚆矢として実にさまざまな関連著書が出版されている。

これらの多くが、VUCA★5 といった新時代の「未知」を合言葉に、企業自身の問題意識を育むことが必要であることを説く。その概念を「アート思考(art thinking)」という言葉で普及しようとする動きが高まった。

アート思考の登場は、デザイン思考に批判が高まり、その影響力が減退し始めた頃と時期を同じくしている。ということは、デザイン思考の反省を踏まえた、ポストデザイン思考時代のイノベーションのあり方として登場したのがアート思考といってよい。そこで語られる特徴は、次のとおりである。

デザイン思考は問題解決を中心とした思考法であり、アート思考は問題提起に主眼を置く思考法である。そのため、前者は受け手(ユーザー)を起点とするが、後者は創り手(メーカー)を起点とする。

この点には、おおむね賛成である。予測困難な時代のビジネスにおいては、問題提起に着目し、創り手(メーカー)を起点とすることは非常に有効であり、筆者もまさにその立場を貫いている。問題提起の背景にあ

─────────

★5 Volatility(変動性)、Uncertainty(不確実性)、Complexity(複雑性)、Ambiguity(曖昧性)の頭文字からなる、予測困難性を意味する用語。

る熱狂を中心に、アートの持つビジネスをアップデートさせる力に注目する点でも、大枠では本書とテーマを共有している。

アート思考のタイトルの下で論じられるテーマには、主に美術系の大学を卒業し、美術を専攻してきたプロフェッショナルたちが、企業経営の現場でアートを研修するという目的のものが多い。

ただし、ビジネスの脈絡を理解せずに、アートの立ち位置から一方的に説明することもよくあるため、ビジネスとアートが融合せずに結局は思考の発散が行われたまま、収束できずに終わってしまう印象もある。ビジネスパーソンは、あくまで既存のマインドセットに固執したまま、アイディア出しのツールや、感度や知覚力を高める訓練としてアート思考を活用するのにとどまっているため、ビジネスへの転写がうまくいかず、本質的な変革に至らず、劇的な成果を生んでいるとは言いがたい。

なぜ、うまく転写できないのか。実は、「アート思考」というテーマは、ビジネスのコンテクストに落とし込む際に、解決しがたい3つの問題をはらんでいるからだ。

1つ目は、「思考」という言葉を使ったことで、すでにある思考法とともに埋没してしまったことだ。デザイン思考は、問題解決の作法であるために、「思考 (thinking)」という語がマッチしていたが、問題提起を含むアートの領域に「思考」を当てはめたとたんに、違和感が生じるのだ。

問題を提起する際には、考えるよりも感じる部分が重要となる。そのため、思考ではなく、「態度」が重要となるはずだ。そこから「思考らしきもの」だけを取り上げれば、「感受性」を高めることがテーマとなってしまう。

実際、アート思考をテーマに掲げる書籍には、アートがもたらす感受性や知覚のみを取り上げていることが多いのは、この文脈からである。「アート思考」という言葉を使ったがために、本来なら感動や「熱狂」から始まるべきところを、「感覚」を研ぎ澄ませるだけの技法に格下げされてしまった感が拭えない。アートを語る際に「思考」は、とても座

りの悪い受け言葉となり、深く考えるほどに混乱を招いてしまう。

このことはアート思考を一時的なトレンドに矮小化する危険をはらんでいる。認識のずれが、アート思考の本質的な価値を見失わせ、その可能性を十分に探求する前に衰退させてしまう可能性があるのだ。もちろん、そうなってはならない。

2つ目に、イノベーションの起爆剤として「アート思考」に期待を寄せているが、形式知化された思考技術だけでは、デザイン思考との差異が見出せなくなることだ。

デザイン思考は、優秀なデザイナーであれば単独で行っていたことを、大規模な企業でそれを行うために、そのアプローチをデザイナーでない人間にわかりやすく共有させるために形式知化された考えである。

デザインは、ユーザーを基準として行われるため、技法やそのプロセスを形式化しやすいが、アートは必ずしもそうではない。もちろん、コンテンポラリーアート（現代アート）のファクトリー（アンディ・ウォーホル）やスタジオ（村上隆）でも、あるいは古来のルネサンス期のワークショップ（工房）であっても、チームで行われる場合はあるものの、ほとんどはアーティストの頭の中にある内なるイメージをその指示の下に外在化して創り上げていく。

アーティストの頭の中を形式知化することは困難であり、阿吽の呼吸や、長年の信頼性などに基づく暗黙知の下で個別に指示が飛び、制作が進められる。「思考」や「技術」は大前提であり、それを含んだ「態度」や「心構え」そのものが重要なのだ。ビジネスパーソンがアートに期待を寄せる部分は、まさにここにある。

3つ目は、アート思考のイノベーションの対象がプロダクトであることだ。このことはデザイン思考では違和感がないものの、アートに継承するとなると、話は変わってくる。

デザイン思考は、プロダクトのデザイン的側面を強化するところから脚光を浴び始めた。その考えは、プロダクトデザインから、マーケティングプランの設計やビジネスモデル設計といった「設計」という意味合

いでのデザインへと進化した。つまりはデザイナーの考えを用いてビジネスを設計するフレームワークとなったのだ。デザイン思考という言葉を使用する以上は、この点に違和感はない。

アート思考においても、依然としてプロダクトの領域におけるイノベーションとして論じられるが、これではまさしく初期のデザイン思考を進化させたものにすぎない。ビジネスに転写を図るうえで重要な視点は、ビジネスモデルのイノベーションである。プロダクトを生み出し、ユーザーに伝達しながら、利益を生む、その仕組みを革新することにある。現状のアート「思考」では、その革新は困難であり、仕組みに向き合うには「マインドセット」にまで踏み込む必要があるのだ。

以上を踏まえて、本書では、感覚の部分において一部共通する点は見受けられるものの、「アート思考」とは一定の距離を置く。単なるテクニックやアプローチではなく、それらを含みながら、今後私たちがビジネスにどう対峙するのか、といったマインドセットそのものについて考えていきたい。

アーティストがアートに向き合うときの態度や心構え、その流儀、すなわち、サイドAをもとに、サイドBのプロダクトを含むビジネスモデルづくりに向き合うことをめざす。企業のトップレベルに当てはめるのであれば、サイドBにおけるアントレプレナーシップ（起業家精神）を、サイドAにおける「アーティストシップ（芸術家精神）」からアプローチすることになる。

▶ アート思考が示すもの

クリエイティビティを求め、人々はその源泉をアートに求めるようになった。それに応じてアート思考と呼ばれる一連の「ものの見方」が注目を浴びてきたことは、理にかなっている。一口にアート思考といっても、さまざまな立場から論考が提示されており、初めて手に取った書物によっても、その印象が異なる。

議論を混乱なく展開するため、ここでは「アートとは何か」というカンディンスキーの意見をもとに、現状述べられているアート思考に関連する考え方を整理しておこう。

カンディンスキーの考え方に基づけば、個人のクリエイティビティを高めるためのアート思考は、鑑賞者の「感覚」に当たる部分である。具体的には鑑賞者の受信感度を高めるため、絵画を見るポイントを整理し、どのように見ればよいのかという方法を訓練する。これを教養系アート思考と呼ぶ。

それに関する論考を示したものが図表2-9である。知覚力、構成力、着眼点の3つに分けて、国内外でどのような論考があるのかを整理した。

教養系アート思考は、美大出身者やアート関係者が主となって、自らの専門領域を非アート系の人々に教えるものである。鑑賞者としての感覚を高めることを目的に、小学生からビジネスパーソンまで多岐にわたる人を対象としている。鑑賞者としての感覚を身につければ、日常の中に美を見出すことができる点で、想像力や創造力が刺激されるなど人生の質が向上する。

一方で、アートを取り入れることで、企業経営のあり方に変化を起こすことをビジネス系アート思考と呼ぶ。ビジネス系アート思考は、アートに造詣のあるビジネスパーソンや経営学者が、ビジネスの脈絡においてアーティストの流儀に有用性を見出すものである。

それを述べた論考が図表2-10である。新たな経営のアプローチとプロダクトイノベーションに分けて整理した。

新たな経営のアプローチは、日本でも山口周氏の著書を手始めに、それと同様のテーマで、アートがいかに組織人としての感覚を養うのかを論じている。ただしこれらも、基本的にはものの捉え方を示したものなので、具体的にどのような要素が、企業を変革させるのに必要であるのかは明らかにされない。プロダクトイノベーションは、特に既存のイノベーション理論との大きな違いは見出せない。また、デザイン思考のよ

052　第Ⅰ部◆ビジネスに熱狂が必要な理由

図表2-9▶鑑賞者の感覚を高める教養系アート思考

	諸外国	日本
知覚力	観察力を磨く（ハーマン）	知覚力を磨く（神田）
構成力	なぜ脳はアートがわかるのか（カンデル） 脳の右側で描け（エドワード）	絵を見る技術（秋田）
着眼点	学力をのばす美術鑑賞（ヤノウィン）	13歳からのアート思考（末永） 「ひとつのケーキ」と「アート思考」（池澤） 〈問い〉から始めるアート思考（吉井） 名画で学ぶ作文ドリル（久松） アート思考ドリル（若宮） 仕事に生かすアート思考（町田）

（注）邦訳書のあるものは、訳書名で表記。

うに、確立されたステップなどもない。あくまでアート思考をイノベーションのトレンドとして取り扱うものである。

　ここまでを整理すると、アート思考は、アートの見方を鍛えるとクリエイティビティが高まる「鑑賞者」としての感覚にかかわるものと、ビジネスの文脈で革新的な経営の方向性をアートに頼る「アーティスト」としての感覚にかかわるものに、実は大きく分類できることがわかる（図表2-11）。

　このように俯瞰すると、これまでのアート思考と呼ばれるものには4つの問題があることが見えてくる。

　1つ目は、鑑賞者の感覚を問うものが多く、企業の目的に適していないことである。特に教養系に該当することだが、鑑賞者の感覚に依るため、プロダクトやビジネスモデルの改革に直接的に役立つものではない。

　2つ目は、現代環境に理想的な企業経営のあり方を述べるにとどまっており、「思考」と呼べるほど成熟したレベルにないことである。

図表2-10 ▶ アーティストの感覚を学ぶビジネス系アート思考

	諸外国	日本
新たな経営のアプローチ	Entrepreneurs: The Artists of the Business World（Daum） ハイ・コンセプト（ピンク） The Plenitude（Gold） The MFA Is the New MBA（Bell）	世界のエリートはなぜ「美意識」を鍛えるのか？（山口） アート思考（秋元） 直感と論理をつなぐ思考法（佐宗） 世界のビジネスリーダーがいまアートから学んでいること（ヒンディ） ビジネスの限界はアートで超えろ！（増村） アート・イン・ビジネス（電通美術回路） 「アート思考」の技術（長谷川） ビジネスで成功する人は芸術を学んでいる（朝山） アートに学ぶ6つの「ビジネス法則」（高橋）
プロダクトイノベーション	スペキュラティヴ・デザイン（ダン／レイビー） アートシンキング（ウィテカー） 突破するデザイン（ベルガンティ）	アート思考のものづくり（延岡） デザイン、アート、イノベーション（森永） ハウ・トゥ アート・シンキング（若宮）

(注) 邦訳書のあるものは、訳書名で表記。

　3つ目は、これまでのアート思考では、アートの最も大きなポイントであるはずの感動や「熱狂」が、全く取り扱われていない点である。アーティストの考えを無視した形で議論が展開されることになるため、アートを冠する意義を見失う。ビジネスの脈絡でも理解しやすい「感覚」を中心に議論をすることで、残念なことにイノベーション論や美術教養と何ら変わりない話として捉えられている。これでは、アートの要素は大きく損なわれていると言わざるをえない。

　そして、最後にして最大の問題となる4つ目が、アート思考の発展が、他のアート思考を参考にしながら漸進していることである。デザイン思考はデザイナーの考えを思考体系に落とし込み、非デザイナー系の仕事の人々にインストールするものとして、イノベーションを起こすべくブームを呼んだ。

　他方で、アート思考はどうだろうか。アート思考では、個別アーティストに焦点を当てて、それをビジネスに応用するというやり方が見られ

図表2-11▶アートマインドセットとアート思考とでは守備範囲が全く異なる

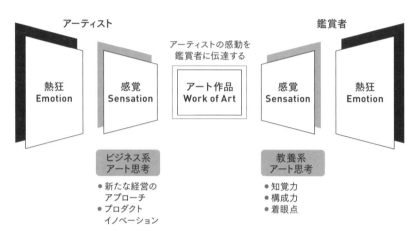

ない。アート思考とは、このようなものであると演繹的に述べたうえでその考え方が提示されるため、個別性は見落とされがちになる。暗に現代アーティストや、場合によっては演劇やミュージシャンなどを想定していることもあるが、それが誰かはわからない。

アートのカテゴリーは多彩で、アーティストによってアプローチが全く異なるのに、特定のアーティストの手法や考え方を具体的にビジネスに応用する試みが欠けているのだ。具体的なアーティストを取り上げることもあるが、その場合には作品の良し悪しを述べるばかりで、ビジネスやビジネスモデルのイノベーションへと展開しようとするアプローチは皆無である。

これでは、何をもってアートとしているのか、誰を想定しているのか、どのような根拠でもって抽出された概念であるのか、という点で不明瞭性が残る。この捉えどころのなさ、定義の曖昧さは、どんな考え方をしてもアート思考と呼べてしまう事態を引き起こし、アート思考という概念を空虚にし、その発展、深化を妨げ、実践や研究の停滞を招く危険がある。

そういう風潮もあってか、アート思考は、誰かがアート思考と呼んだものの上に立っている。図表2-10にある、ベルがオンライン記事で書いた「MFAは新たなMBAだ (The MFA is the new MBA)」というフレーズを繰り返し叫び、ピンクの右脳的思考の話をベースとして、ウィテカーのアートシンキングをなぞる。

日本ではとりわけ、山口氏が著書[6]でも指摘した「VUCA時代」には「解答は無価値化する」という文脈を使って、現代アート界隈で仕事をしている人々が「アート思考」というキーワードを手に入れて持論を展開するという状況が長らく続いた。しかし、現在までのところ、決定版としてのフレームワークも提示されていない。

皮肉にも、アート思考を声高に叫びながらも、その概念自体がアーティスティックにイノベーションを起こすことができず、ビジネスに応用できずに苦しんでいる。しかも、イノベーションが目的なのか、ビジネスパーソンの教養が目的なのか、方向性はあまりにもまちまちである。

これらの問題を踏まえれば、新たに「熱狂」を軸にしたアートマインドセットをもとに、ビジネスモデルにイノベーションを起こす姿勢をゼロから構築するのが望ましいことは明らかだ。

5. アート思考を超えて

▶アート思考では足りない

筆者は20年以上にわたってビジネスモデルの研究者として活動してきた。その立場から、さらなるブレークスルーのきっかけは、アートが握っていると信じている。アートには、絵画、写真、建築、陶芸など、

---

[6] 山口 [2017]。

さまざまな形態がある。これまで述べてきたアート思考の問題を踏まえれば、まずはカテゴリーの選択が重要となる。

本書ではそれを絵画とし、なかでも、ルネサンス期以降の「絵画」と設定する。画家が職人からアーティストに発展した時代であり、現在でも多く目にする油彩画の技法が飛躍的に発展した時期だからだ。ルネサンス期以降を起点として、美術史上に重要だと位置づけられる絵画をメインに論を展開したい。

絵画は、イノベーションによる大きな転換点をいくつか経験している。400年続いた写実的な絵画は、印象派によって劇的な革新を遂げた。そうして、近代アート（modern art）と呼ばれるに至った。さらに抽象絵画へと展開し、コンテンポラリーアート（contemporary art）、いわゆる現代アートへとつながっていく。

そうしたイノベーションの歴史は、企業経営の歴史と親和性が高いことも、絵画芸術を取り上げる大きな理由である。旧態依然とした業界で、自身の感情を爆発させ、ブレークスルーを実現し、一気に時代の寵児として駆け上がっていくアーティストとしての画家の姿は、まさにアントレプレナーのそれに酷似している。

絵画をベースにアーティストのあり方を学ぶには、実在のアーティストを想定して話を進める必要がある。そこで、実際に功績を残した著名アーティストを選定し、彼らの考えをもとにビジネスにどう転写できるかを探っていく。

ただし、残念なことに、実在の著名アーティストであり、名を残し、しかも雄弁にその作品のあり方を広く俯瞰して語っている人物はほとんどいない。評論家はその姿を描くのが仕事だが、作品で自己を表現するアーティストが論理的に物事を語ることはほとんどないのだ。

しかし幸運にも、自身も功績を残し、かつ、ロジカルに語る唯一無二のアーティストがいる。それがワシリー・カンディンスキーである。抽象絵画の祖とされるアーティストであり、政治経済を志した学者でもあったカンディンスキーは、熱狂的に、かつ、ロジカルにアートの何た

るかを語れる唯一のアーティストだ。

　カンディンスキーに焦点を当てることにより、より生々しくもはっきりとしたアーティストの感情や感覚を知ることができ、アートとはいったい何であるのかを改めて考え直すことで、それが私たちの生活やビジネスそのものに、どのようなインパクトをもたらすのかについて論を進めたい。

▶ アートから学ぶこと

　本書のテーマは、アートマインドセットをもとに、ゼロベースでビジネスマインドセットを構築することである。大切なことは、従来のビジネスマインドセットを持つ人々が、本書で掲げるアートマインドセットを参考に、いかに自社独自のマインドセットを創り出すのかということだ。それこそが「ビジネス・アートマインドセット（BAM）」である。

　BAMのアプローチは、アーティストを企業に招いて商品開発をする、いわゆるアーティスティック・インターベンションを行うことではない。このような取り組みには一定の効果が期待できるだろうが、完全にアートの脈絡のみで展開されるため、ビジネスサイドがそれをどれほど咀嚼できるのかが問題となる。

　アーティストの考えをビジネスで使えるようにするには、コラボレーションではなくアートのビジネス翻訳が必要なのだ。その点でBAMは、アートの力を借りながらも、ビジネスパーソンが実業で活用できるレベルのビジネスモデルを構築することを最終目的とする。

　またBAMは、学芸員やアート経験者を招いて、名画の見方を学ぶことを目的としていない。彼らはあくまでアートの世界の専門家であって、ビジネスマインドセットとの共存を念頭に置いていない。もちろん、彼らから多くの刺激を得ることはできるが、そこから直接的にビジネスにつながる接点を見出すのは、自分自身である。BAMでは、自力で行うのはきわめて困難なことを、マインドセットとして集約する。

つまり、本書が提案しているのは、闇雲にアートを技術的に分析することや美術史を学ぶことではなく、長きにわたって称賛されるアート作品から、創り手の熱狂とそれを形にする感覚を受け取ることである。その意識だけで、プロジェクトの参加態度や、事に当たる際のセンスは大きく進化を遂げることになるだろう。それこそが、ビジネスパーソンが身につけるべきアートマインドセットである。

直感でプロダクトを生み、それが結果的に顧客を熱狂させることができたら、どれほど素晴らしいだろうか。ビジネスモデルの脈絡で、アートの考え方をもとにイノベーションを起こし、利益を得ることができるのだろうか。アート思考が実現できなかったビジネスモデルの構築を試みたい。

▶ 新たなビジネスモデル

今や他人のためではなく、自分発信の価値を中心に据えたビジネスモデルが求められている。ビジネスモデルから顧客価値を劣位に置くとは何事かという批判もよくわかる。そもそもビジネスモデルは、「顧客を喜ばせながら利益を得る仕組み」であるから、当然の意見であろう。

顧客のことを顧みないビジネスモデルは、もはや独りよがりのプロダクトアウトへと時代を逆行させるものなのだろうか。

ここで冷静に状況を見つめ直したい。顧客におもねりすぎること自体が、実は、イノベーションの妨げになっているとはいえないだろうか。第1章の図表1-2のランキングに登場した名画の数々は、顧客におもねらなくても驚くようなプライスが付いていた。むしろ、おもねらないからこその価値なのだ。

同じことが、最近の若者世代にも起こっている。現在、デジタル画像は4Kや8Kが当たり前になり、音楽もハイレゾリューションが通常になっている。これは、企業が臨場感を高めるなど機能を高めるなかで、ユーザーがついてきた結果である。

にもかかわらず、若者世代には、旧世代のVHSやカセットテープというアナログのクオリティに新しさを見出すものがいる。いわゆる「エモさ（emotional）」というキーワードをもとに、旧世代がペインを感じていたものに飛びつく。この現象は、旧世代メディアを生み出した企業も思いもよらなかったのではないだろうか。アナログのクオリティに夢中になる若者は、かつて旧世代が覚えた未来感に対する熱狂を感じ取っているように思われる。

つまり、製品やサービスが広く普及し、消費者が豊富な選択肢を持つようになった「プロダクト飽食」の時代になると、ユーザーに何を求めているのかを聞くアプローチは全く機能しない。ユーザー自身も何が欲しいのかを理解しておらず、目にしたものや感じたものに反応するため、答えを持ち合わせていない。今やユーザーは、すでに存在するものを自分なりに再定義して価値を見出すか、新たに提案される価値を待っているのだ。

そのため、創り手主導でプロダクトを生み出し、それをしかるべきユーザーに届けながら利益を得るというリーダーシップが求められる。そのような世の中において、必要とされるビジネスモデルは次のように定義できる。

自身の熱狂を届けながら、利益を得る仕組み

「顧客を喜ばせながら、利益を得る仕組み」から「自身の熱狂を届けながら、利益を得る仕組み」へ。新たなビジネスモデルを構成要素に落とし込むと図表2-12のようになる。これこそが、「熱狂的ビジネスモデル」の骨格である。

従来のビジネスモデルとの大きな違いは、顧客価値が自分価値になっていることである。顧客価値ならぬ自分価値ありきで創り手が興奮を覚えたものを、熱量を持って生み出し、それをユーザーに熱量を保存したまま伝えられるのかというプロセスを構築する。自分価値とプロセスを

図表2-12 ▶ 熱狂的ビジネスモデル

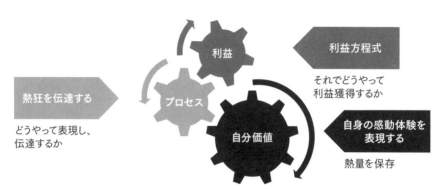

踏まえ、最後に、どこで利益を生み出すのかを確認する。

後述するが、これはユーザー不在を良しとする考えではない。ユーザーについては、プロセスにおいて当然考慮に入れられる。ただし、その存在が主役ではないという意味では、通常のビジネスモデルと大きく異なっているといえるだろう。

このようなビジネスモデル観に基づいて、自分価値と利益を両立させている企業事例は、現在のところ、ごくわずかである。ニッチなマーケットにおいて利益を生み、適正規模で存続する企業であれば、身の回りにそれとおぼしき企業があるかもしれない。

しかし、グローバルマーケットでスケールを持って、そのビジネスモデルを実践する企業となれば、ほとんど見当たらない。筆者の知る限りでは、ある時期のアップルとテスラの2社くらいである。以降、本書でこの2社のエピソードが多く登場するのは、そのためである。

裏を返せば、スティーブ・ジョブズや、イーロン・マスクのマインドセットは、ことビジネスモデルに関しては、従来のフレームワークでは十分に説明しきれていなかったともいえる。これは、新たなビジネスモデルのフレームワークへと刷新する好機を意味しているのだ。アートの力を借りて、革新的なプロダクトを生み出し、それをビジネスへと昇華

させる仕組みを手に入れる。それこそが、本書のめざすゴールである。

▶熱狂的ビジネスモデルへ

革新的なプロダクトを生み出す、ビジネス・アートマインドセットを定義し、それをビジネスモデルにまで高めていく。その体系を示すため、本書は以下のような構成で論を展開する（図表2-13）。

ここまで、ビジネス・アートマインドセットの概要を示したが、続く各章では、部分としての構成要素に注目し、それぞれアートからビジネスマインドセットをどう革新するべきであるのかについて述べる。第3章では創り手の熱狂、第4章では創り手の感覚、第5章では受け手の感覚、第6章では受け手の熱狂のそれぞれについて見ていく。

各章ではアートからビジネスサイドに転写し、演繹的に導き出されるこれからの時代に必要なビジネスのあり方を提唱したい。以上をもとに第7章では、アートマインドセットを総括する。

図表2-13▶本書の構成

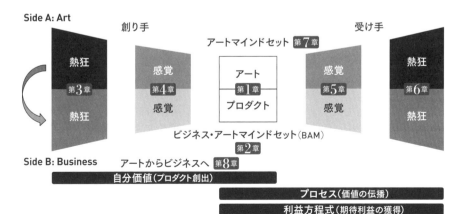

第8章では、アートマインドセットがどのようにビジネスのあり方を刷新するのかを述べたうえで、新たなビジネスモデルはどうあるべきなのかを探る。そして第9章では、ここまで説明してきたすべての要素を統合し、実践的な運用に耐えられる「熱狂的ビジネスモデル」のフレームワークを示す。

第 II 部　アートが見せる 革新的な価値創造

アーティストがどのように作品と向き合っているのか、その態度や姿勢を知れば、価値創造とはどうあるべきであるのか、その本質がはっきりと理解できるようになる。それは、プロダクト開発にかかわるビジネスパーソンに有益な示唆をもたらす。第II部では、カンディンスキーによる「熱狂→感覚→作品→感覚→熱狂」というアートマインドセットに基づいて、アーティストとアート作品を個別に紹介し、分析する。この視角によって、難解なアートの見どころも理解できるはずだ。

第 **3** 章

すべては創り手の
熱狂から始まる

L'important, c'est de créer une situation frénétique.
大切なことは、熱狂的状況を創り出すことだ。

——パブロ・ピカソ

Stay hungry, stay foolish.
ハングリーであれ、愚かであれ。

——スティーブ・ジョブズ

ビジネスにおいても、真に革新的な企業は、価値創造を通して従来の顧客満足をはるかに超えた感動をもたらしている。その本質は顧客を魅了するだけでなく、熱狂させていることにある。

熱狂は、すべての価値創造の原点である。アーティストに言わせれば、自身の熱狂を、受け手に追体験させることこそが創作活動の本質である。

本章ではまず、アーティストの熱狂とは何か、その源泉は何に求められるのかを明らかにする。

1. 熱狂の宿主

▶ 世紀をまたぐ熱狂

美術館には、100年以上もの長きにわたって展示され続ける作品が存在する。世界最古の美術館といわれる、イタリア・ローマにあるカピトリーニ美術館が一般公開を始めたのが1734年、世界最大のコレクションを持つルーブル美術館も1793年に開館していることから、18世紀から200年以上、さまざまな作品が人々を感動させてきた。

歴史上の偉人が直接手を入れた作品、その現物を美術館で、それも至近距離で見るとき、モニターやスマートフォンで見てきた映像とは全く異なる、魂を揺さぶられるほどの感動を覚えることがある。最新の技術による高精細なデジタル再現でも到底、現物にはかなわない。

なぜならば、そこには、アーティストの筆致や、絵の具のマチエール（表面の質感）などによって、息遣いまで聞こえてきそうな臨場感があるからだ。それにより、時空を超えて芸術家と対話しているかのような

気持ちになることすらある。このように名画には大いなる力が宿っている。それは創り手であるアーティストが作品に熱量を封じ込めているからにほかならない。

　一方で、たとえ本物の芸術作品でも、画像になった時点で大きく力を失い、生命の躍動感は消えてしまうことがある。現物をその場で感じることと写真で見ることとは、全く異なる体験となるのだ。構図の巧みさやデザインの素晴らしさは同じく感じ取れるが、作品の持つ迫力までは伝わってこない。アーティストの生々しい熱狂を感じ取ることができないからだ。アーティストが対峙し、魂の対話を重ねたものだけに熱が宿る。同じ絵でも、ポスターは無価値で現物に高値がつくのは、このような理由からだろう。

　また、巧妙な贋作には、一見すると真作と見分けがつかないほど精巧なものがあるが、こちらも、画像同様に力を失っている。理由は明快だ。創り手の熱狂が、そのままに感じられなくなるからだ。特に本物に触れ続けてきた人であれば、一瞥しただけですぐに眉をひそめるだろう。

　筆者は、印象派の絵画を多く所有するロンドンのコートールド・ギャラリーで開催された贋作展を鑑賞する機会を得た。[1] ジョルジュ・スーラの贋作などが展示されていたが、コレクション展示されている同作者の真作とは雰囲気が明らかに異なっていた。それは、力量や技術の差というよりも、現物を見ても迫力が伝わってこない、というのが直感的な感想だ。よくコピー商品は、「作りが粗い」とか「雑」などと表現されることがあるが、専門家でないとそれはわからない。しかし、素人目に見ても、不思議なことに熱量がないことだけは、はっきりとわかるのだ。

　一方で、真作も修復をやりすぎれば力を失う。そのため、諸資料をも

----

[1]　Art and Artifice: Fakes from the Collection として、2023年6月〜10月に開催された。コートールド・ギャラリーも真作と誤認して購入した作品が展示されていた。

とに、修復もできるだけアーティストが制作したときに近い形でなされるというのが、現在の美術界のトレンドになっている。まさに薄れゆく熱狂の蘇生ともいえる。

神々は細部に宿るといわれるが、ものづくりにおいて創り手は神だ。まさに生み出されたものに創り手の熱狂が宿っている。それを感じられるプロダクトに需要が集中するのは、ごく自然なことである。明日の食事に困らない環境に生まれ、何不自由のない現代にあって人々が重視するのは、意味や情緒である。情緒に価値を見出し、それに応じた対価が支払われる。デジタル化が加速し、それに伴い仮想化も急速に広がる世界においては、ますますこのような傾向は強くなるだろう。

逆に、人々が情緒を感じられないプロダクトは、すぐに忘れ去られるだろう。このような話になると、現代ではマーケティングやブランディングといったテーマに直結するが、そうではない。ビジネススクールで語られ、論理的な解答が用意できる事柄ではないのだ。豊かな人生とは何であるか、人生の問いそのものなのである。

人々の人生を豊かにするために、いかにして創り手が熱狂し、ものに熱が込められていくのだろうか。

▶ 人生を変える熱狂体験

熱狂というキーワードを見据えるとき、最も興味深いことは、アーティスト自体がものづくりに対してどれほど熱狂的であるかということである。著名なアーティストは、それに関する名言やエピソードを数多く残している。

しかし、「アーティストはそもそもエキセントリックな人種であり、私たち凡人とは違う。比較対象にすべきではない」と反論したくなる人もいるだろう。エキセントリックでなければ大成できない。アーティストはみな生まれながらにしてその気質を持ち、ある瞬間に創造の炎が燃え上がり、大成していく。アーティストと私たちとの間には、世界の捉

図表3-1▶ビジネス領域からアートへの転身

アーティスト	アートでの功績	キャリア
エドガー・ドガ	印象派展に貢献	パリ大学法学部中退
ポール・セザンヌ	キュビスムへの影響	エクス大学法学部中退
ポール・ゴーガン	ナビ派の源流	パリ証券取引所の仲買人
アンリ・ルソー	シュルレアリスムへの影響	法律事務所から税官吏
アンリ・マティス	表現主義への影響	パリ大学法学部卒、法律事務所勤務
ワシリー・カンディンスキー	抽象絵画の父	モスクワ大学政治経済学部卒、法学者

え方や価値観において、しばしば大きな隔たりが存在する。

　キャンバスではなく、ビジネスと向き合う私たちにとっては、特にそう思いがちだろうし、そうやって自分とは切り離したほうが、いっそのこと楽になれる。

　しかし、その考えを裏切る1つの興味深い事実がある。それは、親の勧めで文系学部に入学し、いったんはその方向で就職することを考え、あるいは、その職に就いて堅実な将来の計画を描きながらも、すべてを捨ててアートで生きていくように方向転換した過去を持つアーティストが複数存在していることだ。図表3-1を見ればわかるとおり、彼らはその後の美術史の転換点となるほど重要なアーティストとなっている。

　印象派の一員として当時の世俗を描いたエドガー・ドガ、印象派からポスト印象派にかけて独自の感覚を世に知らしめるだけでなく、後世のキュビスムや現代アートに大きなインパクトを与えたポール・セザンヌ、さらにフォーヴィスムの代表として「色彩の魔術師」との異名をとったアンリ・マティスは、いずれも学生時代に法学部に進み、法律を学んでいる。ドガとセザンヌは中退したが、マティスは卒業して法学士を取得した後、一度は法律事務所に勤務している。法律家として堅実な将来を描いていた一方で、アートへの熱を抑えきれず、結局は安定した法曹界を捨て、不安定だがクリエイティブで充足感に満ちたアーティス

トへの道を選んでいる。

　総合主義を展開したポール・ゴーガン、様式や時代の垣根を超越する表現によって「素朴派」とまでいわしめたアンリ・ルソーは、実際に金融・財務関係の定職に就きながら、いわゆる「日曜画家」として趣味で絵画を制作していた。

　また、本書においても大きな役割を担う「抽象絵画の父」であるワシリー・カンディンスキーは、すでに述べたとおり、政治経済学部を卒業し、モスクワ大学に助手として就職していた。ドルパト大学にも招聘され、将来の教授の席が約束されていたにもかかわらず、えもいわれぬ衝動が彼に学者のポジションを捨てさせた。

　彼らは安定的な職を捨て、まるで啓示を受けたかのように、アートを本職としてしまう。

　特筆すべきは、堅実に見える学歴や職に就く者に、それを中断させて方向転換するだけの魅力と引力がアートにあることだ。彼らは、高い知性と常識を持ちながらも、抑えられない熱狂に駆られてアートの道へと突き進む。趣味や副業ではなく、多くの時間を創作に充てるため、リスクを承知で本業にしてしまう。

　明晰な頭脳で熱狂する。なるほど、彼らが生み出した技法や概念、そして感覚が美術史の転換点ともなり、現代に至るまで称賛され、今なお後のアーティストに多大な影響を与え続けているのは、人生のすべてをアートに捧げたからかもしれない。

　熱狂は人々の人生を変えてしまう。ものづくりへの熱にうなされた創り手が生み出すもの、それこそがきわめて優れた作品である。そう考えれば、アーティストと私たちの距離感は、実は近い。なぜならビジネスパーソンもまた、有形であれ無形であれものづくりにかかわり、そこに熱を加えようとするからだ。その究極形態がアーティストにほかならない。

2. 熱狂と内的必然性

　熱狂こそがすべての価値創造、そしてものづくりの原資である。それは非常に強烈な感情で、文字どおり狂気ともいえるレベルにまで没入する力を持つ。

　では、この創造者たちの内面に宿る圧倒的な情熱は、どこから来ているのだろうか。アート作品とは何かを定義したカンディンスキーは、それを「内的必然性 (inner necessity)」という言葉で説明する。以下では、内的必然性を明らかにしながら、どのように捉えることができるのかを見ていくことにしよう。

▶ 内的必然性

　カンディンスキーによれば、内的必然性とは以下のことを意味する。

　　「画家は、さまざまな鍵盤 (形態) を使って、目的に合うように人間の魂を振動させる手である。それゆえ明らかなことは、色彩のハーモニーは、人間の魂を合目的的に動かす原理に基づかなければならぬ」[★2]

　カンディンスキーは画家であると同時に音楽家でもあり、聴いた音が色で見えてくる共感覚の持ち主でもあった。そのため、アートと音楽を関連づけて述べるので、定義はかなり難解となる。そこで、私自身が彼のさまざまな言説から内的必然性をひもといてみた。

★2　Kandinsky [1912]；翻訳 [1958] p.70。

内的必然性とは、内面から湧き出るイメージと、それを外面に表現しなければならないと感じる衝動である。アーティストが描いた作品は、自分の内面を鑑賞者に伝え、心を動かすものでなければならない。

カンディンスキーは、これまでの外界の事物を対象に表現してきた具象絵画とは異なる、抽象絵画の開拓者であった。そのため、なぜアート作品を創るのか、その理由や原動力に向き合う必要があった。そうでなければ、モデルを必要としない彼の絵は、思うがままに描いた結果、最悪の場合、ネクタイやカーテンの模様と何が違うのかを説明できなくなってしまう。内的必然性あってこそ、自称「アート作品」はアートとして存在できるのだ。

内的必然性とは、作品に向き合う人間の内面、つまり、精神の表現に向かう、先天的な衝動や意志を表している。アートはアーティストの内面から鑑賞者に語りかけないといけない。決して技巧や技法だけでは、アート作品たりえないのだ。カンディンスキーの内的必然性は、次のようなメッセージを含んでいる。

作品の内面的な要素である熱狂こそが、作品を定義づける。つまり、アート作品には内的必然性が存在しなければならない。そうでなければアート作品は、ただのごまかしになってしまう。★3

内的必然性のない作品をアート作品とは認めない。このようにカンディンスキーは、アート作品であるかそうでないかに対しては、内的必然性をよりどころにして厳しい判断を迫る。アート作品のありようを決定するうえで、内的必然性とそれがもたらす熱狂は、アートマインドセットにおいて最も重要な概念だ。

★3　Kandinsky［1955］；翻訳［1987］p.75および高階［2023b］p.218を参考に修正。

▶ 内的必然性の3要素

カンディンスキーによれば、内的必然性は、さらに具体的な3つの要素からなる。

1つ目は、「個人的な必然性」である。創造者として、独自のものを表現したい、しなければならないという、アーティストの衝動である。どのようなアーティストも、自己表現の場として作品に向き合うはずである。自身が個人として感じた原体験、とりわけ作品に落とし込むまでの熱狂を生む出来事が、こうした創作への衝動を生む。

2つ目は、「時代的な必然性」である。時代の代表者として、時代に特有のものを表現したいというアーティストの衝動である。どの作品にも歴史的背景が存在する。具体的には、宗教、戦争、産業革命、技術の進化などが挙げられる。時代特有の臨場感や空気感もまた、アーティストが制作に取りかかる1つの大きなきっかけとなっている。

3つ目は、「純粋で永遠な芸術の必然性」である。アーティストはアートへの奉仕者として、作品にかかわらなければと思うだろう。芸術表現を生み出す原動力になるのは、アーティストとして何かを表現しようとしたときに、時として自分だけが感じ取れる、まだ誰も表現していない何かに出会い、「自分が表現しなければならない」と感じる強い使命感である。

芸術における歴史は、写実派に対する印象派、印象派に対するポスト印象派、具象絵画に対する抽象絵画しかり、常に新しい表現方法が模索され、生まれてきた。そのアーティストにとっては重要であるものの、既存の文脈では見過ごされてきた何かを見つけて、後世に訴えかけようと思ったとき、彼らは新しい表現方法で自らの独自のポジションを見出し、自己表現をする。

以上を踏まえて要約すれば、アーティストの内的必然性は、内面からみなぎる自己表現と時代表現のエネルギーであるとともに、アートの系

図表3-2 ▶ 3つの内的必然性（3A）

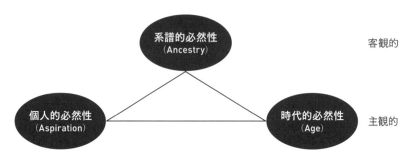

譜において革新的であることが原動力となっている。ちなみに最初の2つはアーティストの主観によるものであり、最後の1つは歴史的に見ても客観的に確認できるものである。[4]

　本書では、カンディンスキーによる3つの内的必然性をより明確に、個人的必然性（Aspiration）、時代的必然性（Age）、系譜的必然性（Ancestry）とする。これら3つはアーティストが制作に向き合うために必要な「内的必然性」の源泉であり、互いに結びつき、作品に熱狂を与え続ける。以降ではその頭文字を取って、これらを内的必然性の3Aと呼ぶことにしよう（図表3-2）。

　カンディンスキーの概念に基づいた3Aは、難解な現代アートを鑑賞する場合にも、私たちに大きなヒントを与えてくれる。たとえば、アートの概念そのものを破壊したマルセル・デュシャンの《泉》（図表3-3）であっても、大量消費社会をアートとする皮肉に満ちたアンディ・ウォーホルのシルクスクリーンの作品群であっても、さまざまな事物が散らばったインスタレーションの作品群であっても、そこから熱狂を原動力とした内的必然性を読み取ることができる。それが鑑賞者に伝播し、熱狂を追体験できるならば、アート作品なのである。

---

[4] Kandinsky [1912].

図表3-3 ▶ マルセル・デュシャンの《泉》(レプリカ)

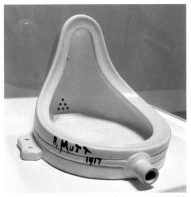
(テート・モダン所蔵)

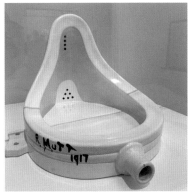
(ポンピドゥ・センター所蔵)

(出所)オリジナルは紛失している。ともに筆者撮影。

▶ 熱狂を生む原体験

　内的必然性は、どのように生まれるのだろうか。創作の原動力は、創り手自身の原体験や、感情や感動体験だ。なぜそれを生み出そうと思ったのか、具体的にどのような体験がもとになっているのか、それを人々にどのように受け取ってもらうのか。内的必然性を考えるとき、まずは創作に至る原体験を探ることが重要となる。

　カンディンスキーが抽象絵画を始めるきっかけには、興味深い原体験がある。以下は、カンディンスキーの著書『回想』からである。★5

　「ある日、スケッチを終えて、空想に浸りながら家に戻った。私は突然そこに、形容しがたく、不思議なほどに美しく、内面の熱狂に満

★5　Kandinsky [1913b]；翻訳 [1979] p.30に基づく。

たされた一枚の絵を見つけた。私はハッとして、急いでこの謎の絵の
ほうへ歩み寄り、見つめた。さまざまな形と色彩以外は何も把握でき
ず、絵の主題は理解できなかった。だが、もっと近くによってみて、
ようやくそれが何かわかった。それは、イーゼルの上に横倒しに立て
てあった、自分が描いた絵だった。

　それに気づくと、最初に感じた印象を取り戻すことは、もうできな
かった。いったん見えてしまったものは、キャンバスの角度を変えよ
うがどうしようが、描かれている対象が目について、純粋に色彩の美
しさを感じ取れなくなってしまったのだ」

　このような体験が忘れられず、カンディンスキーは画面から対象を取
り除くことを試みる。まさしくそれが抽象絵画の生まれる瞬間であっ
た。

　カンディンスキーは、このような原体験を内的必然性の1つとして創
作に取りかかり、作品を通して鑑賞者に追体験してもらおうと考えた。
まさにこれこそが「熱い抽象」を生み続けた、彼の熱狂の源泉だ。それ
は、対象をなくした美そのものであった。写真が一般的に普及し始めた
時代に、アート作品は内面を映し出すことに意義を見出したのだ。その
ことは現代の芸術においては重要であると誰もが理解できるものの、当
時は系譜上存在していなかった。

　抽象絵画を本格的に描き始めた後、彼は多くの著書や論文によって、
内的必然性の1つである「系譜的必然性」について説明しているが、そ
れは自身の作品が系譜上はどのように位置づけられるのかを模索してい
たからともいえる。カンディンスキーはこの世を去ってなお、自身の原
体験を鑑賞者に追体験させることに成功し、現代において「抽象絵画の
父」として認識されている。鑑賞者は現在でも、「純粋にして永遠な芸
術性」を感じ取ることができる。まさに内的必然性がもたらす熱狂であ
る。

3. アーティストたちの熱狂

　以下では、歴史的転換点に立ち会ったアーティストと代表的な作品を、内的必然性のキーワードから解き明かしていく。彼らはいったい何に、どう熱狂しているのか。それを考察することは、熱狂を理解するうえで大きな意味合いを持つ。

▶ フランシスコ・デ・ゴヤ《1808年5月3日》

　フランシスコ・デ・ゴヤは、激動のスペインを生き抜いたロマン主義の画家である。青年期は、絵画で成功するためにコンクールに出品するが落選が続く。25歳のとき、エル・ピラール大聖堂の天井画のコンペを勝ち取り、その出来が評価される。それによりさまざまな有力者の庇護を受け、仕事が舞い込むようになった。

　その後、宮廷からも、回廊の壁を飾る織物であるタピスリーの原画（カルトン）の仕事の依頼が来るようになる。そのときにはすでに十分な資産と、高給に恵まれ経済的にはかなり裕福となっていた。このときにゴヤが手掛けた60点以上のタピスリーは、イタリア風ののどかで、うららかなものであった。

　1789年、43歳で宮廷画家に任命され、いよいよ画家としても円熟期に差し掛かる時期であった。しかし、この2年後に悲劇が起こる。大病を患って聴力を完全に失ってしまうのだ。さらに、この頃のスペインは、フランス革命の余波から、ナポレオン・ボナパルトの進撃を受けることになる。時代はまさに、対仏独立戦争へと向かっていく。

　こうしてゴヤの作風は大きく変化を遂げていく。スペイン人として、ナポレオン軍の蛮行を伝える絵画を1814年に制作する。それが《1808年5月2日》と《1808年5月3日》（図表3-4）である。ゴヤはすでに68歳であった。首席宮廷画家でもあり、経済的な自由も手にしていたゴヤ

図表3-4 ▶ ゴヤ《1808年5月3日》(1814年)

（プラド美術館所蔵）

は、それまでの王族の肖像画などとは全く異なる作品を手掛けるようになっていた。

　この作品では、画面左で白いシャツと黄色いズボンをはいた男が、ひときわ目を引く。その理由は単に彼がライトアップされているからだけではない。多数のナポレオン軍のライフルの銃口が、一斉に彼に向けられているからだ。加えて、周りにいる人々も、彼を中心に寄り添っている。その前に、射殺体があることから、彼と彼の周りにいる者も、数秒後にはこのような姿になるのであろう。まさにその瞬間をドラマチックに捉え、永遠に残すことに成功した。

　この作品は2つの意味で強烈なコントラストを醸し出している。

　1つ目は、明暗の対比である。バロックの時代から引き継がれるキア

ロスクーロ（明暗法）と呼ばれる技法が用いられ、主人公である白シャツの男を際立たせている。

2つ目は、登場人物の対比である。処刑される側のスペイン人が人間的であるのに対して、軍隊がいかにも機械のようであることだ。ナポレオン軍には一切顔が描かれておらず、まさにマシンのように殺戮を繰り返すさまが描写されている。他方で、これに果敢に立ち向かうスペイン人の気高さが描かれている。しかも、男は両手を広げて、あたかも当世のスペインに現れたキリストのようにも見える。

おまけに手のひらには、磔に遭った後を暗示する聖痕まで描かれている。スペイン人としての怒りと、それを後世に伝えるべく、彼はこの作品をドラマチックに仕上げたのだ。

この作品は、ゴヤのやるせない憤慨から生まれたものであることは明らかである。こうした個人的な必然性は、忘れてはならない対仏独立戦争の悲惨さも表している。つまり、時代的な必然性だ。

この作品は、フランス軍が完全に撤退した1814年に作成された。1814年1月、政府はスペイン民衆の愛国心を称えるため、数人の画家に1808年の反乱に勇ましく立ち向かった姿を絵画に描かせるよう決定する。同年2月、ゴヤは政府議長に請願書を書く。

「ヨーロッパの暴君に対する、我々の輝かしき反乱と崇高な英雄的行為を、絵筆に拠って永遠に残すために……」[6]

請願は受け入れられ、ゴヤは2枚の絵を描いた。ちょうどその頃、《戦争の惨禍》というフランス軍の蛮行をさまざまに描いた版画集に取りかかっていた。それほど彼は憤り、時代を写し取らなければならないという内的必然性に迫られていた。

加えて、そのようなゴヤの姿勢は、絵画のあり方を永遠に変えてしま

───────

[6] 当該文章と歴史的記述は、Baticle [1986]；翻訳 [1991] pp.115-116に拠っている。

うことになる。それまで聖書や神話、あるいは、宮廷画家であれば王族の肖像画を描くのがアーティストの主題であったのが、ゴヤは当世の出来事をテーマとして生々しく描いたのだ。今、まさに起こっていたことを、報道のようにジャーナリスティックに伝える。

こうして、その時代の出来事を映す「ロマン主義」となる。ゴヤのこのような姿勢は、絵画はこうあらねばならないという概念を覆し、今までのあり方を変えてしまった。いわば近代アートの幕開けといっても過言ではないだろう。そこにゴヤの系譜的な必然性を感じ取ることができる。

そうした主題は、エドゥアール・マネや印象派を通して、近代の絵画へと受け継がれていく。

▶ エドゥアール・マネ《草上の昼食》《オランピア》

エドゥアール・マネは、写実主義のアーティストでありながら、技術や資金面において、印象派のアーティストたちに影響を与えた人物である。洗練されたパリジャンである彼は、洒脱で社交界との交際を好んだ。マネをリスペクトする印象派のアーティストたちが当時のサロンに反逆し、独自の印象派展を開催しても、マネは一度もそれには出品しなかった。あくまでもメインストリームでの成功を重視し、時の権威である「サロン・ド・パリ」（官展）の出品を続けた堅実なアーティストである。

マネは権威に対してかなり反抗的な姿勢を持ち、それゆえ、さまざまなスタイルの作品を生み出し、19世紀の絵画を近代絵画へと大きく推し進めたイノベーターという一面も持つが、伝統の中で自らを位置づけた意味でも、偉大な功績を残している。

ここから、個人的な必然性、時代的な必然性はもとより、芸術的系譜の中で自らの必然性を求め、革新的であろうと位置づけようとした姿勢がうかがえる。

図表3-5 ▶ マネ《草上の昼食(水浴)》(1863年)

（オルセー美術館所蔵）

　1861年、マネは《ギタレロ》というスペインの歌手を描いた作品でサロンに入選し優秀賞を受賞、一躍名声を得た。しかし、わずか2年後の1863年の《草上の昼食》(図表3-5)では、従来の裸体表現から大きく逸脱した作品を出品したために落選する。

　その後、落選した前衛的作品(アヴァンギャルド)を集めた「落選展」が開催された。本作はそこで展示され、一大スキャンダルを巻き起こす。[7]

　これまで裸婦は、神話上の神であることを建前として描くことが許さ

---

[7] 本作以前にも人間の裸婦を描いたものとしては、フランシスコ・デ・ゴヤの《裸のマハ》(1800年)などがあったが、プライベートコレクションであったため、当時は公の目にはさらされていなかった。

図表3-6 ▶ マネ《オランピア》(1863年)

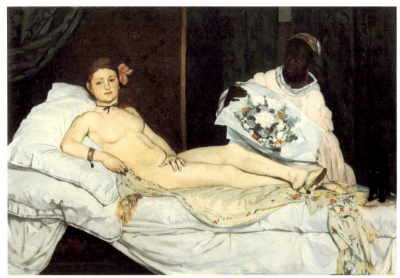

(オルセー美術館所蔵)

れていたが、マネはあからさまにそれに反抗した。当時のファッションに身を包んだ男性たちの傍らに、裸婦を一緒に描いたのだ。この構図により、鑑賞者の誰もが、神話場面ではなく当時の風景を表していることを瞬時に理解した。

　それまで神話や宗教を写実的に表現していた美術界に対して、「私たちが描くべきは遠い過去のローマではない。パリの現実こそが絵画の主題だ」と言わんばかりに当時の風俗を描くことで、真っ向から挑戦状を叩きつけたのだ。この点から、マネの個人的かつ時代的な内的必然性がはっきりと読み取れる。

　マネは、その2年後の1865年に、サロンに出品し入選を果たした《オランピア》(図表3-6)においても同様に、個人的および時代的な内的必然性から、赤裸々に風俗を描き大きな物議を醸した。

　女性がとるポーズは、ルネサンスの巨匠ティツィアーノの《ウルビー

ノのヴィーナス》から着想を得たオマージュである。しかし、ティツィアーノが女神を描いたのに対し、マネが描いた裸婦は明らかに同時代の人物を描いている。さらに、足もとの動物にも違いがある。ティツィアーノは「貞操」を暗示する犬を配置し、マネは「反抗」の意味合いを持つ猫を配置した。これにより、その女性が娼婦であることを示した。

当時、マネが大きな批判を受けたのは、裸婦や時代の風俗、社会的タブーを描いたからという反逆精神だけではない。それ以上に、系譜上においても当時の美術界の常識を根本から揺るがすものだったからだ。

当時はレオナルド・ダ・ヴィンチに代表される後述の「スフマート」という技法によって、肉体を立体的かつ陰影をつけて描くことが言わずもがなの「常識中の常識」であった。特にサロン出品者のようなアカデミックなアーティストには、その常識を尊ぶ姿勢を見せる必要があった。

しかし、彼はそのような不文律をわざと破壊するように、明確な輪郭線とのっぺりとした平面的な塗り方で肉体を表現した。それは友人であり、ライバルのギュスターヴ・クールベをして「トランプの絵札のようだ」と批評せしむるほど、当時の美術界の規範を完全に無視した挑発行為であった。

おまけに、カゴ、果物、ビン、そして、花などの静止物、それに着衣やベッドなどの布地は、筆致の残る、粗く素早いタッチで描かれ、筆致をできるだけわからないようにしようとするこれまでのやり方とは明らかに異なり、当時としては挑戦的な表現がなされている。まるで後の印象派の「筆触分割」を先取りしたような技法が、画面の至るところに見られるのだ。

つまり、美術史上あまり見られなかった技法によって、自身の絵画を新たなものとして定義しようという革新的な試みがなされていたのだ。当時はそれが受け入れられなかったが、マネの中では美術上の系譜にあることが認識されていたように思われる。

というのも、特に《オランピア》に関しては、これより200年以上も

前に描かれた、ディエゴ・ベラスケスの《ラス・メニーナス》に、すでにそのような表現が見られるのだ（図表3-7）。

　具体的には、王女の胸にある花が、かなり荒々しいタッチで描かれていることがわかる。遠くから見れば細密に見えて、近くに寄れば、筆致を意図的に残していることがわかるよう、きわめてトリッキーに表現された、まさに超絶技巧である。

　マネが、ベラスケスの超絶技巧をリスペクトしていたことは広く知られている。彼は、その表現法を当世で再定義しようと試みたのである。これは、「系譜的な内的必然性から、美術史上の規範を再度問うことに熱狂を覚えていた」と言い換えることができる。

　マネの作品には、こうした熱狂の跡、すなわち、彼の内的必然性がそこかしこに見られるが、当世の人々にとって、特に美術界の権威にとっては非礼と見なされた。

　しかし、この「非常識」にチャレンジする姿勢が、現世に生きる私たちにとって、マネを敬愛する大きな理由となっているのだ。マネの作品によって、彼の反逆心と熱狂を追体験できるからだ。まさに当時のアート界の価値観を大きく揺さぶる破壊的イノベーションであった。

ポール・ゴーガン
《我々はどこから来たのか、我々は何者か、我々はどこへ行くのか》

　ポール・ゴーガンは、パリの証券会社ベルタン商会に23歳で就職し、株式の仲買人として安定した生活をしていた。若くして結婚し、5人の子宝に恵まれた。何不自由ない暮らしの中、趣味として印象派の作品を買い集め、その経緯で親しくなったカミーユ・ピサロと親交を深めながら、余暇には絵を描き始めていた。当初の作品に印象派のような雰囲気が見られるのは、このような環境と影響によるものである。絵の才能があることが周囲にも認められ、いくつかの賞を取るほどであった。

　そんな折、フランスが経済的大恐慌に見舞われる。当時35歳のゴーガンはきっぱりと証券会社を辞め、以前から興味のあったアートで身を

図表3-7 ▶ ベラスケス《ラス・メニーナス(女官たち)》(1656年)

(プラド美術館所蔵)

粗いタッチで描かれる花飾り

立てることを決意する。しかし、事は簡単には運ばない。恐慌下にあってアート業界もまた不景気であり、贅沢品市場は縮小していた。ゴーガンの描いた絵にも買い手はつかず、次第に生活は困窮した。

その後、紆余曲折あってパリに居住するが、急速な近代化による繁栄の裏で、パリは魅力に乏しく学ぶべき中身がないと幻滅したゴーガンは、素朴で原始的な地に憧れて、フランス領タヒチに渡ることを決意する。

最初の渡航は1891年、ゴーガンが43歳の頃であった。タヒチで14歳の少女テフラを現地妻として娶った。病気や貧困に苦しみながらも、彼女をモデルとして《イア・オラナ・マリア》や《アレアレア》といった、後に名作と呼ばれる作品を創り上げた。また、このときにクロワゾニスムと呼ばれる、暗く太い輪郭線とその内部を平塗りにした特徴的な表現方法を生み出している。

貧困により生活が苦しくなったゴーガンは、2年後の1893年にパリに戻る。展覧会を開くが、44点出品したうちの11点しか売れなかった。このことにひどくショックを受け、その2年後、もう二度と戻らぬ覚悟で、再びタヒチに移り住む。

そこでは、別の現地妻パフラと結婚するが、自身の健康状態が悪化することで再び貧困に苦しむ。そのうえ、パフラとの間にできた子どもが死産となって落胆する。

さらに悪いことが重なる。同時期、本妻との長女アリーヌが病気で亡くなったのだ。失意のゴーガンは、ある作品を最後に、それを描き終えた後には自殺をすることを決意し、制作に取りかかった。その作品こそが、《我々はどこから来たのか、我々は何者か、我々はどこへ行くのか》(図表3-8) である。

この作品は、タイトルのとおり三部構成となっている。右側から、若い女性がいる部分が、「我々はどこから来たのか」、中央のリンゴを取る女性がいる部分が「我々は何者か」、最後に左側の老いた女性がいるのが「我々はどこへ行くのか」を表している。

まるで、キリスト教における三連祭壇画をゴーガンなりに再構成したかのようである。通常の三連画が左から右に展開するのに対して、本作は右から左へと物語が紡がれている。さらに、最後の「我々はどこへ行くのか」の部分には、中央に復活の女神像があり、死んだ後にまた少女になり、老いていくという輪廻が表現されている。この作品を描いた後、ゴーガンはヒ素による服毒自殺を図るが、分量を誤って死にきれなかった。

彼はこの作品について、友人のダニエル・ド・モンフレに宛てた1898年2月の手紙で、次のように語っている。★8

「私は、この作品が、これまで描いたすべての作品よりも優れており、しかも、今後これより優れた作品も、これと同等のものも、決して描くことはできないと思っている」

さらに、こう続ける。

「死を前にして、私は全精力を傾けて、ひどい悪条件に苦しみながら、情熱をしぼるようにして描いた。そのうえ、訂正の必要がないほどヴィジョンが鮮明だったので早描きによる不調和にもかかわらず、生命の漲りが現れたのだ」

彼の集大成とも言える作品に向かう姿勢には、鬼気迫るものがある。まさに内的必然性が滲み出すような作品である。「最後の作品」にはならなかったものの、その気で向き合った本作からは、いわずもがなゴーガンの個人的な必然性が即座にうかがえる。タイトルがまさにそれを語るように、彼自身の問いの設定がそこにある。これこそが彼が最期に創りたかったものである、そう感じざるを得ないだけの気迫を持ってい

──────────
★8 以下の2つの引用は、ゴーギャン［1988］pp.258-259によるものである。

図表3-8 ▶ ゴーガン《我々はどこから来たのか、我々は何者か、我々はどこへ行くのか》(1897〜98年)

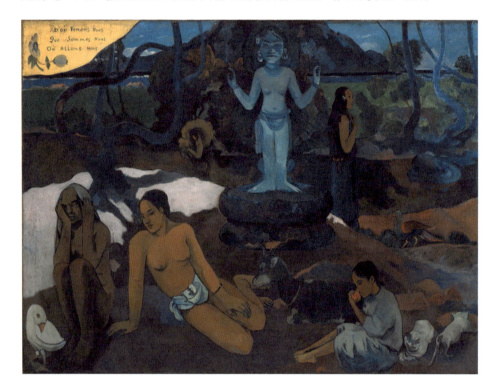

る。
　また、時代的な必然性を考えても、近代化の波が押し寄せる前のタヒチの風土や伝統を、絵の中に保存しようという使命感がうかがえる。ゴーガン本人は、近代化に辟易してパリを離れ、原始の名残のあるタヒチをめざしたが、タヒチもまた近代化が進みつつあった。その中で、タヒチの本来の姿をとどめておく意味でも、その時代特有の内的必然性を感じ取ることができる。
　さらに、系譜的な必然性としては、これ以上説明が必要ないほどの古典芸術へのオマージュと、ゴーガンなりの主張が詰まっている。西洋絵

（ボストン美術館所蔵）

画に原始的で民族的な伝統を融合するという、彼自身のスタイルの集大成であるともいえる。またここでは、自然の外観を模倣するのではなく、アーティストの感情や記憶、想像力を通じて再構成し、より本質的な真実を表現しようとする「総合主義」が展開されている。

　ゴーガンにしてみれば、印象派がいかに革命的といえども、それは写実を極めたものであり、アーティストの精神性が入り込んでいるわけではない。そこに内面を取り込む必要があるとの反抗心があった。まさにゴーガンの系譜的必然性だ。そしてそれを、クロワゾニスムという独特の感覚を駆使して実際に表現してみせたのだ。

この作品には、個人的、時代的、系譜的な内的必然性なくしては語ることのできない、ゴーガンの内面からにじみ出る原始的なものへの憧れ、文明社会への批判的眼差し、そして芸術における新たな表現の探求が、独特の雰囲気となって画面全体に漂っている。

この作品について、ゴーガンはこうも語っている。「まず感動だ！理解はその後に来なければならない」。★9 彼がいかに熱狂してこの作品に取り組んだのかがわかる。

我々はどこから来たのか、我々は何者か、我々はどこへ行くのか

ゴーガンの熱狂は、タイトルにも鮮烈に表現されている。これは、内的必然性そのものであり、その想いを鑑賞者に伝えようとしていることがうかがい知れる。

4. 熱狂を生み出すパワー

▶ 内的必然性の3A

内的必然性は、ビジネスにおける「創造」という作業においても重要である。試しにカンディンスキーの言葉における「アート作品」をそのまま「プロダクト」に置き換えてみると、次のようになるだろう。

> プロダクトの内面的な要素である熱狂こそが、プロダクトを定義づける。つまり、プロダクトには内的必然性が存在しなければならない。そうでなければプロダクトは、ただのごまかしになってしまう。

★9　この一文は、本作に対して1901年7月のシャルル・モリス宛の手紙に書かれたものである。ゴーギャン［1988］p.310。

熱狂と内的必然性が介在するプロダクトを創造できれば、後から見れば歴史的転換点となるようなプロダクトになる可能性はある。現代のスピード感ではそんなことは不可能だ、という声も聞こえてきそうだが、果たしてそうだろうか。

　進化のスピードがきわめて速いデジタルにおいても、アップルのiPhoneやテスラのModel Sが、10年以上も基本構造を変えず、マイナーアップデートだけでも、なお輝きを失わずに存在している。これを見れば、変化のスピードが速く不確実なカテゴリーにおいてこそ、自身のプロダクトが以降の歴史的な系譜にどのように影響するのかを明確に意識して、取り組む必要があるのではないか。

　ビジネスの文脈で熱狂を図る場合、起業家や事業責任者のそれと内的必然性を見るべきである。ただし、起業家と社内の事業責任者では、熱狂のレベルの違いは明らかだ。起業家のクライアントは自分自身であり、最も熱狂的なのは当該起業家以外に存在しえない。

　他方で、雇われの事業責任者は、それが自分の責任領域の事業であっても、企業のオーナーや経営陣から与えられたミッションである場合には、熱狂の質が低下することになるかもしれない。しかし、責任者がオーナーシップをもって事に当たることで起業家と同じレベルまで引き上げることはできるはずだ。このときに重要なのが、内的必然性を意識することだ。

　内的必然性は、「こうでなければならない」という内面からあふれ出る行動の根拠である。本章で示したカンディンスキーによる３つの内的必然性である個人的必然性（Aspiration）、時代的必然性（Age）、系譜的必然性（Ancestry）の頭文字をとった3Aは、事業者の内的必然性を図るうえでも有益である。これらはそのまま、ビジネスの脈絡で活用できる。

　個人的必然性は、起業家あるいは事業責任者が、自身として心から何かを生み出したいという衝動である。このときに重要なのは、「儲かる

からやろう」「市場にないから、これを作ろう」という安直で外生的な理由ではない。

　自身がメーカーであると同時に、ユーザーであるという二重の視点を持つことが必要だ。アーティストは、究極的には自身が必要とし、そうして自分が溺愛する作品を生み出す。すなわち、自分の一番のファンは自分なのだ。事業者も自分を最高のユーザーとして、どうしても欲しいと思わせるプロダクトを生み出すことに熱狂する必要がある。

　時代的必然性は、その時代に特有の空気感を捉えたものを作らなければならないとする衝動である。現在は、デジタルやAI（人工知能）という技術の革新的発展、地球温暖化などの見過ごせない環境問題、人種や性別の多様性やマイノリティを尊重する意識の高まりと、それに関連する社会的課題などが時代を象徴している。

　これらを単なる制約条件や「流行のお題」、さらには、お上から与えられた宿題として受け身的に捉えるのではなく、「自身の問題意識」として認識し、取り組む必要がある。問題を再定義する機会として捉え、真摯に取り組む事業者だけが、真の意味でメーカーもユーザーも幸せになるイノベーションを実現できるのだ。

　最後に、系譜的必然性は、価値の革新性が重要なキーワードとなる。これは単に新たなプロダクトを生み出すことではなく、社会の既成概念を覆し、人々の価値観を一変させるような、パラダイムシフトを引き起こすほどの問題提起をするということだ。少なくともビジネスの脈絡においては、技術革新や洗練されたデザインよりも、社会の価値体系そのものを変えることが重要になっている。

　コンテンポラリーアートの転換点として、マルセル・デュシャンが「レディメイド」を提唱し、アーティストが生み出した絵画や彫刻以外のものをアートへと転換させた。これと同じように、ビジネスにおいても最先端の技術や最高のデザインといった従来の軸にとらわれるのではなく、むしろそこに違和感と危機感を持って、その価値観を覆すほど系譜上のインパクトを持つプロダクトを世に送り出す使命感が求められて

いる。単なる革新ではなく、社会の価値体系そのものを変革する使命感を持った取り組みなのだ。

そこには多くの批判や誹謗中傷があるかもしれないが、それを受け流す鈍感さや、聞き流すだけの度量も必要となる。革新的なことに挑戦してきたアーティストは、どれほど批判されてきたことか。その程度のリスクを負う責任が、ものづくりにはあるのだ。

▶ 何を追体験させるのか？　作品に込められた原体験

以上の内的必然性は、当然ながら何らかの原体験があって成立するのである。私たちの生活には、日々多くの体験がある。それらすべてが原体験となりうる。あるいは、つい昨日体験したことが原体験になりうるかもしれない。もっとさかのぼると、自分には、現在の自分を形成している子ども時代の何らかの体験があったのかもしれない。

すべてが初体験の子ども時代は、原体験の宝庫である。そこにさかのぼって、自分が美しいと思うこと、醜いと思うこと、愛するもの、嫌悪するものなどを、そうさせるに至った原体験とともに思い起こす作業は、アートマインドセットにおいて重要となる。自分自身が、原体験を追体験するのだ。そこに大きなヒントがある。

好きなのにかなえられなかった原体験を、時間や金銭を手に入れることによって現在かなえようとした経験はないだろうか。経済的余裕がなくて買えなかった品々を、今になって「大人買い」していないだろうか。時間的余裕がなくてできなかった経験を、今になって挑戦していないだろうか。

しかし、手に入れた満足感の中でも埋められない何かがそこにはあるはずだ。あの時代、あの年齢で手に入れていたら、実行できていたら、どれだけ幸せだっただろうか。それを今になって認識して、あの時の自分のために送り出す。そこにコストや価格などの経済の論理はいったん不要だ。このようにして内的必然性をもとにプロダクトを生み出すこと

はできるはずだ。

　アーティストは内的必然性の名の下に、原体験を鑑賞者に追体験させるべく、作品を通して伝達活動をしている。起業家も事業責任者も、自身の原体験を掘り起こして追体験できれば、さらに、それをユーザーに届けることをシンプルに追求できれば、イノベーションのアイディアは自然と湧いてこないだろうか。

▶ 現実歪曲フィールド

　内的必然性を心に秘めて事に当たれば、アーティストはその作品に没頭することになる。すべてのリソースを集中的に投下する。そして、その時代における前衛芸術へと進展していく。いうなれば、未来を現在時点で実現してしまう行為といえる。

　ビジネスの世界では、イノベーターと呼ばれる人々がそれを実現してきた。アップルコンピュータのマッキントッシュは、製作過程において納期やテクノロジーの面でもはや実現が危ぶまれていた。しかし、スティーブ・ジョブズは熱狂的に、あたかもそれが実現できるかのように説明して回った。従業員は彼の言葉を信じ、その熱狂に巻き込まれる。

　当時のアップルコンピュータ副社長であるバド・トリブルは、アンディ・ハーツフェルドとのやり取りで、「現実歪曲フィールド（reality distortion field）」という、テレビドラマ「スター・トレック」で使われた言葉をもとに、ジョブズの内的必然性から来る創作をやり遂げるのだという強烈な意思の強さを説明する。[10]

　　「彼の前では現実は変幻自在だ。彼は誰にでも事実上何でも納得させることができる」

---

[10] Hertzfeld［1981］.

現実歪曲フィールドとは、ジョブズ自身が、彼のカリスマ、虚勢や、誇張、マーケティングなどをもって、どのような考えをもジョブズ自身と他人に信じ込ませる力であるという。

このことに関して、ハーツフェルドは次のように回顧している。

「スティーブがその場から去った後は効果が薄れるものの、現実歪曲フィールドは効果があった。たとえ周囲がそれを現実歪曲と認識していたとしても、そうだった」

この点が、ジョブズがアーティストそのものであることを改めて感じさせるポイントである。内的必然性は熱狂を生み出し、それは時に周りを巻き込んで、物理的な制約を超越して、10年先、30年先の未来までをも、現在時点で実現してしまう力を持っている。

現実歪曲フィールドは、組織論的な話にとどまらない。その熱狂はユーザーの心にまで入り込み、夢を見させる。それにより、ユーザーは同社のプロダクトに熱狂する。ジョブズが新プロダクトの発表会で行った数々のプレゼンテーションは、彼がアップルの中にいようが外にいようが、一貫して伝説となっている。ジョブズの内的必然性が表現されたプレゼンテーションは、ユーザーを熱狂させた。

現在の世界中のプレゼンテーションのあり方を思い返してほしい。ほとんどが、ジョブズが行ったプレゼンテーションのフォーマットを使っている。ビジュアルを使いながらも、実機をデモンストレーションしながら、それが人類の世界をどう変えるのか、なぜそれを気に掛ける必要があるのかを語っているだろう。しかし、そこにCEOや開発者の内的必然性がなければ、熱狂は表現できない。現実を歪曲するほどの熱狂がなければ、受け手が熱狂するはずもないだろう。

現実歪曲の面では、EV（電気自動車）の普及車開発に関与したときのイーロン・マスクも、ジョブズのそれに負けていない。マスクは、テスラ社で普及型量産車のModel 3で、2016年に大量の受注を得た。

当時はガソリン車が一般的な世の中であり、EVを購入することなど、環境愛好家のすることだという風潮があった。しかし、デザインの良いスタイリングとイメージ、運転の半自動化など先進的な機能を盛り込みつつ、排ガスゼロ、満充電で400km走行可能、それでいて普及価格帯で購入できるという、まさに良いことづくし、買わない理由が見当たらないほどのプロダクト提案であった。そのような未来感は当然にユーザーの心に刺さり、オーダー開始1週間で32万台の受注を獲得する。

そんなうまい話が実現するものかと、訝しげに見る者も多かった。提案そのものが未来を先取りしているようなもので、それ自体が現実歪曲であった。懐疑的に見られるのも当然で、テスラにはそれを実現できる生産体制が整っていなかった。

そこでマスクは、さらなる現実歪曲を行う。当時Model 3の生産キャパシティは数百台。大幅な生産遅延が予想された。すでに限界キャパシティを超えていた状況で、マスクは仮設テントを張ってでも工場キャパを拡大させ、その難局を乗り切った。その結果、多少の遅れは出たものの、テスラは普及価格帯でEVのポジションを確立することに成功した。

このように、起業家は熱狂的にプロダクト開発と向き合う。そうでなければ、マーケットでスケールの急拡大などできるはずがない。ジョブズやマスク以外にも、世界中の多くの起業家が至るところで熱狂をもって革新的な提案をし、その帳尻を合わせるように現実歪曲して組織を運営していることだろう。

その熱狂が共有できないスタッフの中には、熱狂の押しつけを嫌がったり、ついていけないと組織を離れるものもいるだろう。それは致し方ないことだ。一方で、それほどの熱狂がなければ世界を変えることはできないのも、また事実である。現実歪曲によって、通常数十年かかる進歩を1年で達成してしまう。熱狂的にビジネスに向き合うというのは、そのようなことを意味しているのだ。

▶類似概念としての内発的動機づけとの違い

　本章では、アーティストが熱狂を込めるために、内的必然性がカギになることを示してきた。そして、それをそのまま起業家や事業責任者が持つことができれば、熱狂をプロダクトに込めることができるとの論を展開した。

　ビジネスの世界においても、これに似たような概念がある。「内発的動機づけ」(intrinsic motivation) と呼ばれるものだ。[11] これは、報酬や昇進といった客観的に評価できる基準ではなく、自身が面白いと思うものであれば、おのずとモチベーションにつながるという考え方である。主に、従業員の動機づけに用いられるものだが、もちろん、起業家が自身のビジネスを推進するときにも適用可能だ。

　ただし、起業家においては自身が雇用主となって、自らのビジョンを果たすために活動しているため、内発的動機づけはそもそも不要なのではないかという論も成り立つ。その意味では、やはり主役は従業員である。起業家はそもそも自分のやりたいことをやりたいようにやっている「はず」の存在だからだ。

　あるいは起業家は、そもそも内発的動機づけの下に活動している大前提が成立しているともいえる。特に起業家が大企業から独立したのは、そうした動機がなせる技だろう。しかし、それは動機が何であるのかを認識できても、今後自分がどのような事業をするのか、しなければならないのか、といった方向性を示すものではない。

　「自分のためにやる」のは当然のこととして、自社を、そして、自らを象徴するプロダクトを生み出すときに、どのように事業に向き合えばよいのか、具体的に何を頼りにしていけばよいのか。内発的動機づけは、それが必要であることは示してくれるが、価値創造において、その「理由」を具体的に認識させてくれるわけではない。

────────

★11　この点は、Deci [1972], Harlow [1953], Pink [2009] が詳しい。

特に、現代において起業家や事業トップには、具体的なプロダクトに向き合う「理由」を必要とする。しかも、たびたび必要となるのだ。新たなプロダクトを生み出すときには、毎回必要となる。それが、株主との約束で計画された、新プロダクト投入スケジュールに従っていたとしても、具体的なプロダクトに向き合うには、売上や利益、顧客満足といった尺度以上の「理由」が必要なのだ。

そうでなければ、売上も利益も顧客満足も、すべてが空回りする。起業家には自分の分身ともいえるプロダクトを世に送り出すときに、より強く、より深い理由や背景が必要となる。すでに述べたように、「儲かるからやる」「市場にないから創る」では不十分だ。それではあまりにも寂しく、ユーザーにも早期に見透かされる。情報がこれだけ行き渡った現代社会では、ユーザーはそんなことには付き合ってはくれないし、騙されてもくれないのだ。

このような状況では、アーティストが作品を創作するときの理由にならうのが最も理にかなっている。特に、熱狂の源泉となる内的必然性に注目するべきである。これは、単なる生き方の問題ではなく、プロダクトを生み出すたびに向き合う姿勢そのものを示している。すなわち、プロダクトに向き合う起業家や事業責任者にとっても、価値創造の上流に位置づけられる最重要概念となることを意味している。

自分がやらなければ誰がやるのか。この時代にどうしてもやらなければならないことは何か。これからの人類の歴史にどのような影響を与えるのか。

これらのことに熱狂すれば、世の中が進化するはずだ。そして、その熱狂をいかにプロダクトに込めるか。続いて知りたいのは、熱狂をプロダクトに落とし込むときに必要な「感覚」とはいったいどのようなものであるかである。続く第4章で見ていくことにしよう。

第 **4** 章

創り手の感覚

La peinture de la nature ne copie pas l'objet; c'est réaliser ses sensations.

自然に基づいて描くということは、決して対象をそのまま写し出すことではない。自分の感覚を実現することだ。

——ポール・セザンヌ

There's an intuition that comes with the kind of business brain I have. You know what's coming next. You feel it.

私のビジネス脳には直感力が備わっているのです。次に何が来るのかが感覚でわかるのです。

——トム・フォード

感覚は、熱狂を作品へと保存するための媒介手段である。それは、技術のみならず、表現方法や思想までも含むものである。ビジネスの文脈では、熱狂的なプロダクトを生み出す際に、圧倒的な個性や他との違いを浮き彫りにするために、企業が保有したいと願う能力でもある。

本章では、価値創造において重要な役割を果たす感覚について見ていくことにしよう。

1. 熱狂を作品へと落とし込む感覚

アートにおいては、熱狂が何より重要であることを示してきた。その際には、内的必然性がキーコンセプトとなる。次にこれを作品へと結晶化するとき、いかにアーティストの内的必然性を作品に落とし込めるかが問題となる。このとき、創り手の「感覚（sensation）」が重要となる。

カンディンスキーによれば、アーティストの感覚とは、アーティストの熱狂、つまり内的必然性を作品へと導き出すための「媒介手段」である（図表4-1）。[1]

彼は、熱狂や感動を表現する際の技法については、著書『点と線から面へ』においてかなり詳細に記述している。ここから、彼なりの明確なルールがあることが理解でき、熱狂をどのように表現するのか、点や線や面をどう扱うのかが手に取るようにわかる。

カンディンスキーはこれらの技術を駆使しながら、印象、即興、そしてコンポジション（作曲・構図）の3つを独自の感覚として、抽象絵画によってその内面を外面化した。第1章で述べたように、彼はその3つの

---

[1]　Kandinsky［1955］；翻訳［1987］p.75。

図表4-1▶熱狂をアート作品に変換する「感覚」

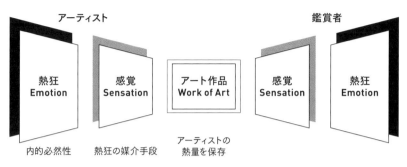

感覚と同名の作品を、それぞれ複数創り上げている。

カンディンスキーは、「感覚」そのものについては、これ以上多くを述べていないものの、一連の著述からは、それがどのようなものかはうかがい知ることができる。

すなわち感覚とは、アーティストの活用する技術、表現方法、モチーフ（主題）、さらには概念や思想、そして、その他アーティストが内的必然性をアウトプットするのに必要なすべての事柄である。それにより、アーティストの熱狂が余すことなく作品に保存されていくのだ。

ビジネスの文脈において、何らかを「アウトプット」するというフレーズを聞くと、スキルやテクノロジーを総称した「技術」のことを指しているのではないかと直ちに反応してしまう。もちろん、技術は重要な要素であることは間違いない。しかし、すでに示したように、それがすべてではないことには注意する必要がある。

技術は、どの企業にもある。同様に、どのアーティストもきわめて高い技術を持つ。アーティストを特別な存在にしているものの1つに技術があるのは間違いないが、それだけでは彼らに抱く特別感は醸成されないのだ。ある特定の技術が使われるのは、内的必然性を表現するのに最もふさわしいからである。逆に、有り物の技術を使ったとしても、内的必然性がよく表現されるのであれば、名作となるだろう。

このことを探るために、以下では、美術史上において重要な位置づけにあると思われるアーティストの感覚を紹介しながら、創り手としていかに感覚を捉え、向き合うべきなのかを検討する。

2. アーティストの感覚

▶アーティストの感覚と前提

アートの脈絡で「感覚」の進化といえば、まずはルネサンスにおける1つの大きな発明を見過ごすことはできない。一点透視図法である。前期ルネサンスに活動したマサッチオによって、この方法は絵画に取り入れられた。

その際に一点透視図法の発明者で、マサッチオの師匠である建築家のフィリッポ・ブルネレスキの協力を得ている。マサッチオの描いた《聖三位一体》は、教会の壁に描かれたフレスコ画である（図表4-2）。これを見た当時の人々は、あたかも壁の向こう側に空間ができたように感じ、驚愕したであろう。

一点透視図法は二次元平面に、三次元空間ができたような錯覚をもたらす。この作品が生み出された、つまり、平面に奥行きが生まれたのは1427年、600年も前のことである。それ以来、今日に至るまでの間、西洋絵画の基礎的なフォーマットとなっているのだ。

一点透視図法とは、任意の点を1つ決めて、そこへ向けてすべての線が収束するように描く方法である。決定した一点は平行な線群が集まり消失することから、消失点と呼ばれる。この作品における消失点は、下から4分の1ほどの高さの台座部分に置かれており、鑑賞者の視点の高さと同じになるように設定されている。こうすることで、壁の向こう側が、さも現実であるかのように錯覚させる効果を得ている。

一点透視図法そのものは、ブルネレスキから借りてきた技術である

図表4-2 ▶ マサッチオ《聖三位一体》(1427年)に見る一点透視図法

(サンタ・マリア・ノヴェッラ教会所蔵)

が、それだけでは本作に寄せられた感覚は説明しきれない。キリストの荘厳さを示し、人々に感嘆と驚異をもってこの壁画に対峙してほしいというマサッチオの思想が、この技術を絵画に応用させたのである。

　これ以降、アーティストは、確立された一点透視図法を内的必然性を表現するための最低限のルールとして、作品を生み出していくことになる。この技術を前提としながらも、自身の表現をドラマチックに見せたり、逆にさりげない演出に使ったり、ときにはそれに抗うようなやり方を見せつけることで、独自の表現を追求しようとした。

104　第Ⅱ部◆アートが見せる革新的な価値創造

　以下では、代表的なアーティストとして、有名な3人の巨匠である、レオナルド・ダ・ヴィンチ、ヨハネス・フェルメール、そして、クロード・モネの用いた感覚を紹介する。そこから、アーティストの「感覚」とはどのようなものであるか、それらが目に見える技術以上に、何を意味するのかについて見ていくことにしよう。

▶ レオナルド・ダ・ヴィンチ──空気遠近法とスフマート

　盛期ルネサンス期の巨匠レオナルド・ダ・ヴィンチ作の《モナ・リザ》は、史上最高額の保険金が設定されたことが話題になるなど、アートに興味がない人々にも知られている作品である（図表4-3）。この作品は今もなお、鑑賞者の熱狂を呼ぶ。その理由は、現存するダ・ヴィンチの作品が希少であることもあるが、何よりもアーティスト本人の熱狂を感じ取ることができるからだ。

　そもそもダ・ヴィンチは本作を、依頼主のいる肖像画として1503年頃に着手し始めた。しかし、彼自身が作品に惚れ込んでしまい、結局は依頼主に引き渡すことなく手を入れ続けた。背景には、天地創造などのテーマを描き込み幻想的なイメージに仕上げている。

　1516年にダ・ヴィンチは国王の招待でフランスに招かれるが、そのときもこの作品を持参した。その後、彼の死に至るまで作品に手を入れ続けたといわれる。それほどまでに彼が熱狂した作品が、《モナ・リザ》なのだ。

　その熱狂は、彼が確立した感覚によって見事に作品に保存されている。

　その感覚の1つがスフマートである。スフマートとは、イタリア語で「煙」を意味しており、輪郭線をぼかすことで立体感を生み出す技法である（図表4-3右上）。ミクロン単位でニスを塗り続けるため、想像を絶するほど多くの時間を要する。創作に対してよほどの熱狂がない限り、技術的にも実践が困難であっただろう。

　そもそもこの技法は、写実性を重視したいがために生まれたものであ

第4章◆創り手の感覚　105

図表4-3▶ダ・ヴィンチ《モナ・リザ》(1503〜06年)のスフマートと空気遠近法

スフマート

空気遠近法

（ルーブル美術館所蔵）

る。私たちの見る実際の物体や人物像には輪郭線など存在していない。ダ・ヴィンチは、この点を追求した結果、何重にも色を重ねるスフマートを使ったのだ。

　もう1つの感覚が、空気遠近法である。これは、離れた対象を青みがかった色調で描くことで、遠景を表現する方法である（図表4-3右下）。つまり、大気の性質を絵画に織り込んだのだ。遠くにあるものほど青みがかり、霞んでいるように見える。輪郭線も曖昧になる。一点透視図法による線遠近法では、屋外の景色を表現するのには適していないと考えたダ・ヴィンチは、こうして色彩によって遠近感を表現することを追求し始めた。

　先に紹介したマサッチオも1420年代に創作した《貢の銭》において、空気遠近法の原形のようなものを使い、遠景の山々を青みがかった色彩で表現している。ダ・ヴィンチはこの作品がある教会[★2]を「芸術の学校」と称して通っており、そのときにこの技法に触れたのだろう。

　スフマートの追求によって、ダ・ヴィンチはマサッチオとは異なる雰囲気を持つ、独自の空気遠近法を確立できたと言われている。ダ・ヴィンチのスフマートは、単に遠景を青くしていくだけではなく、何層にもわたって描き重ねることで輪郭線をぼかす。こうしたダ・ヴィンチならではの感覚が、500年以上の長きにわたって、彼の作品を絶対的な存在に押し上げている。

　なお、彼独自のスフマートと空気遠近法は、《モナ・リザ》より20年前に描かれた《岩窟の聖母》（図表4-4）においても顕著に見られ、その感覚がすでに確立されていることがわかる。

　こうして完成された《モナ・リザ》は、ルーブル美術館に所蔵され、同館の目玉作品の1つとなっており、常に行列を作っている。世界中からこの作品を目当てに、人々がパリを訪れる。それはダ・ヴィンチ自身の熱狂と卓越した感覚を一目見ようとするからだ。

[★2]　サンタ・マリア・デル・カルミネ聖堂ブランカッチ礼拝堂。

図表4-4▶ダ・ヴィンチ《岩窟の聖母》(1483〜86年)に見るスフマートと空気遠近法

(ルーブル美術館所蔵)

ただし、その理由は単に技術が優れているからではない。スフマート
にしても、空気遠近法にしても、彼の表現したい熱狂、そして、掲げる
主題を表現するために不可欠の技術だったのだ。モナ・リザという架空
の人物の神秘性を余すことなく作品に落とし込むのに、これらの技法が
必要であったにすぎないのだ。つまり、感覚には作品に落とし込まれた
技術以前に、アーティストが自然をどのように見ているのか、という関
心までもが含まれている。

第1章で述べた《サルバトール・ムンディ》は、ダ・ヴィンチの工房
作ともいわれているが、いずれにせよクリスティーズによって、「最後
のレオナルド、男性版《モナ・リザ》」として紹介されたことで、絵画
史上最高額がついた（図表1-3）。当作の価値は、いかに《モナ・リザ》が
偉大な作品であるかを、現代においても改めて知らしめることとなった。

▶ヨハネス・フェルメール──ポワンティエ、ルプソワール、ウルトラマリンブルー

フェルメールは17世紀にわずかな作品のみを残して、この世を去っ
たオランダのアーティストである。生前からもその評価は高かったもの
の、世界中で称賛されるようになったのは、20世紀に入ってからであ
る。その活動期間は22年に及ぶが、確認されている作品数は三十数点
と寡作である。ここから、作品ごとにかなりの時間をかけて制作されて
いたことがわかる。

現在も彼の作品が愛されているのは、彼自身の特徴的な感覚が多くの
作品に共通して見られるからだ。フェルメールは、物語画から風俗画に
転向した後、「光の魔術師」の異名をほしいままにしている。ここでは
風俗画以降の彼の作品を取り上げる。

彼による作品は、独自の知覚能力や雰囲気を切り取る「感覚」によっ
て生み出されている。

まずは図表4-5の《窓辺で手紙を読む少女》から彼の技法を見てみよ
う。

第4章◆創り手の感覚　109

図表 **4-5**▶フェルメール《窓辺で手紙を読む少女》(1657〜59年)によるポワンティエ、ルプソワール

（アムステルダム国立美術館所蔵）

図表4-6▶《牛乳を注ぐ女》(1657年頃)に見るフェルメールの感覚

(アムステルダム国立美術館所蔵)

　1つ目は、「ポワンティエ」と呼ばれる光の反射である。光の白い粒が、女性の手もとをはじめとして周辺にある。これを点描として描くことで微細な表現をしている。この手法によって左側から降り注ぐ陽の光を、劇的に描写するのに一役買っている。写真を現像する技術がなかった時代にも、まるで写真のように光を捉えた画創りがされていることに人々は感銘を受ける。

　次に、構図を劇的に捉えるために、「ルプソワール」という技法が使

第4章◆創り手の感覚　111

図表4-7▶《真珠の耳飾りの少女》(1665年頃)に見るウルトラマリンブルー

(マウリッツハイス美術館所蔵)

用されている。これは主体の前景に物体を配置することで、作品自体に奥行きを生み出す技術である。この絵画でいうならば、主体である女性の前景に配置された緑のカーテン、そして、その横に置かれた青い磁器と果物がルプソワールである。

　ポワンティエとルプソワールの技法は、もう1つの作品《牛乳を注ぐ女》(図表4-6)でも見て取れる。牛乳が注がれている壺や周辺のパンにポワンティエが確認できる。これもまた、左側からの優しい光を、部分的

に際立たせることに貢献している。さらに、主体である女性の前景にパン籠を配置することによって、ルプソワールを巧みに駆使していることも見て取れる。

この作品からは、もう1つ特徴的な感覚が読み取れる。それが、フェルメールが使った「フェルメールブルー」といわれるウルトラマリンブルーによる青の表現である。フェルメールの特徴であるこの鮮やかな青は、ラピスラズリという鉱石を原料としたもので、それを細かく砕き、さらに青い部分のみを集めた絵の具であった。

当時では、希少で高価な絵の具であり、「高貴な色」として、宗教画では聖母マリアの衣装に象徴として使うほどであった。フェルメールは、それを風俗画に惜しげもなく使っている。コスト度外視でその青を自身の作品に使ったおかげで、ウルトラマリンブルーは、フェルメールのシグネチャーといえるほどの存在感を放つ。それは著名な作品である《真珠の耳飾りの少女》（図表4-7）のターバンにも使われ、そこに視線が集まるほど鮮烈に、鑑賞者の視線を魅きつける。

フェルメールは、家庭人の日常の静けさを描いた。この点では、まさに「人間のいる静物画」という形容がしっくりくる。[★3] 精巧な筆致で、穏やかに描き出すことに腐心し、見事に自身の独特の感覚をもって光や奥行きを表現することに成功している。

フェルメールの熱狂は主題にあるのではなく、いかにして光を画面に落とし込むのかという探究心にあった。光の表現を自身の研究テーマとして徹底的に追究した結果、ふさわしい構図や技法、光に対する独自の思想といった感覚を手に入れたのだ。

こうして作品に保存された熱量は、その作品と対峙したときに、現代の私たちの感覚のもとに復元され、フェルメールがこの感覚を確立したときの興奮を追体験させる。これら独特の「感覚」は彼独自の感覚として、世の中に認知されている。

[★3] Gombrich［1995］.

▶ クロード・モネ──筆触分割による空気感の表現

フェルメールによる光が「静」だとすれば、印象派は揺らめく「動」の光を表現しようとした。

印象主義の登場は、近代絵画の革新的な出来事といえる。ダ・ヴィンチなどの盛期ルネサンスが15世紀に勃興して以来400年余り、西洋絵画といえば、聖書やギリシャ・ローマ神話などをテーマに、古典主義が確立していた。この間の進化は漸進的であった。

19世紀前半になって、画家の描きたいテーマを描くというトレンドが生まれる。そこで、同時代の出来事をドラマチックに表現する、前出のフランシスコ・デ・ゴヤやウジェーヌ・ドラクロワなどに代表されるロマン主義が確立する。さらにそこから、時代の日常を飾らずに描いたマネを含む写実主義へと前進する。それをもとに登場したのが、「雰囲気」や「感じるがまま」を捉えた「印象派」と呼ばれるグループである。

印象主義の登場は、それまでの西洋絵画の常識を全く変えてしまうほどのイノベーションであった。その代表格が、連作《睡蓮》で有名なクロード・モネである。

モネは、これまでの感覚にはないやり方で、オーギュスト・ルノワールやエドガー・ドガらとともに、自然を描写するグループを結成する。彼らの描く対象こそ、風景や人物であるものの、それまでの感覚では、自然を自然のままに捉えることはできない。光の揺らめきがその代表格である。彼らは明るい雰囲気を画面上に落とし込み、空気感まで再現しようとした。それはすなわち、従来のスタンダードやルールを無視して、新たな感覚のもとに作品を創ることを意味した。

当時のサロン（官展）は、アーティストにとってめざすべき政府公認の権威ある展覧会であった。しかし、モネらが描く革新的な表現がサロンに認められるはずもなく、彼らの行為は明らかにサロンへの反逆行為を

意味していた。そこで、自分たちで独自のグループ展を開くことを決意した。

その頃にはチューブ入りの絵の具が開発され、戸外で絵を書くことができるようになっていた。光に魅せられたモネは、その雰囲気に感動を覚え、画面に落とし込むことに熱狂した。そこで彼が確立したのが「筆触分割」である。

これまでは、パレットで混ぜて色を創っていたが、色を創り出すために異なる色を混ぜ合わせると、どうしても暗くなってしまう。実際、ルネサンスから印象主義以前まで、多くの画家たちはこの技術的制約と対峙しており、モネ以前の絵の画面が全体的に暗い色調なのは、それが理由である。光を明るいままに描くには、絵の具の色のままで使うのが最も良いに違いない。そこで、モネら印象派グループは、できる限り原色のままに色を置くことを原則とした。

まずは、赤、青、黄の三原色。そして、それぞれ2つずつを混ぜて出来上がる紫、緑、オレンジ、といった第一次混合色のみを使って、できるだけ明るい画面を創り上げた。中間色を創り出したいときは、パレットで混ぜ合わせるのではなく、それらをキャンバスの上で小さなタッチで隣同士に置くことで表現した。絵の具ではなく、絵の具から発する光が眼の中で混ぜ合わさるこの技術を「視覚混合」、それを実現する描画法を「筆触分割」と呼んだ。

この技法を確立したのが1869年に制作された《ラ・グルヌイエール》（図表4-8）である。全体的にきわめて明るい画面に、水面に反射した光がまばゆいほどに表現されている。これは、色をできるだけ原色のまま画面上に置いていくという筆触分割を駆使して生み出されている。絵の具を画面上に置くので、近寄ってみると筆の跡がそのまま残っていることが確認できる。

印象主義のネーミングのもととなったともいわれる作品、《印象・日の出》（図表4-9）においても、別の形で筆触分割が効果的に使われている。全体的にぼんやりとした雰囲気の中で、緑や青みを帯びた水面にオ

図表4-8▶モネ《ラ・グルヌイエール》(1869年)に見る筆触分割

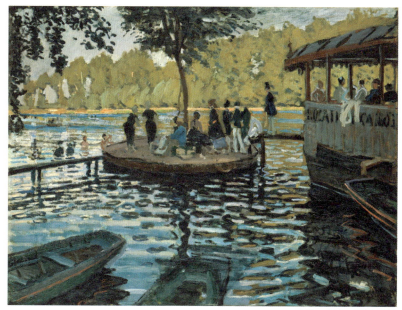

(メトロポリタン美術館所蔵)

筆触分割

レンジの朝日が際立っているのが見て取れる。

　補色関係に近い両者の色を配置することで、朝日の鮮烈さを表現しているのだ。ただし、遠目に見る絵の空気感は、近づくことで全く異なる見え方をする。図表4-9の拡大部分を見ればわかるように、筆触分割により荒々しいタッチに仕上げていることが認識でき、オレンジの絵の具をただそこに置いたかのようである。

　この作品がきっかけで、彼らのグ

図表4-9 ▶ モネ《印象・日の出》(1872年)に見る筆触分割

(マルモッタン・モネ美術館所蔵)

筆触分割

ループ展「画家、彫刻家、版画家などによる共同出資会社の第1回展」は、のちに「第1回印象派展」と呼ばれるようになる。彼らは、自身の信じる感覚を世に広めた。筆触分割が未来の絵画の感覚であることを示そうとしたのだ。

ここまで、アート界における3人の巨匠の感覚について見てきた。これらの感覚は、アーティストの熱狂を作品に保存するために、必然的に生まれたものである。アーティストたちは、繰り返しその感覚を使って自身の作品を創り込んでいく。巨匠と呼ば

れるアーティストたちには、必ずといってよいほど、独特な感覚が見られる。そして、ひとたび鑑賞者がそれを理解できるようになれば、作品との間にコミュニケーションの糸口が生まれ、熱狂が引き出される。

3. 感覚の系譜とブレークスルー

▶アーティストの感覚

　ここで改めて確認しておきたい。アーティストの感覚とは、いったい何なのだろうか。それは、アーティストが表現のために駆使する、技術、テーマ（主題）、構図、意図そして概念や思想である。

　単に技術だけを意味するのではなく、その背後にある概念、対象を写し取ろうとするときの思想、その時代の雰囲気の捉え方、そして系譜上、特徴的であると認識できるものを指している。その意味においては、感覚もまた、内的必然性の3Aと同じ要素でも捉えられる。つまり、これらは、個人的感覚、時代的感覚、系譜的感覚ということもできるだろう。

　ここで、時代を反映する、古典から現代までの代表的なアーティストたちの感覚を様式順に図表4-10にまとめた。美術史上の厳密な区分からすれば、議論が分かれるものがあるかもしれないし、またやや簡略化したように受け止められるかもしれない。しかし、この分類の意図は、広く多様な感覚があることを認識し、全体として感覚が何であるのかの具体的な姿をつかむことである。

　なお、表中に示した様式や感覚は、そのアーティスト以前に発明されたり（当人が開発者ではない）、それ以前にすでに使われていたものもあるが、表中のアーティストがそれを追求し、自身の感覚にまで昇華させ、広く知られるように確立したという意味合いで区分けしていることに注意されたい。

118 第Ⅱ部◆アートが見せる革新的な価値創造

図表4-10▶代表的なアーティストの感覚(様式順)

	代表作
マサッチオ(4)	聖三位一体、貢の銭
レオナルド・ダ・ヴィンチ(4)	モナ・リザ、岩窟の聖母
ミケランジェロ・ヴオナローティ	天地創造、最後の審判、ダビデ像
ラファエロ・サンティ	アテナイの学堂、システィーナの聖母、ユリウス2世の肖像
ディエゴ・ベラスケス(3)	ラス・メニーナス、鏡のヴィーナス
ミケランジェロ・M・カラヴァッジョ	聖マタイの召命、ゴリアテの首を持つダビデ
レンブラント・ファン・レイン	テュルプ博士の解剖学講義、夜警
ヨハネス・フェルメール(4)	窓辺で手紙を読む少女、牛乳を注ぐ女、真珠の耳飾りの少女
フランシスコ・デ・ゴヤ(3)	1808年5月3日、裸のマハ、我が子を食らうサトゥルヌス
ジョセフ・M・ターナー	戦艦テメレール号、国会議事堂の火災
ジャン=フランソワ・ミレー(5)	晩鐘、落穂拾い
エドゥアール・マネ(3・6)	草上の昼食、オランピア、フォリー・ベルジェールのバー
クロード・モネ(4)	ラ・グルヌイエール、印象・日の出、睡蓮
ポール・セザンヌ(4・6)	女性水浴図、リンゴとオレンジのある静物、カード遊びをする人々、サント・ビクトワール山
ジョルジュ・スーラ	グランドジャット島の日曜日の午後、アニエールの水浴
フィンセント・ファン・ゴッホ	ひまわり、星月夜、タンギー爺さん
ポール・ゴーガン(3)	イア・オラナ・マリア、我々はどこから来たのか〜
アンリ・ルソー	眠れるジプシー女、不意打ち!
マルセル・デュシャン(3)	泉、L.H.O.O.Q.
アンリ・マティス	赤の大きな室内、ダンス、緑の筋のある肖像
パブロ・ピカソ(6)	アヴィニョンの娘たち、ゲルニカ
グスタフ・クリムト	接吻、ユディトⅠ、アデーレの肖像
ワシリー・カンディンスキー(全体)	印象Ⅲ、即興 渓谷、コンポジションⅧ
サルバドール・ダリ(6)	記憶の固執、ビキニと3つのスフィンクス
ロイ・リキテンスタイン	WHAAM!、Vicky
アンディ・ウォーホル(5)	マリリン、キャンベルスープ缶
村上隆(5)	Mr. DOB、フラワー、My lonesome cowboy
バンクシー(5)	風船と少女、ディズマランド

(注)カッコ内の数字は各画家を取り扱う章。

代表的な様式分類	象徴的な感覚
前期ルネサンス	一点透視図法、空気遠近法
盛期ルネサンス	スフマート、空気遠近法、神秘性
盛期ルネサンス	人物表現、カンジャンテによる陰影
盛期ルネサンス、マニエリスムへの影響	西洋絵画の規範(スフマート、遠近法、人物表現、バランスの取れた構図)
バロック	キアロスクーロ(明暗法)、細密描写、素早いタッチ
バロック	テネブリスム(暗黒法)、物語を劇的に描写
バロック	キアロスクーロ、集団肖像画
バロック	ポワンティエ、ルプソワール、ウルトラマリンブルー、日常の静けさを描写
ロマン主義	テネブリスム、キアロスクーロ、当世を劇的に描写
ロマン主義、印象主義への影響	自然の光をありのままに捉える
バルビゾン派	農民の日常生活を主題とする「農民画家」
写実主義、印象主義への影響	平面絵画、素早いタッチ、時代を描く
印象主義	筆触分割、光と空気感の描写
印象主義、感覚の実現・ポスト印象主義(キュビスムへの影響)	構築的筆致、モデュラシオン(転調)、パサージュ、多視点構図、デフォルマシオン、球・円錐・円筒で表現
新印象主義・分割主義	点描画法、絵の中で創り上げられる構図
ポスト印象主義、表現主義・フォーヴィスムへの影響	鮮明な色彩、インパスト(厚塗り)
ポスト印象主義、総合主義	クロワゾニスム、西洋の宗教とフォークロアの融合
素朴派、シュルレアリスムへの影響	詩的絵画
ダダイスム(ニューヨーク・ダダ)	レディメイド、価値観の破壊
フォーヴィスム	単純化した造形、強烈な色彩
キュビスム、シュルレアリスム	球・円錐・円筒の多視点構図の追求
ウィーン分離派、黄金様式	平面性、黄金装飾、文様、官能性
ドイツ表現主義、抽象表現主義	印象・即興・コンポジション、共感覚、心情を描写
シュルレアリスム	偏執狂的批判的方法(ダブルイメージ)
ポップアート	拡大した新聞漫画風、ベンデイドット
ポップアート	レディメイド、ファクトリーによる大量生産
現代日本美術	スーパーフラット、アニメと漫画を系譜上に位置づける
ストリートアート	ステンシル、体制への反逆

さて、図表4-10に見られる様式については、多くの場合、美術評論家が後から振り返って名づけたものである。「印象主義」や「フォーヴィスム」など、時には批判や嘲笑を込めて名づけられることもあった。しかし、他方でそのネーミングをアーティストたちが受け入れることで、その表現様式が広く知られてきたのもまた事実だ。

この点は、感覚も同様である。優れた感覚や、独特の感覚には決まって後から名称が付され、その感覚は、アーティストや様式に固有の、いわば「シグネチャー」となる。もはや作品中にサインがなくても、キャプションなどの説明書を見なくても、シグネチャーを多く知り、感じ取ることさえできれば、どの様式に基づく、どのアーティストの作品であるかは専門家でなくても容易に認識できるだろう。アート界において、作品名よりもアーティスト名のほうが著名であるという理屈は、この点からも説明できるのだ。

シグネチャーとしての固有の感覚は、美術史において語られる様式以上にアーティスト個人の名を世に知らしめてきた。それが、批評家が後から名づけたものもあったとしても、技法や表現法、さらには思想や概念に適切なネーミングがされることで、感覚は記号となる。シグネチャーは、アーティストの認知度を飛躍的に高め、本人をますます特別で敬愛すべき存在にしていく。

図表4-10に見られるアーティストの中でも、とりわけ「感覚」について疑問を呈し、そして、自身の感覚を表現することで、結果的にアートに革命をもたらしたアーティストがいる。ポール・セザンヌである。以下では、彼がどのように「感覚」と向き合い、彼自身を特別な存在にしていったのかを見ていくことにしよう。

▶ ポール・セザンヌによる「感覚の実現」

近代のアーティストの中で、最も「感覚」を意識し、追求し、それ自体に熱狂した者の名を挙げるならば、ポール・セザンヌを置いてほ

かにいない。彼は、自己のめざすあり方を、そのまま「感覚の実現 (la réalisation de mes sensations)」と呼んだ。

セザンヌは1839年、エクス＝アン＝プロヴァンスの裕福な家庭に生まれた。父は、帽子の行商を営んだ後に、銀行家となった成功者であった。自身も法律家になるべくエクス大学の法学部に入学するが、美術家になるために中退してしまう。

当初セザンヌはアーティストとしては全く認められず、サロンにも落選し続ける。そんななか、カミーユ・ピサロと知り合い、印象主義のシグネチャーともいえる「筆触分割」を学ぶ。そうして1874年、セザンヌは第1回印象派展に参加する。印象派展には1877年の第3回展にも参加したが、これ以降は印象派とは行動を共にせず、パリから故郷のエクスに戻る。このときセザンヌは、光を追い求めて写実性を失い、平面化していく印象主義の感覚に危機感を覚えていた。そして、1人エクスにて、奥行きと対象物の存在感を明確に捉えようとする、独自の感覚を追求し始めた。

こうしてセザンヌは「感覚の実現」というテーマを据えた。★4「実現」とは単純に絵画で表現することを指すが、★5「感覚」には2つの意味があった。

1つ目は、自然がもたらす網膜への受動的な色彩の刺激である。これは印象主義が追求したテーマと同様であり、「彩られた感覚」と呼ぶ。

2つ目は、そのままでは無秩序になってしまう自然から得た感覚をコントロールして、自律的な秩序を構築する感覚である。これを能動的な意味合いで「彩る感覚」と呼ぶ。つまりは、印象主義の筆触分割が犠牲にした秩序を、画面上で成立させるための革新的取り組みであった。

このように、実現された感覚は後世に伝えられ、讃えられ、広く認知されるようになった。それらの感覚は個別にもネーミングが付けられ

★4　永井編［2019］p.24。
★5　秋丸［2013］p.25。

て、セザンヌのシグネチャーとなっていく。とりわけ代表的なものが、構築的筆致と多視点構図である。

構築的筆致[6]とは、斜めに平行して色調を微妙に変えつつ、リズミカルに併置された筆致[7]を意味する。これによってセザンヌは、自然を再現しながらも、感覚を駆使して、画面に秩序を取り戻そうとした。

図表4-11は、1879〜80年の間に描かれた《果物入れ、グラス、りんご》である。作品からは、右から左と下向きに傾斜した筆の運びを確認できる。これによって、造型を面の集合として認識し、画面上に小さな面を貼り合わせたように乗せて立体感を出した。これは、印象主義から学んだ明るい色彩を基礎にしながらも、固有の表現を追求していた1880年代の彼に見られる感覚である。

2つ目の多視点構図とは、その名のとおり、複数の視点から見た対象物を、1つの絵画空間の中に融合させる構図を意味する。これもまた、セザンヌ以前には見られなかった感覚である。あるいは、絵画を破綻させる、タブーともいえる危うい感覚である。

美術史の系譜上、マサッチオによって一点透視図法が絵画に取り入れられ、それが盛期ルネサンスを経てダ・ヴィンチらにより技術的に確立された。1つの消失点に向かって遠近感が成立する一点透視図法によって、2次元上にあたかも騙し絵のように3次元を創り出すことが、古典美術の不文律であったことは既述のとおりである。以来、それがアート界におけるスタンダードやルール、あるいはマナーとなってきた。

ところが、セザンヌはこのルールを打ち破る。複数の視点から見た対象の姿を、1つの画面に収めたのだ。それは絵に不安定さをもたらすことになるが、全体的には構図として安定させていくという、離れ業をやってのけたのだ。

セザンヌの作品を鑑賞すると、誰もが違和感を覚えるだろう。しか

---

[6] これはセザンヌの死後50年以上経った1962年にセオドア・レフによって名づけられた。

[7] 永井［2012］p.49。

図表4-11▶セザンヌ《果物入れ、グラス、りんご》(1879～80年)に見る構築的筆致

（ニューヨーク近代美術館所蔵）

構築的筆致

し、ほどなくして言葉にしにくい不安定さの中に、次第に安定を覚えるようになる。たとえ別視点から見た対象物であったとしても、それらが1枚の絵の中ではバランスを持った構図として成立しているからである。彼を有名にした《リンゴとオレンジのある静物》(図表4-12) から、このことを確認できる。

　正面から見たリンゴがちょうど画面の中心にあって、その周りには他のリンゴやオレンジが配置されている。しかし、よく見ると左側の皿に乗ったリンゴは、正面から見たものではなく、右斜め上の視点から見た姿で描かれている。そのため、今にも転げ落ちそうな不安定さがある。

　オレンジが乗った白い皿の脚にも注目してほしい。皿の脚が斜め下に歪んでいるのに対して、皿とオレンジは、上からの視点で見たように表現されている。すなわち、1つの対象物であるにもかかわらず、別の視点を取り入れることで歪みを持って描かれ融合されているのだ。

　このような歪みを持った表現は「デフォルマシオン」と呼ばれる。この言葉は当時、アカデミーという権威の規範を大きく逸脱したものとして、セザンヌを揶揄する言葉として使われた。[8] しかしながら、彼の絵は不安定さがあるにもかかわらず、白いテーブルクロスが折り重なった部分でリンゴの落下を止めているように見えたり、あるいは、それが画面をはみ出て縦に垂れ下がることで、微妙な安定感を生んでいる。

　消失点が一点に定まらず、さまざまな視点で対象物が描写される。従来の考えでは絵画として破綻するはずだが、それでも構図が成立している。ここにセザンヌの「感覚」の秀逸さが讃えられる理由がある。

　振り返れば、モネらの印象派は古典的絵画の感覚を破壊し、彼らのシグネチャーともいえる「筆触分割」によって画面を明るくして、光や空気感を描くという新たな感覚を定義してきた。サロンを主戦場としない反逆児たちの起こした価値の転換、いわば「破壊的イノベーション」で

---

[8]　デフォルマシオンは当初、主に歪んだ人体のデッサンに対して使われた、揶揄的な表現である。詳しくは、永井編 [2019] p.43を参照。

図表4-12 ▶ セザンヌ《リンゴとオレンジのある静物》(1899年)に見る多視点構図

(オルセー美術館所蔵)

多視点構図

あった。

　これに対して、セザンヌは自らがかつて属していた印象派に対して、その感覚に違和感を覚え独自の道を追求した。それは破壊を意図したものではなく、美術体系として印象主義が生き残るために起こした純粋な反逆でもあった。

　光や色彩の美しさを追い求めるあまり、対象の本質に向き合っていない印象主義の将来をセザンヌは憂いていた。印象主義を美術館に飾られるほどの堅牢性を持ったものにするべく、感覚の追求を行っていたのだ。新たな感覚がセザンヌによって示され、印象主義の登場からほどなくして、アート界は再び破壊的イノベーションを経験することとなった。しかもセザンヌのそれは、印象主義がなしえなかった色彩と対象の存在感を両立させただけでなく、誰もなしえなかった、彼以前の500年にわたる一点透視図法という「常識」を破壊した。

　セザンヌの遺志は、すぐに次の世代の「感覚」として汲み取られ、パブロ・ピカソやジョルジュ・ブラックによる「キュビスム」へと昇華していく。

▶感覚から熱狂への逆流

　ここまで、アーティストの感覚を系譜的に見てきた。それが何であるのかをつかむため、感覚をことさらに問題にしたセザンヌを大きく取り上げた。まさしく、常識への反逆であり、破壊的イノベーションそのものであった。

　また本章では、熱狂を作品に表現するための媒介手段が感覚であるとの前提で、熱狂と感覚を分けて論じてきた。しかし、ここにきてモネやセザンヌの反骨心を見るにつれ、1つの思いが湧いてくる。

　実は、感覚もまた熱狂を生み出す引き金になっているのではないか。

　セザンヌは、当時行動を共にしていた印象派の流儀では、自己の表現したいものは十分に作品に落とし込めないことを認識していた。そのた

め、独自の感覚を研ぎ澄ませる必要があるとの考えに至っている。つまり、既存の美術上の系譜に、彼の表現を実現する感覚がなかったことを意味する。

それがあれば、彼はこれほどの試行錯誤を重ねることはなかっただろう。こうしてセザンヌは、別の感覚を生み出すことに熱狂し始める。すなわち、感覚から熱狂への熱量の逆流だ。

熱狂と感覚は、相互に影響し合う関係であることが認識できる。カンディンスキーが描いたマインドセットは、きわめて簡潔で理解しやすい。しかし、実際には技術や表現の向上は、熱狂のもとに展開されるはずである。内的必然性の要素にも「系譜的必然性」があるということは、そもそも自己の感覚を高めること自体が、アーティストにとって強烈な原体験になりうるということである。

4. 熱狂を伝えるビジネス感覚

▶ 創作活動を特別にする感覚の特徴

本章では、美術史の系譜において、重要なアーティストの感覚を見てきた。創り手の熱狂を作品へと落とし込むうえで、アーティストを偉大にしてきた感覚の特徴が「シグネチャー」であった。感覚をわかりやすく表現し、一言で表すことのできるネーミングこそが、認知させる際に重要な役割を果たす。

では、このシグネチャーは何のためにあるのだろうか。シグネチャーは、数々の作品を通して世の中に浸透していく。それがひとたび人々の知るところとなれば、独り歩きを始める。その結果、「オマージュ」が始まるのだ。

アート界においてオマージュとは、尊敬を込めて模倣する行為を意味する。そして、オリジナルが何かわかるように示してみせるのだ。むし

図表4-13 ▶ マネによる古典へのオマージュ

マネ《草上の昼食》(1862〜63年)

(オルセー美術館所蔵)

ティツィアーノ《田園の合奏》(1509年)　　　ライモンディ《パリスの審判》(1514〜18年)(部分)

(ルーブル美術館所蔵)　　　　　　　　　　(フランス国会図書館所蔵)

ろ「引用」であるといったほうがよいだろう。この点で、わからないように自己のアイディアのように偽装する「盗用」とは全く異なる行為である。

アート界においては、模倣されることを「良し」とする傾向がある。感覚それ自体のオマージュによって、美術史の系譜が成立しているといってよい。ある時代のアーティストの感覚が、他のアーティストの感覚のベースであることは、すぐに理解できるようになっている。

たとえば、すでに述べたように、マネはベラスケスを尊敬しており、そのモチーフのみならず、荒々しくも細密に見える筆触を模倣している。それは、モネをはじめとする印象派に受け継がれ、筆触分割へと発展してシグネチャーとなった。ゴッホの使った対象とかけ離れた鮮明な色彩は、マティスによるフォーヴィスムの脈絡でシグネチャーとなった。セザンヌの多視点による立体絵画というシグネチャーは、ピカソとブラックによって体系化されキュビスムへと昇華している。

また、アートの歴史においては、テーマや着想力に関するシグネチャーのオマージュにも寛容だ。たとえば、第3章で紹介したマネの《草上の昼食》では、当時の鑑賞者であればすぐにそれとわかるテーマや構図としてのオマージュが見られる（図表4-13）。

画面の手前に座る3人の配置は、ティツィアーノ・ヴェチェッリオによる《田園の合奏》と、ラファエロ・サンティの絵画を版画化したマルカントニオ・ライモンディの《パリスの審判》を意識したものである。これら2つは寓話をベースとしているため、裸婦は女神であることを明示している。[9]

しかし、既述のようにこれを人間の女性として再構成したことにより、本作が問題作と見なされたのだ。3人が実在の人物であることや、脱いだ服が傍らに置かれていることからも、人間なのは明らかである。名作へのオマージュでありながらも、大胆な改変をしたことで、この作

---

[9]　Bourdieu［2017］.

品は一層スキャンダラスなものとして受け取られた。

　実は、この作品のタイトルは落選展に出品したときには《水浴》であった。しかし、今度はクロード・モネが、1866年にこの絵をオマージュする。そのタイトルが《草上の昼食》であった。タイトルを気に入ったマネは、オリジナルとなる自分の絵も《草上の昼食》へと改題してしまう。マネ自身もまた、オマージュしたモネをオマージュするという奇天烈さである。ちなみに、モネの前にも彼の師であるブーダンがマネによる本作をオマージュしている。

　その後、セザンヌも《草上の昼食》を彼独自の感覚によって作成し、1871年に同タイトルで発表している。セザンヌは1875年、さらにもう1つの《草上の昼食》を制作した。1960年代にはピカソもキュビスムの多視点表現を用いて《草上の昼食》を発表する。これらはマネのシグネチャーをもとに始まった、テーマや構図、そして、リスペクトが込められている意味でのオマージュである。

　美術界ではシグネチャーを生み出し、真似されることは栄誉あることと受け止められてきた。シグネチャーはオマージュによって、時代をまたいで新たな作品を生み続ける。そして、もとの作品も世に広く認知され、長きにわたってトレンドやムーブメントを生み出すこととなる。

▶ ビジネスにおける一般的な意識との乖離

　一方、ビジネスの世界に目を向けると、企業は模倣される、あるいは模倣することを「悪」とする傾向がある。とは言いながら、他方では、それとあからさまにわからないよう、あるいは、特許や商標を侵害しないように模倣合戦が行われているのもまた事実である。

　よく目にするのは、プロダクトそのものの模倣だ。どこかで先に開発されたプロダクトは、それが革新的であるほど、すぐに真似される。スタートアップが開発したプロダクトは、それが人気になるや否や、うかうかしていればどこかの大企業にすぐに模倣されてしまうだろう。

同じことは、ビジネスモデルの領域でも頻繁に起こっている。フリーマーケット、配車サービス、ルームシェアサービスなど、オリジナルを開発した企業の好調ぶりを見て、ビジネスモデルそのものを模倣する。

このような経緯でよくいわれることが、「アイディアは無価値」ということだ。アイディアそのものは、模倣を防ぐことができないからだ。企業は、アイディアを実現してプロダクトとして運用し、ビジネスモデルとして十分に利益が出せることをいち早く世に示し、存在感を示すことが、まずは重要になる。

必要であれば特許を取得することも検討に入れるべきだが、特許があったとしても模倣を防ぐことはできない。むしろ、技術をオープンにすることで、材料やアプローチに少しの変化を加えれば、特許の網をかいくぐって模倣をしやすくするだけかもしれない。

そうであれば、模倣に対してどう向き合えばよいのだろうか。アートの「感覚」から見れば、それには2つのアプローチがある。

❶シグネチャーによる特別感

1つは、プロダクトやそれを支える技術を、アーティストのようにシグネチャー化するということだ。一目見て、それと認識できる特徴を、プロダクトに実装しておく。加えて、特許があろうがなかろうが、プロダクトの独創性を端的に表現するのにふさわしいネーミングを付すことが不可欠である。そして、それをできる限り、迅速に多くの人に認知してもらうことが何より重要だ。

この点、アップルは巧みだ。iPhoneにおいては2007年の初代機発売当初よりその革新性が注目されたが、すぐにライバル社に模倣されることとなった。しかし、それが醸し出す「感覚」はおいそれとは真似できない。アップルには、技術や機能に特別感を込めることに長けた感覚が見られる。

アップルではiPhone 4より高精細のディスプレイを、網膜を意味する「レティーナ (Retina)」と呼ぶ。その機能を説明するよりも先に、

iPhoneにはレティーナディスプレイが採用されている、と世間の認知を得ている。

　この名称は「ウルトラレティーナ」などと名前を変えながら、現在においても採用されているが、そのスペックを説明できるものは、マニアを除いては、ほとんどいないだろう。人々にとって重要なことは、このシグネチャーが自分のスマートフォンに搭載されていることなのだ。

　また、彼らは物理的なモノ以外にもシグネチャーを付す。アップルは、かねて気軽にワイヤレスで情報をやり取りできる簡単さを追求してきたが、そのコミュニケーションの1つに「AirDrop」がある。これは、iPhoneユーザーの間ではシグネチャーとなっている。見てわかる物体ではなく、そのプロダクトを利用するときに象徴的なコミュニケーションのあり方を、シグネチャーとしているのだ。

　なお、AirDropはiPhoneユーザーのみで利用できるものであるため、それがさらにiPhoneユーザーを増やし、また、離脱を減らすことに有益となっているのだ。もちろん他社も、同様の「機能」を模倣している。しかし、機能は模倣できても、それが持つ独特の「感覚」を模倣することはできない。

　このように、シグネチャーはプロダクトやサービス、そしてビジネスモデルそのものではなく、その企業やブランドのもつ「感覚」を際立たせる。模倣が簡単にできるデジタル社会にあって、重要なのは機能以上に、それが持つ特別感である。

　なお、こうした点は、特定の企業やプロダクトの存在を特別にする意味で、経営学においてブランディングの脈絡で語られることがある。しかし、アップルのそれは「技術」や「コミュニケーションのあり方」を際立たせるものである。しかも、模倣を前提として、彼らが先駆者であることを、あるいは系譜上の存在感を示そうとしたものである。

　さらに付け加えるなら、「模倣」を促進して、世界の技術促進を速めようとしていたようにも思われる。そのため、ライバルや顧客との関係の脈絡で語られるビジネス理論における「ブランディング」よりは、

アートの脈絡における「感覚」で語るほうが、より説明力が高いといえる。

❷オマージュによる模倣促進

2つ目は、アーティストのように、シグネチャーをオマージュしてもらうことだ。その企業のシグネチャーの模倣を止めるのではなく、むしろ促進させることを歓迎するのだ。良いものは模倣される、そうであれば積極的に模倣してもらったほうがよいという考え方である。

シグネチャーにまで昇華した感覚を語るうえで、テスラは好例となる。2014年当時、テスラは、高額のスポーツカーであるロードスターと、スポーツセダンのModel Sを製造・販売していた。その外観や運動性能によって、テスラはEV（電気自動車）の世界で、欧州のスーパーカーや高級車とも並ぶブランドになろうとしていた。クールなプロダクトと先進性が、高い評価を得ていた。テスラはその年、自社が保有している革新的なシグネチャーともいえるEVの特許を開放し、オープンソースとした。あまりにも突然のことであった。

イーロン・マスクは、ライバル社に「どうぞお使いください」と特許を差し出し、「ライバル社が自社よりもうまく作れたとしたら、それはそれで良い世界になる」と述べた。これにより彼は、自身のミッションである「ゼロエミッション（排気量ゼロ）」の世界に一気に近づくとの展望を持っていたが、実は目的はそれだけではなかった。

それは、テスラの重要なシグネチャーの1つである「スーパーチャージャー」の技術を公開することであった。スーパーチャージャーは、テスラが開発した、テスラ車専用の急速充電機である。これも一緒にオープンにすることで、EVの充電スタンドを作る企業が増えるばかりか、他社が自社のシグネチャーを採用することで、エコシステムが急速に拡大するのだ。事実、特許公開から数日後に、ライバル車から提携の申込みがあった。スーパーチャージャーの技術公開により、EV充電の業界標準であろうとしたのだ。

▶ 逆張りの意思決定

　このように、実際の企業でも自社プロダクトの独自性を支える技術やテーマ、価値観などをシグネチャーとして捉えれば、通常の経営学で教えるビジネスのあり方とは全く異なるものが見えてくる。つまり、模倣を禁じるのではなく、①模倣をしたくなるように仕向ける、②模倣を積極的にさせる、ということだ。

　これにより、アップルやテスラといった、理解しにくい行動をするイノベーター企業の動きを説明することも可能となる。アップルのように、シグネチャーによってエコシステムを自力拡大することができる。こうして、競合からの模倣という捉え方が大きく変化する。シグネチャーをユーザーの憧れにすることで、模倣への耐久力を高めることができる。他方、テスラのように、ライバルにシグネチャーをオマージュさせることによって、他者の力を借りて拡大もする。この場合は、他者に対して模倣を促すことになる。

　ビジネス界ではすでに、良い意味で非常識ともいえる行動をとる企業がある。こうした企業は、いわば従来の経営学の枠組みでは説明が困難な行動をとるため、異常値と見なされる。

　しかし、イノベーターは異常値そのものだ。現在の異常値が、将来においては適正値となり、さらに飛躍的なシグネチャーを開発しイノベーションを起こし続けることが、望ましい未来の姿である。それにアーティストの感覚が大きく貢献するはずだ。アーティストは古来より、凡人と比較すれば異常値なのだから。

第 **5** 章

受け手の感覚

It took me four years to paint like Raphael, but a lifetime to paint like a child.

ラファエロのように描くのに4年かかったが、子どものように描くのに生涯かかった。

——パブロ・ピカソ

いい製品を創ったとしても、それだけでは駄目なんですね。物を創るだけでは駄目で、その売り方も発明しなければ売れないんです。

——盛田昭夫

創り手の熱狂は、独自の感覚によって作品に込められる。その感覚は、シンプルなこともあれば複雑なこともある。いくら奥底に深い意味合いを隠し持っていても、理解されない作品が多く存在する。

創り手は、自身の創りたいものを創りながら、いかにして受け手の感覚に訴えかけることができるか。受け手は、創り手の感覚をいかにして読み取れるのか。その程度によって作品やプロダクトの評価は大きく変わってくる。

本章ではこの点を、受け手の感覚について解説しながら明らかにしていこう。

1. 受け手の感覚とは

▶ 感覚の非対称性

熱狂は、熱狂のままでは受け手に伝わらない。感覚を経由して伝えられる。ただし、それには受け手の協力が不可欠だ。創り手の感覚と受け手の感覚がリンクして、ようやく熱狂が額面どおりに伝わるからだ。創り手からの熱伝導は、受け手の感受性にも大きく依存する。

しかし、大前提として、受け手がみな創り手の感覚を知っているわけではないし、それを学びたいわけでもない。この意味では、「熱狂の非対称性」が常につきまとう。受け手の感覚もまた、創り手のそれと同じではない。「感覚の非対称性」があるのだ。

そこでまずは、受け手の感覚とはどのような位置づけにあるのかを理解するため、「熱狂→感覚→作品→感覚→熱狂」に至るアートマインドセットを今一度整理したい（図表5-1）。

図表5-1▶アート作品と受け手の感覚

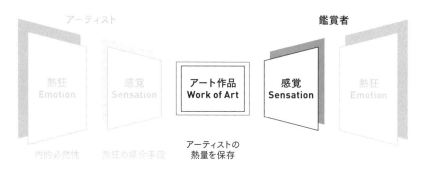

　前章で見てきたアーティストの感覚は、直接的に受け手の感覚と関係している。このことについて、ワシリー・カンディンスキーは次のように説く。★1

　「魂が肉体と一体のものである限り、魂は通常、感覚の媒介によってのみ、さまざまな心の振動を受信することができる。つまり感覚は、アーティストが非物質的な熱狂から物質的な作品へと変化させるものであると同時に、反対に鑑賞者は、物質的な作品から、非物質的な熱狂へ変化させるためのひとつの橋といえる」

　これはつまり、作品とは、アーティストの熱狂が感覚を通じて表現されたものであり、鑑賞者の感覚を通じて熱狂を引き起こすものでもあるということだ。アーティストと鑑賞者は、作品によってのみ互いの熱狂のやり取りをするが、その伝達度合いは、両者それぞれの感覚によって異なる。
　名画と呼ばれる作品は、例外なくアーティスト自身の熱狂を、その優

★1　Kandinsky [1955]；翻訳 [1987] p.75。

れた感覚で表現しているはずだ。しかし、いくら優れた感覚を持つアーティストの作品であったとしても、それをどの程度受け取れるかは、鑑賞者の感覚に依存する。

あまりに熱っぽく、独創的で、不可解な作品は、受け手にはさっぱり理解できず、いくら超絶技巧のオンパレードであっても、見向きもされない作品となってしまうのだ。それは、創り手、受け手双方にとって不幸なことだ。

アートとして評価を受けているものには、アーティストの熱狂が込められているはずだ。こうした名画は、鑑賞者にとっては「美しい」「かわいい」「変だ」「複雑だ」「なんだかわからない」などの形容詞で表現できる取っつきやすさがある。多くの人に受け入れられるように間口が広くとられているからこそ、人気が出たのだ。

受け手の感覚とは、本来そのようなものだ。アートと向き合うとき、まずは小難しいことを考えず、直感的に作品を感じることが、初めの一歩として重要である。

▶ 名作は間口が広い

たとえば、第4章で紹介した人気の名画は、実は大衆が取っつきやすいキャッチーな仕掛けを用意している。

鑑賞者がもし、スフマートや空気遠近法、さらには盛期ルネサンスでレオナルド・ダ・ヴィンチが何を成し遂げたのかを知っていれば、ある程度、その鋭い感覚を通してダ・ヴィンチの熱狂と、《モナ・リザ》に対する偏愛ぶりを感じることができる。

しかし、そうしたダ・ヴィンチについての情報がなかったとしたらどうだろうか。それでもなお、この作品が持つ独特のオーラが伝わってこないだろうか。微笑んでいるのか、いないのか、肖像画なのになぜ背景が山や湖なのか、それらは何を意味するのかなど、作品はさまざまな問いを投げかけてくる。

そこから感じる何か、気になる何かがあれば、創り手の感覚に関係なく、また、受け手の情報量に関係なく、何らかの熱狂が伝わっていることになる。それが気がかりで、あとから調べるきっかけになれば、ダ・ヴィンチの熱狂はさらに復元されていく。

ただし、そこまでいかなくても、受け手を虜にしてしまうところが、名画の名画たるゆえんである。なんともいえない「神秘性」は、誰の感覚にも訴えるものがあるからだ。

ヨハネス・フェルメールの作品は世界中で人気が高いが、それは色彩の明るさとコントラストに負うところが大きい。単純に光に魅了されてしまうのだ。それ以上の小難しい感覚の話を抜きにしても、鑑賞者を夢中にさせる力がある。

アムステルダム国立美術館で開催された史上最大の展覧会[2]では、世界中から鑑賞者が押し寄せ、異様な熱気を放っていた。ほとんどの人は作品をじっくり見るというよりは、彼の表現する「日常の中の光」にうっとりとしている様子だった。左から穏やかに差し込む光に誘われて、自身がその場面に入り込む感覚を味わえる。まるでフェルメールが暮らした17世紀のオランダ・デルフトにタイムスリップしたような気分になる。

クロード・モネと印象派の人気が非常に高い理由も、光である。集客力の高さゆえ、世界の各都市で頻繁に展覧会が開催されているので、多くの人が一度は現物に触れているだろう。人気の要因はなんといっても、明るさと動きにある。

さらに、モチーフが何気ない日常であることも相まって、誰もが難しいことを考えずに、予備知識なく楽しめる。モネをはじめとする印象派の明るい絵は、人々に好印象を与える。これだけでも多くの鑑賞者を呼

---

[2] 2023年2月から6月まで開催された展覧会には、現存する彼の作品37点中28点が一堂に会し、まさに「史上最大のフェルメール展」となった。チケットは開幕直後に会期中分すべてが売り切れた。結果的に113カ国から65万人が集まり、同美術館の記録となった。

び込み、十分に熱狂させる力を持っている。

　印象派が、美術に造詣が深くない人にも好まれるのは、真に現代の人間の感覚に訴えかけ、言葉にできない画家の熱狂を鑑賞者の中に復元するからである。魅力の源は、光と明るさを支える「色彩」そのものにあるのだ。

　このように人気のアーティストや作品には、アート固有のルールやアーティストの感覚を知らなくても、受け手が独自の感覚で、情緒的にあるいは理屈抜きに直感で受け取れる「磁力」がある。それは、ダ・ヴィンチにおいては「神秘性」、フェルメールなら「日常の中の光」、印象派の「色彩」などが該当する。受け手は、このような点を直感的に感じ取れればよい。

▶ コンテンポラリーアートの障壁が低い理由

　近年ではコンテンポラリーアート（現代アート）が大衆の人気を集めている。その理由はアーティストの感覚抜きに、鑑賞者が自由に感じることができるからである。鑑賞には基礎知識が必要と気構えてしまう古典や近代アートと異なり、コンテンポラリーアートには、ある種の安心感がある。

　日本語にすると、ネーミングが似通っているために混乱するが、コンテンポラリーアートは「近代アート」とは異なるものである。近代アートは、エドゥアール・マネや印象派が活躍した19世紀後半以降のものを示すが、コンテンポラリーアートは、第2次世界大戦後の20世紀後半以降に生まれた前衛芸術（アヴァンギャルド）を指す。

　基本的に表現媒体も絵画や彫刻のみならず、機械、インスタレーション、そしてデジタル領域にまで多岐にわたる。概念そのものを作品とするコンセプチュアルアートといわれるものも存在する。これは、マルセル・デュシャンの《泉》（図表3-3参照）に代表されるような、既成の考えを破壊しようとする前衛芸術運動を契機としている。[3]

こうして、アートは一気に多様化する。もちろん、近代アートの系譜上の継承者もいるため、すべてが作風としてコンテンポラリーアートになったわけではない。ただし、カンディンスキーが始めた抽象絵画が、今やコンテンポラリーアートの中心的なスタイルであるように、近代のアーティストが影響を与え、それがコンテンポラリーアートの源流となっていることも確かである。

　加えて、コンテンポラリーアートが身近に認識できるようになった契機としては、ポップアートがある。1960年代に登場したロイ・リキテンスタインやアンディ・ウォーホルは、大衆文化においてアートを身近なものにした。王族や貴族、上流階級以外の市井の人々が、慣れ親しんだ大量消費社会の象徴となるアイコンを、彼らの感覚のもとでアート作品にしてみせたのだ。

　また、1960年代にニューヨークの路上の落書きから始まったグラフィティアートも、その作品をキャンバスに落とし込むことでコンテンポラリーアートとなっていった。ジャン＝ミシェル・バスキアはその代表格であり、ウォーホルとのコラボレーションを通して有名になっていく。

　1990年代終盤、イギリスのブリストルからは、バンクシーが登場する。グラフィティを単なる「落書き」ではなく、風刺や反体制といったテーマに拡大し、愛と政治への反抗をテーマにした絵を世界中の壁に残した。バンクシーは、あらかじめ絵柄をかたどった「ステンシル」にスプレーする技法を、自身のシグネチャーとして確立させている。これは彼にとって必然的な方法であり、一秒でも早く描いて立ち去るという、ゲリラ的な活動のために必要な手段であった。

　他方、日本人では村上隆が、日本から世界に向けて作品を発信している。彼は日本の漫画やアニメ、そしてゲームに至るポップカルチャーこそが、これからの系譜上のアートとなると信じ、それを実現するべくさ

★3　こうした運動は「ダダイスム」と呼ばれ、欧米で世界同時多発し、互いに影響を与えながら成長した。

まざまな挑戦をしている。

その一環として、ルイ・ヴィトンやウブロ（いずれもLVMHグループ）といったハイブランドとコラボレーションをして、自身の活動を広く知らしめている。「商業主義に走るとは何事か」と人々から批判を受けるが、なんのその。それは彼なりのアート活動の一環であり、広く日本の文化をアートにするための一プロセスであると位置づける気骨のアーティストである。

こうしたコンテンポラリーアートは、障壁の低いアートとして人々に親しまれ、投資対象としても大いに注目されている。その理由は、背景知識がなくても十分に楽しめるからだ。人気のある作品は、単に目で見て楽しいものであるような仕掛けが施されている。

反対に、アートの背景知識があるほど理解できない、系譜や文脈を飛躍した作品も次々に登場しているが、そのような作品は基本的に、受け手が誰であっても「わからない」のである。アーティスト自身もわかっていないかもしれない。いつの間にかコンテンポラリーアートには、「わからなくてよい」という安心感が漂うようになった。エンタテインメントとして楽しむような割り切りすら感じられる。

2. 美術商によるキュレーション

▶ キュレーションの重要性

そもそもアート作品は、鑑賞者におもねって創られているものではない。すべては、創り手がやりたいように創った既製品である。もちろん、コミッション（依頼）によって作成されたものもあるが、それらが依頼者の手を離れて公開されたとき、一期一会の鑑賞者には理解が難しい。

鑑賞者は、アーティスト自身の感覚について深く学ぶことによって感

覚を研ぎ澄ますことができれば、これ以上望ましいことはないが、よ
ほどの愛好家でもない限り、そのようなことはしないだろう。それに、
アーティストは数にしてあまりにも多く存在し、また、登場してくる。

このような状況下では、最終的には解釈を加える者がいてくれるとあ
りがたい。幸運なことに、アート界にはそれをサポートする補完者が存
在し、彼らは独自のビジネスモデルを確立させている。そうして、難解
な作品であっても、受け手の感覚に寄り添ってアート作品の価値を高め
ている。

ここで重要な役割を果たすのが「キュレーション」である。キュレー
ションとは、ラテン語の「キュラーレ＝世話をする」が語源とされ、
「博物館や美術館で作品を見やすく展示し、説明する」役割を意味する。
その後、美術館などでそれを担当する人をキュレーターと呼ぶようにな
る。

世界各国に美術館が設置されて以来、キュレーターはアート作品が世
に理解されるよう尽力してきた。その活動は、展示方法の工夫や、作品
解説（キャプション）の制作、その他各地に分散する作品を集めた企画展
の開催など、幅広い領域に及んでいる。

キュレーターの重要な意義は、創り手の感覚を鑑賞者に伝えることに
ある。にわかに理解しがたい感覚で描かれた作品について、それを理解
する手がかりとなる作品とともに陳列したり、わかりやすく系譜の説明
ができないかなどの工夫を施す。それにより、創り手の感覚を深く知る
ことができ、受け手は、自身の感覚を高めることができる。

このように見てくると、キュレーションはアーティストと鑑賞者の感
覚をつなげるうえで、最も重要な役割を果たしているといえる。鑑賞者
にそのアーティストの秀逸さを伝え、ファンにさせる効果を持つのだ。

創り手の感覚を広める役割は、キュレーター以外も担っている。大き
く分けて、美術商とアーティストである。まずは、美術商の役割を見て
いくことにしよう。

▶ 美術商の成り立ち

　美術商とは、アーティストの作品をコレクターに紹介・販売することで利益を得る業態を指す。場合によっては、アーティストから安く買い取り、それを買い手に対してできるだけ高く売ることで利ざやを取る。

　あるいは、アーティストからの委託販売という形態を取り、販売時の金額から手数料を取り、残りをアーティストに支払うこともある。この場合には、アーティストが収入を手にするのは販売時になるため、最悪の場合は売れ残ってキャッシュに窮することがある。そのため、余裕のないアーティストや、特に若い世代や駆け出しのとき、あるいは無名時代には、委託販売の形式を取らず、安値で美術商に引き渡し、作品をすぐに換金するというやり方が取られる。

　ちなみに、絵の流通には2つのタイプがある。画家から直接手に入れた作品を最初に販売する「プライマリーマーケット」と、すでに販売されたものを二次・三次と流通させる「セカンダリーマーケット」である。

　上記で述べた美術商とアーティストとのやり取りは、プライマリーマーケットを指す。この場合、将来的にアーティストの価値が高まり、作品が値上がりしてもアーティストが手にする収入は、ごくわずかなものである。なお、第1章で紹介したアート作品の高騰は、セカンダリーマーケットによるものである。そのため、作品がいかに高騰しようとも、アーティストやその家族には一切、富が分配されない。

　さて、現在の美術商という業態は1820年代より登場したが、その中でもアーティストを支え、キュレーションをしつつ、一般に受け入れていないアート作品を世に広めることに貢献した人々がいる。それが、ポール・デュラン＝リュエルとアンブロワーズ・ヴォラールである（図表5-2）。それぞれの人物について見ていくことにしよう。

図表5-2▶ルノワールが描いたデュラン＝リュエルとヴォラール

《ポール・デュラン＝リュエルの肖像》(1910年) 　　　《アンブロワーズ・ヴォラールの肖像》(1908年)

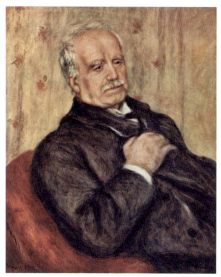 

（デュラン＝リュエル商会所有）　　　　　　　　　　（コートールド・ギャラリー所蔵）

▶印象派の立役者、美術商デュラン＝リュエル

　印象派を世に送り出した美術商と呼ばれるのが、ポール・デュラン＝リュエルである。彼の評価は、人によって多様である。

　印象派の画家を支えた、絵画の国際マーケットを開いた、美術評論を普及させたなどの称賛がある一方で、印象派のアーティストと独占契約を結ぼうと画策した、転売により莫大な利益を得た、オークションで価格上昇のための細工をしたなど、あからさまな利益を意識した行動を非難するような評判までさまざまだ。

　しかし、相反する評価はすべて事実であり、総合すれば、現在につながる美術商のビジネスモデルを作り出した人物であるといっても過言ではない。★4

ここでは、印象派のキュレーターであり、パトロンであったというデュラン＝リュエルが果たした役割について取り上げたい。彼は、フランソワ・ミレーをはじめとするバルビゾン派の絵画を売買し、確実に利益を上げる一方で、当時の前衛芸術の支持者でもあった。

バルビゾン派の絵は、すでに評判が確立されており、高値で売れる。勝ち馬に乗るようなビジネスゆえ、彼に安定的な利益をもたらした。他方で、当時は駆け出しであった印象派は、サロンのような権威もないところで活動していた、素性の知れない危ないベンチャー案件である。

しかし、デュラン＝リュエルの直感が働く。「今後、大衆はこのような画風を好むだろう」と、印象派のアーティストたちの絵画を安値で、できるだけまとめて購入することを決める。いわゆる青田買いである。

こうしてデュラン＝リュエルは、新興のブルジョア階級の顧客たちに印象派のアーティストを広めるために、自らが精力的な支持者となった。印象派のアーティストたちの絵を大量に買い取り、困難なときには彼らに月々の手当を渡しながら支援する。若い世代の画家たちの絵を買い、将来有名になるのを待つ「バイ・アンド・ホールド」の戦術を取った。

ちなみに、伝統的な画家の作品は高額で、ドラクロワの作品は9万6000フラン、ミレーの作品はまとめて39万フラン、という具合であった。それに比べて当時印象派の画家たちの絵は安く、モネであっても1点300フランであったといわれている。印象派の作品は安価であるが、ブレークに時間のかかる長期的な投資であった。

印象派の作品を多く抱えるようになったデュラン＝リュエルは、当時としてはいまいち理解しがたいこの前衛芸術を、マーケットで売れるようにするには、認知の拡大とその魅力を伝えることがまずもって重要であると考えた。

★4 Hook［2017］；翻訳［2018］p.224。なお、以降についても、同書の記述によるところが大きい。

つまり、彼はキュレーションが必要だということを理解していたのだ。[5] そしてマーケットの関心を、特定の作品ではなく、それを描いたアーティストと、それにまつわる多様な作品全体へと向けさせようとした。そこで、当時としては革新的な2つの取り組みを実行する。

1つ目が「個展（exhibition）」である。今ではすっかり当たり前のやり方だが、その発案者こそがデュラン＝リュエルであった。個展によって、美術商は来場客と作品の前でコミュニケーションを取ることができる。アーティストが感覚のプレゼンテーションをするのに、これほど絶好のやり方はないだろう。

2つ目が、「美術批評」による権威づけである。一般向けの雑誌・カタログに、専門家による「美術批評」を載せ、自身の保有する作品の価値を高めたのだ。これにより、一般大衆に印象主義の作品の見方とアーティストの感覚を広く知らしめた。アーティストの感覚をわかりやすく説明し、難解に見える作品がいかに素晴らしいかを訴えたことで、アーティストの評判を広めることに成功した。

デュラン＝リュエルのこうした取り組みは、結果的に印象派のアーティストたちを支え、スターにした。それは美術商としての、新たな価値創造活動でもあった。

大きな転機は、1886年にやって来た。当時フランスへの憧れが強かったアメリカに印象主義を紹介したのだ。これはデュラン＝リュエルにとってもアーティストにとっても、重大な転換点となった。ニューヨークで個展を開いて、買い手を前に作品と創り手の感覚を紹介したところ、瞬く間に作品は称賛され、飛ぶように売れた。「フランスの新たなアート」として、アメリカ人が認知をしたのだ。

その後、デュラン＝リュエルは、アメリカで印象主義の評判を確立させ、逆輸入のような体裁を取ってヨーロッパでも流行させた。ドイツでは美術館でも展示され、そこで印象主義はヨーロッパで権威を得た。美

――――――――

[5] Hook［2017］；翻訳［2018］p.231。

図表5-3▶カンディンスキーが見たとされるクロード・モネ《積みわら、晴天》(1891年)

(チューリッヒ美術館所蔵)

術評論でも絶賛され、まさに印象主義の名は、大陸を往復する形で有名になった。

　1896年にはついにモスクワに進出し、印象派展を開催する。そこではモネの《積みわら、晴天》(図表5-3) も展示された。それを偶然見たのが、当時モスクワ大学を首席で卒業して同大学で政治経済学者をしていた若きワシリー・カンディンスキーであった。

　第1章で述べたように、《積みわら、晴天》を鑑賞したことにより、彼はアーティストに転身する。デュラン＝リュエルがいなければ、カンディンスキーは《積みわら、晴天》を見ることはなかったし、画家カンディンスキーも生まれなかった。コンテンポラリーアートの主流となる抽象絵画が生まれるタイミングが変わっていたかもしれない。

　こうして、デュラン＝リュエルは存命中に印象主義を世界中に知らしめることに成功する。それは、難解なアート作品を、受け手の感覚に訴えかけ、さらにアーティストの感覚を補足して、その価値を高めていく

という地道な作業であった。たとえ、そこに経済的動機が先行したとしても、彼は紛れもなく印象派グループのキュレーターであり、伝導者であった。

▶ ポスト印象主義を支えた美術商ヴォラール

　印象主義がひとしきりブームになった後、ポール・セザンヌやフィンセント・ファン・ゴッホ、ポール・ゴーガンといったさらなる前衛芸術のアーティストが頭角を現す。いわゆる「ポスト印象主義」の時代である。このときに、彼らのキュレーターとなったのが、美術商アンブロワーズ・ヴォラールである。

　彼の最大の功績は、1877年の第3回印象派展以降、故郷に独り引き籠もっていたセザンヌに声をかけたことだ。セザンヌがパリを離れてからも書簡を交わしていたヴォラールは、彼がまだ地道に制作を続けていることを知り、その作品に触れる。ヴォラールは衝撃を受け、セザンヌを世に広める決意をする。

　1895年に、ヴォラールはセザンヌの個展を開き、セザンヌが亡くなるまでの10年間にわたり、彼の感覚を世の中に広めるために心血を注いだ。

　すでに見たように、セザンヌの作品は難解である。理解に時間はかかるものの、見るものの心を鷲づかみにし、そこに長く滞在させる魔力を持つ。一度その感覚を味わったら、抜け出せずにもっと見ていたくなるような感覚を鑑賞者に与えるのだ。当時、セザンヌがめざした「感覚の実現」は、いまだ途上であったとはいえ、このときすでに作品の中に落とし込まれていた。

　個展を開くことで、アーティストの感覚を世の中に広く知らしめ、その素晴らしさを解説とともに伝えていく。当時は画家も存命であったから、さらなる解釈が必要であれば本人に直接尋ねることもできた。

　美術商が生業であるヴォラールもまた、デュラン＝リュエル同様、経

済的動機を持っていたことは事実だ。しかし、セザンヌという偉大な
アーティストを世に知らしめることは、自身の使命であるとして、ヴォ
ラールはセザンヌと事実上の独占契約を結んだ。セザンヌと運命を共に
し、キュレーションによって感覚を伝道し、鑑賞者にそれが受け入れら
れることでアーティストと作品の価値を高めていく。

　ヴォラールは、時を同じくしてゴーガンとゴッホの絵画も扱うように
なるが、彼らは当時「狂人」扱いを受けていた。セザンヌ同様、彼らの
作品も、ヴォラールによって価値を高めていった。それは単に目が利い
ただけではない。彼らの感覚を世に知らしめることに、ヴォラールもま
た熱狂していた。創り手の感覚を理解しながら、それを受け手に伝えて
いくという、伝導者としての役割を自らに課したのだ。

　この後ヴォラールは、弱冠20歳の無名の新人を見出し、1901年に彼
の最初の展覧会を開いている。それが、後にキュビスムを確立するパブ
ロ・ピカソであった。さらに1904年、後にフォーヴィスムの騎手とな
るアンリ・マティスの最初の個展を開いたのもヴォラールであった。

　彼は、時代を変える勢いのあるアーティストを早期に見極め、その才
能を世に知らしめるため、受け手に新たな感覚を伝える取り組みや活動
をする。それはまさに、当時のアーティストにとって必要なキュレー
ションであったといえる。

3. アーティストによるキュレーション

▶ キュレーターとしてのアーティスト

　美術商以外にも、受け手の感覚を高めるべく、キュレーターの役割を
するのがアーティストである。作品に携わる作家以外のアーティスト
が、その価値を伝えるうえで重要な役割を果たしてきた。

　既述のように、セザンヌの作品はその感覚ゆえ、受け手にとっては難

図表5-4▶ドニ《セザンヌ礼賛》(1900年)

(オルセー美術館所蔵)

解な絵画であった。それは当時の印象主義のアーティストたちにおいても同じであった。メディアも彼の感覚を大いに批判した。

　エクス゠アン゠プロヴァンスに引き籠もってからの彼は、さらに自身の感覚を研ぎ澄ませていたので、並の受け手では解釈が困難であった。そこから時代を経て、新たなものを求める世界で、セザンヌはヴォラールに見出され、急速に若いアーティストたちの知るところとなった。彼らは新たな芸術を予感させるセザンヌの「感覚の実現」に、魅了されていく。その様子を描いているのが、モーリス・ドニによる1900年の作品、《セザンヌ礼賛》である（図表5-4）。

　これは、先に紹介したヴォラールの画廊で、実在のアーティストたちが、セザンヌの作品を愛でている場面を描いたものである。そこで礼賛

の対象となっているのが、前章でも紹介した構築的筆致によって描かれた《果物入れ、グラス、りんご》(図表4-11参照) である。

絵の背後の柱にはヴォラール、その横にドニ本人がいる。セザンヌの絵画を前に、時のアーティストたちがセザンヌの作品を讃えているのだ。このように、晩年のセザンヌは、アーティストたちが憧れるアーティストとしての存在を確立した。次世代のアーティストたちが彼をキュレーションしたのだ。大衆は、この作品を見たりエピソードを耳にすることで、さらにセザンヌの偉大さを知るようになる。そして、作品を理解するべく、受け手としての自身の感覚の向上に努めることとなる。

このように、プロが推薦することが、一般大衆が興味を持つうえで大きな意味を持つ。まさに自分以外のアーティストによるキュレーションといえる。

▶ アーティスト本人によるセルフキュレーション

また、創り手であるアーティスト本人が、自身の手によって自身の感覚を広く知らしめるような活動を行うことがある。それはコンテンポラリーアートの脈絡において多く見られるようになってきた。

1960年に現れたアンディ・ウォーホルは、大量消費社会を揶揄し、自身も大量生産によってアートを生み出すという破壊的なコンセプトをアート界に投げかけた。大量生産のため、シルクスクリーンに写真を転写して、色を付けていくという作風は話題となった。そして、それを制作するための工房を「ファクトリー (工場)」と呼び、産業界のビジネスプロセスをアート界に持ち込み、皮肉った。

ウォーホルは、作品自体にも親しみやすい対象を使った。たとえば、大量消費のアイコンとして、当時消費者に人気の商品であった「キャンベルスープ」の缶を描き、関連作品を多く生み出した。また、セックスシンボルとして知られるマリリン・モンロー (図表5-5)や、中国の指導

図表5-5▶ウォーホル《ショット・セージブルー・マリリン》(1964年)

(個人所有)

者・毛沢東など著名人の写真を使った作品も生み出した。これらの作品は、セレブリティを中心にたちまち人気を博し、ウォーホル自身も莫大な利益を得る。

　彼は、自身の制作プロセスも公開することで、自分の活動そのものを自ら広報した。また、積極的にメディアにも登場し、自身の作品を紹介する機会を得た。銀髪のかつらをトレードマークとして愛用するなど、彼自身の容姿もいくぶん変わっていた。加えて、青白い肌と痩せこけた顔で、独特の風貌を自ら演出していた。

図表5-6 ▶ バンクシーによる《風船と少女》(2006年)改め、《愛はゴミ箱の中に》(2018年)

(出所) DPA／共同通信イメージズ。

　ウォーホルは、自らがキュレーションを行っていたのだ。深読みすればいくらでも作品のメッセージ性は見出せるが、アイキャッチーなテーマを扱うことで、彼の作品は、系譜や文脈を抜きにして人気となった。小難しい背景知識を無視して、単にカラフルな作品として、受け手の感覚に直接訴えかけたのだ。メディアを通じてメッセージを発信しながら、作品を多くの人に認知させ、価値を高めることに成功した。

　バンクシーもまた、自身でキュレーションを行うアーティストである。ストリートアートとして街の壁に描かれたアートは、2010年代以降、ソーシャルメディアを通じて急速に広まっていく。ステンシルに

よって急ごしらえで描かれた絵画には、緊張感すら漂う。政治的な問題などをテーマとして取り扱う一方、そこで描かれた対象は、イラストとして成立するほどかわいらしい。ディズニーに似せてはいるものの、皮肉を交えた退廃的なキャラクターを登場させるなど、ビジュアル的にキャッチーなものが多い。それゆえ、商品化されているものも少なくない。

こうしたキャッチーなキャラクターは、作品へのフックとして、鑑賞者に興味を抱かせる。鑑賞者が近い将来にその意味合いを調べることになれば、創り手の感覚が深層に込められていることに気づくかもしれない。また、バンクシーが素性を明かさずにゲリラ的に活動することも、支持を高める要因になっているといえるだろう。

2018年にサザビーズでバンクシーの《風船と少女》がオークションにかけられた。それが104万ポンド（当時のレートで1.5億円）で落札された瞬間、絵は額から滑り落ち、切り刻まれていく。額の下部にあらかじめシュレッダーを仕込んでおき、リモートで裁断される仕掛けが施されていた。スイッチを押したのは会場にいたバンクシー本人。高額で作品を売買するアート界を嘲笑うようなバンクシーらしい「テロ行為」であった。

バンクシーはこの件について自身のソーシャルメディアで動画を公開し、「本当は全部裁断するはずだった」「リハーサルでは毎回うまくいったのに」とコメントしている。この様子は、連日テレビやネットで取り上げられ、世界中がバンクシーの存在と感覚を改めて知ることになった。

こうして世直しをするダークヒーローのようなキャラクターとして、バンクシーはますます存在感を高めていく。

ちなみに、この切り刻まれた《風船と少女》は購入を拒否することもできたが、落札者は当初の予定どおり購入した。その後、バンクシーは代理人を通じてタイトルを変更する指示を出した。

《愛はゴミ箱の中に》（図表5-6）と改題された作品は、3年後の2021年

に再びサザビーズのオークションに出品される。皮肉にも、アート市場において前代未聞、かつ唯一無二の作品として価値が高まることになり、バンクシー作品としては最高額の1858万ポンド（当時のレートで約29億円）で落札された。時を経て、またこの件がメディアをにぎわせることになった。

　このように、アーティスト本人が、自身のキュレーターとなって、作品を気に留めさせるような活動を行うこともある。作品に込められたメッセージ性は二の次であるといわんばかりに、まずは大衆の注目を集めるのだ。

　もちろんこれは、メディアやインターネットの登場によるところもある。20世紀後半からブームとなった、コンテンポラリーアートと親和性の高いキュレーションといえる。

4. プロダクトへの感受性を知る

▶受け手は主観的に判断する

　専門家や批評家、コレクターやマニアを除いて、受け手の感覚は、作品の熱量を十分に理解するだけのレベルにはないのが通例だ。作品とその創り手に対してそこまで興味のない人々に、高度な感覚をもって作品を鑑賞してもらうことなど、到底望めないのだ。しかし、大衆に評価されなければ、アーティストの感覚を理解してもらうどころか、名前も浸透していかない。

　本章では、このような状況で、本来は難解なアート作品でも、多くの人に感じてもらうためにはどうすればよいのかについて見てきた。端的に言えば、直感的に作品を気に入ってもらうポイントを仕込むべきなのだ。それにより、作品を気にかけてもらうことが、まずは重要だ。

　しかし、そこで終わりではない。本来、創り手が伝えるべき内容、つ

まり感覚をどのように理解してもらうのかについて心を研かなければならない。このとき、キャッチーなフックとキュレーションが重要な役割を担う。

ビジネスにおいても、ものづくりやもの売りにおいて、全く同じような状況に直面する。極度に創り込んだプロダクトは、ユーザーにとって大いに価値があるはずなのに、ユーザーの感覚がそれに追いつかず、「感覚の非対称性」に悩まされていないだろうか。

ユーザーは自身の感覚で、プロダクトを評価する。メーカーの感覚を学ぶということは最初の段階ではありえない。創り手の感覚とは、創り手の技術やテーマ、思考を意味するが、そうした個別のメーカーの感覚を、いちいちユーザーが学ぶことは期待できない。創り手の感覚が鋭いほど、受け手の感覚が鈍いほど、こうした「感覚の非対称性」は拡大する。どれだけ高付加価値なプロダクトであっても、関心を持たれなければ存在していないも同然だ。では、どうすればよいだろうか。

▶ 間口の拡大

まずはプロダクトそのものに、わかりやすい入口を用意することが重要となる。たとえば、たくさんの機能を織り込み、魂を込めた渾身のプロダクトを企業が創り出したとしても、ユーザーはそのように受け取ってはくれない。ユーザーはプロダクトに対して、ほとんど直感的なイメージしか持たないだろう。ましてや説明書を読むなど、よほどのことでない限りはない。その証拠に、使い方を教えてもらうために、別途サービスにカネを払うくらいだ。

便利機能を推したところで、それに慣れてしまった現代の消費者は反応しないし、ましてや購入には結びつかない。アートの鑑賞者と同じく、消費者も直感的に理解できるプロダクトを求めているのだ。どんなに優れた機能があり特別なことができたとしても、その操作が複雑であれば使わない。そうなると消費者は、多少の機能を犠牲にしても、情緒

的に気に入ったもの、使いやすいものを好む。

　どのようなプロダクトでも、わかりやすく人を魅きつけるポイントがなければならない。たった1つでよいので、そのプロダクトを一言で説明し、消費者が納得するポイントが必要なのだ。それが、プロダクトへの間口を開いてくれる。

▶ キュレーション

　間口を開くポイントがあったとして、次に必要になるのは、受け手である消費者の感覚に突き刺さるような創り手の感覚を示すことだ。たとえ超絶技巧がたくさん盛り込まれていても、語りすぎてはいけない。消費者は、そのようなことを聞きたいわけではない。プロダクトにまつわる多くの薀蓄は、購入した後にユーザーが自分の意思決定を納得させるために役立つ。しかし、初期の認知段階や購入前においては、自然に創り手の感覚を知りたくなるようなプロセスを構築するのが重要である。

　そこでキュレーションが効く。決してプロモーションではない。売りつけるのではないからだ。あるいは、ブランディングでもない。もったいつけるわけではないからだ。むしろこれらは、プロダクトを生み出す企業自身があまりにも多用しすぎて、ユーザーから嫌悪される傾向にある。

　キュレーションは、基本的にメーカー以外が行う活動である。第三者機関やメディアであったとしても、広告でやるべきではない。本当に良いことが伝わっているパートナーと組むべきだ。単なるパートナーという表現は弱く、真にそのプロダクトとメーカーの感覚を理解しているエヴァンジェリスト（伝道者）でなければならない。もしくは、そのプロダクトを溺愛しているユーザーに任せるべきだ。

　しかし、これは企業の広告案件として依頼されたインフルエンサーの活動とは異なる。消費者はそれを広告として認識しているので、何ら心に刺さらないだろう。そこには方便が混ざっているので、かえって真偽

が疑わしくなり、消費者は辟易する。むしろ有害かもしれない。

▶ プロダクトの価値を適切に伝えるために

　真のアーティストはマーケティングをしない。赤色が世の中に受けるからといって、作品を赤く塗らない。逆に、自身の感覚に大衆を導こうとするのだ。そのため、作品の認知と理解に時間がかかり、有名になるのは死後、ということが起こりうる。

　現在、作品の認知に関しては、ソーシャルメディアによって飛躍的に速度を上げている。しかし、だからといってわかりやすい安売りはしてはいけない。それは作品の持つ価値を毀損させる。ビジネスにおいても全く同様である。プロダクトの認知には時間がかかるが、手っ取り早いマーケティングをしたところで、消費者はすぐに飽きてしまうだろう。やるならば、的確に価値を伝えるように創り込まなければ、せっかくのプロダクトが駄目になってしまう。この点で、認知拡大と本質の伝達をうまく行っているキュレーター企業を紹介しておきたい。

▶ A24──現代のキュレーター企業

　そのキュレーター企業は、映画の制作スタジオでもあり配給も行う、アメリカのA24（エイ・トゥウェンティーフォー）である。かつてならミニシアターで公開されるような、クリエイターのしっかりとした考えで作られるプロダクト（映画）を、大規模にロードショー公開するというやり方を取って成功している。

　取り扱う作品のスタイルは、かなり異色である。「エクス・マキナ」や「ルーム」など、気鋭のクリエイターの作品を配給しつつ、2016年には製作に携わった「ムーンライト」でアカデミー賞作品賞を受賞する。黒人のゲイをテーマにした、きわめてデリケートで難解なストーリーを広く大衆に向けロードショー公開して大ヒットを生む。

その後もオリジナリティあふれる作品を世に出す。若者たちの心理をえぐる「ミッドサマー」(2019年)は、その不可解さと真に迫る恐怖から、恋愛ホラーと呼ばれる新たなジャンルとなり、カルト的なファンを生んだ。

さらに、愛をテーマに、マルチバース(多次元宇宙)で壮絶な親子喧嘩を繰り広げるという、奇天烈な作品「エブリシング・エブリウェア・オール・アット・ワンス」(2022年)も、大々的に公開した。この作品は、アカデミー賞の主要賞も制覇した。2024年にはアメリカで架空の内戦が起こることを題材にした「シビル・ウォー」が公開され、大きな話題となった。

このようにA24は、次々に話題作を送り出している。しかも興味深いのは、これらの作品は監督よりも、A24というスタジオの名前で認知されていることだ。A24はスタジオとして知名度を持つ、まさにアーティストのような存在だ。通常であれば、アーティストやクリエイターのポジションは監督に捧げられるはずだが、そうはなっていない。そのようなスタジオが、これまで他にあっただろうか。

また、A24が興味深いのは、作品の難解さを理解しているので、キャッチーなフックとキュレーションをうまく活用して、重いテーマの作品であってもメジャー級の収益を作り出すことだ。そのキャッチーさを、A24のイメージやIP(知的財産)によって知らしめる。

まずは人目を引く自社のロゴマークをうまく使う。このロゴは映画によって変えるため、どのロゴがどの作品なのかがわかるようになっている。

さらに、アパレルブランドのそれであるかのような洋服販売を、ネットストアで展開する。実際、「ミッドサマー」のようなカルトなファンが存在する作品のロゴやアートイメージをつけたグッズは瞬く間に売り切れ、二次流通でプレミア化し、7〜8倍にまで高騰している。著名人に好まれるだけでなく、多くの若者がストリートで着用し、彼らがA24のエヴァンジェリストになっている。作品以外でA24の感覚を大

衆に伝えているのだ。

この程度なら、自社もやっていると思うかもしれない。しかし、プロダクトの価値を伝えるための取り組みになっているだろうか。その意味を考えて展開しているだろうか。

A24のこうした活動は、物販による収益多様化の枠には収まらない。単なるグッズ販売ではないのだ。難解なプロダクト、つまり、既存ユーザーを第一に考えられていないプロダクトの価値を伝えるために、A24は「間口の拡大」と「キュレーション」を巧みに展開しているのだ。結果、アパレルなどはA24にとってのキャッチーなフックとなっている。

さらに重要なのは、アパレルをきっかけに映画に流れ込むファンが存在することだ。A24のコンセプトを理解し、そのうえで映画を見ることで、A24作品をさらに理解しようとするのだ。

このように、A24はアートのような文脈でプロダクトをリリースしている。A24を率いる経営陣の1人がダニエル・カッツという人物である。彼は、独立系映画製作会社を共同創業し、運営した後に売却する。そして、グッゲンハイム・パートナーズの資金援助を得て、ニューヨークにてA24を共同創業する。

カッツは、大作のシリーズものばかりを製作配給するハリウッドのやり方に辟易し、クリエイティビティが失われることを危惧して、映画製作者の才能を重視する製作配給会社を立ち上げた。しかし、作風が尖った独立系の映画を世の中に届けるのは難しい。一方で、できるだけ製作には口出しをしたくない。

そこでA24自体は、通常であれば人気が出ないような作品を世の中に紹介する取り組みに力を入れ、ニューヨーク的でおしゃれ、若者世代が憧れる対象となるようにイメージを創り上げていったのだ。ディズニーのアニメ映画を卒業したティーンの女性が、次に見るのはA24の映画である、というように。

本章では、アートマインドセットの文脈から、受け手の感覚にどのよ

うに対応するのかを見てきた。ここからさらに、プロダクトを気に入ってもらい、熱烈なファンになってもらうには、熱狂が不可欠である。これについては、続く第6章で明らかにしよう。

第 **6** 章

受け手の熱狂

Une oeuvre d'art qui n'a pas commencé dans l'émotion n'est pas de l'art.

感動が伴わない作品は、芸術ではない。

——ポール・セザンヌ

嫌いなことなんてやっても伸びない。どうせ一度の人生なら、好きなことをとことんやるべきだ。そうすりゃ、それがやがて社会の役に立つ。

——本田宗一郎

受け手は、作品の意図を深く考えて鑑賞しているわけではない。しかし、創り手は熱狂を表現しようとしているのだから、その作品には相当な熱量が保存されているはずである。

やがて興味を持った受け手は、いよいよ本格的に創り手の熱狂により秘められた暗号（コード）を解読（デコード）しようとする。本章では、「熱狂の非対称性」を少しでも軽減するために、受け手がどのように作品に接近するのかを述べる。

1. デコードと熱狂

ここまで創り手の熱狂を、その感覚を通じて、いかに作品に落とし込むか、受け手がその感覚をどう受け止めるのかについて述べてきた。ここからは、いよいよ受け手が熱狂を受け取ることになるが、果たしてどのようにすれば、創り手の熱狂を追体験できるのだろうか。

名画には、アーティストの熱狂が込められている。鑑賞者にとっては「かわいい」「変だ」「複雑だ」「なんだかわからない」などの形容詞で表現できる取っつきやすさがある。難しい美術理論や歴史的背景を詳しく知らなくても、心が動いた瞬間に直感的に作品を感じる。受け手の感覚とは、本来それでよい。

しかし、それはあくまでも「感覚」までの話であって、「熱狂」になると状況は異なる。受け手が熱狂に至るには、鑑賞者自らが作品を気に入り、ゆえに作品やアーティストに興味を持ち、「解読したい」と思わせる仕掛けが必要だ。

その仕掛けは、アーティスト側が用意する。すなわち、アーティストは暗号（コード）を用意し、受け手は暗号を解読する。それにより初め

て、熱狂の非対称性の差が埋まっていくのだ。キャッチーなフックやキュレーションによって作品が気になった受け手は、すでにその作品への没入が始まっている。この段階になれば、積極的に創り手の感覚を学び取り、アーティストが何を伝えようとしたのかを理解しようとする。無理もないことだ。すでにその作品の虜になっているのだから。

創り手が仕込んだ熱狂のコードを、受け手がデコードする。それは文字どおり、「暗号化」と「解読」の関係である。まさに、小説『ダ・ヴィンチ・コード』でダ・ヴィンチが作品群に仕掛けた暗号のように。

もっとも、写実性の高い作品は、その感覚が超絶技巧のレベルによって評価できるため、熱狂の解読は比較的簡単であろう。ある意味では「見ればわかる」ように作られているからだ。しかし、印象主義以降の絵画に関しては、対象が曖昧化していく、遠近法が崩れる、はたまた芸術の概念自体が変化を遂げるなどの理由により、解読が急激に難しくなる。

この傾向は、時代を追うごとに、ますます激しくなっている。特に、コンテンポラリーアートの理解が不可能に近い場合があるのも、この理由による。

2. 熱狂の追体験

「熱狂の非対称性」を軽減するには、創り手の熱狂を受け手が追体験できるかが、カギとなる（図表6-1）。

アーティストが込めた熱狂のコードを読み解き、その作品を描くに至った原体験を追体験できれば、初めてその作品は「アート」として成立する。アーティストは、あなたとコミュニケーションを取ろうとしているのだ。作品に強く魅かれた時点で、直感的な感覚では味わえない作品との交信は始まっているのである。

図表6-1▶原体験を追体験する

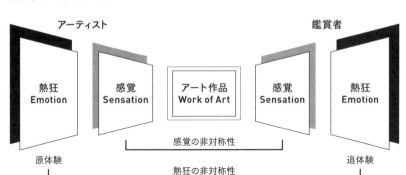

▶感覚と熱狂の双方向性

　第4章で紹介したポール・セザンヌは、暗号の解読が難解なアーティストである。彼は、「感覚の実現」を体現し、かなり高次元な処理を行っている。境地に達したセザンヌの感覚は、凡人のそれとは格段に異なるため、受け手が感じ取ることは難しい。「感覚の非対称性」が大きいのだ。

　ただし、色彩の美しさや「変な感じ」といった感覚をきっかけに、セザンヌ作品の虜になった受け手は、感覚のその先、すなわち、セザンヌの熱狂に触れ、内容を読み解こうとすることになる。

　彼が私たちに伝える熱狂的メッセージは、次のものである。

　　「自然は球、円錐、円筒として取り扱わねばならぬ。そのすべてが透視法に従い、物体と面の前後左右が中心の一目に集注されるべきである」[1]

　この境地に達したときのセザンヌの熱狂は、どれほどのものだったろうか。1877年に開催された第3回印象派展の後、故郷のエクス＝アン＝

プロヴァンスに引き籠もってから独自に研究を重ねた。そこでつかんだ感覚を確かめるように、作品を重ねて熟成していく過程が見て取れるようだ。

セザンヌのシグネチャーである多視点構図を明確にひもといたのが、アーティストでカリフォルニア大学バークレー校教授でもあったアール・ローランである。たとえば、《果物籠のある静物》は、多視点構図で成り立っている。一見すると、どのように見たらよいのかがわからない、歪んだ作品である。しかし、描かれた対象が、それぞれどのような視点から見ているものなのかを理解できれば、鑑賞者にとっては目から鱗が落ちるほどの体験となる。それが熱狂を呼ぶ。すなわち、アーティストの原体験の追体験となる。

ローランは、壺や籠などのそれぞれの対象がどの視点から見たものであるのかを明らかにしている（図表6-2下）。正対して見たときには、歪んで見える砂糖壺、ポット、籠の左部分は横のⅠの目線から見ている。さらに、籠の正面は、下側Ⅰaからの視覚である。真っすぐから見れば、捉えにくい壺の開口部や籠の中身は、それらがはっきり見えるように、視点Ⅱから、そして、籠の持ち手はその特徴が最も表現しやすいⅡbから捉えていることが示されている。

多視点構図をとりながら1つに収めようとすると、どこかでつながりが怪しくなる。テーブルの天板は左側がA、右側がBでズレを起こしている。多視点を構図として1つにまとめるために、ナプキンでわざと隠しているように見える。

作品に夢中になり、熱狂が始まった受け手がこのような視点を持つと、己の感覚は高まる。しかし同時にアーティストの暗号を解読するには、あまりにも感覚が鈍いことも認識する。この時点で、受け手はすで

★1　これは、生前の1904年にセザンヌがエミール・ベルナールに書簡で残した言葉である。Bernard［1912］；翻訳［2000］p.57に記載がある。翻訳原著から可能な限り現代語に修正した。

168　第Ⅱ部◆アートが見せる革新的な価値創造

図表6-2 ▶ セザンヌ《果物籠のある静物》(1888〜90年)

（オルセー美術館所蔵）

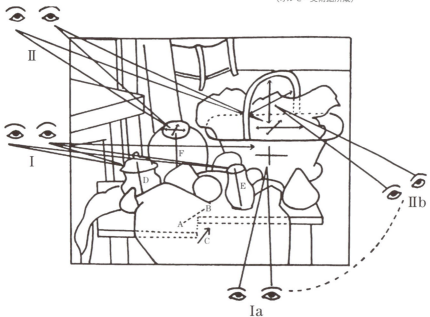

（出所）下図はLoran [1963]；翻訳 [1972] p.128の図解を修正。

に熱狂しているといえる。ビジネスやプロダクトの脈絡で言えば、認知を超えて夢中になっているユーザーである。

この意味においては、受け手の感覚と熱狂は厳密には不可分である。感覚を高めることに熱狂することもある。熱狂によってさらに感覚を高めようとすることもある。この点は、第4章で述べた創り手の熱狂と感覚との関係にも似ている。

▶ 感覚の限界に挑む

パブロ・ピカソは、20世紀に活躍したアーティストの中では世界一有名といってもよいだろう。存命中に巨匠として認められ、絵画や彫刻、挿絵や版画なども含めると遺した作品数は14万点以上に及ぶ。ピカソはジョルジュ・ブラックとともに「分析的キュビスム」に取り組んだ。それは、前述したセザンヌの「自然は球、円錐、円筒～」のメッセージをそのまま継承している感覚である。

ピカソの作品も難解といわれるが、キュビスムの絵画を鑑賞するコツのようなものを知れば、彼の求めたものを作品から追体験できるようになる。たとえば、1912年の作品《ヴァイオリンと葡萄》(図表6-3)を見て、どう感じるだろうか。確かに、そのまま見ただけでは読み取ることが難しい。

これを美術史家のエルンスト・ゴンブリッチは、感情を揺さぶるやり方で解き明かしてくれる。彼は単に絵の技術や、アーティストの感覚そのものを解説しているわけではない。あたかもピカソが熱狂した瞬間を捉え、感覚をつかみ、いかに作品に落とし込んだのか。その場面が思い浮かぶかのように語っているのだ。

以下は、ゴンブリッチからの引用である。[2] ピカソを主語として、以下を読んでいただきたい。

★2　ここの部分の記述は、Gombrich [1995]；翻訳 [2019] p.574 に基づく。

「見えるとおりに物を描くなどということを、しょせん我々はとっくに諦めている。そんなことは、しょせんかなわぬ夢だったのだ。束の間のはかない印象をカンヴァスにとどめたいとはもう思わない。セザンヌを手本にして、自分の描くモチーフが、時間的にも空間的にもできるだけ揺るぎないものになるような、そんな絵を創り上げよう。迷わずわが道を行こう。我々の真の目的は、何かを模写することではなく、何かを構成することだ。

この事実を素直に受け入れようではないか。我々がある物を、たとえばヴァイオリンを思うとき、心の目に見えているヴァイオリンは、肉眼で見ている物とは違う。我々はヴァイオリンのいろんな側面を同時に思い浮かべることができるし、事実そうしている。ある側面が、実際に手で触れられそうなほどくっきり見えていて、それ以外のところはなんとなくぼやけている。イメージのこういう不思議な寄せ集めこそ大切だ。それは、1枚のスナップ写真や細画より、『本物』のヴァイオリンについて、多くのことを表現しているのだ」

ピカソの熱狂した状況がありありと思い浮かぶようだ。ゴンブリッチに基づけば、ピカソは次のように作品に対峙したのだろう。まずはヴァイオリンを頭に思い浮かべ、その形を上から再現しようとすると、渦巻きと弦を巻き取るペグが見えてくる。これは特徴的な横からの姿ではないだろうか。本体を思い起こすときは、fホールは横から見えないので、正面から捉えてみる。ボディのカーブは横からでも美しいが、より特徴的なのは斜め下から見た立体的な厚みだろう。

こうした形や部分が、頭の中ではさまざまに散らばっている。最終的にはそれらを1つの構図に収めて示したものが、《ヴァイオリンと葡萄》なのだ。

一見して難解に思える作品であっても、ゴンブリッチのように創り手であるピカソの熱狂を思い浮かべれば、その熱狂を追体験できる。もち

図表6-3 ▶ ピカソ《ヴァイオリンと葡萄》(1912年)

（ニューヨーク近代美術館所蔵）

ろん、ゴンブリッチの推測によるところが多いことは否めない。

　しかし、ある作品に熱狂するとは、追体験するとは、そういうことだ。それにより、初めてアーティストの熱狂に触れ、その感覚に近づくことができる。そうすれば、おのずと受け手の感覚、いや、もっと純粋に「感受性」が結果として高まっていく。

このように、受け手の感覚だけでは解釈が追いつかない、あるいは受け手が感覚を高め、知識を補強しても、現代アートは感じ取ることが難しい。そのときは、創り手の熱狂までさかのぼるのがよい。

熱狂を追体験できるならば、どのようなやり方をとってもよいのだ。アート鑑賞の方法に正解はないし、作品の内容も鑑賞者の感じるままでよい。歴史やアートの知識を学ぶことは、手段であって目的ではない。むしろ、ここで見たような形で、創り手の熱狂を復元してイメージしてみるのがよいだろう。カンディンスキーが説くように、創り手と受け手の熱狂の共鳴こそがアートの醍醐味であるからだ。

3. 「わかる人にはわかる」熱狂を引き出す感覚

ここまで見てきた感覚は、その作品から熱狂を引き出すのに役立つ。一方で、アート作品が人々の情緒をくすぐり熱狂させるのは、もっと奥深い「暗号」、すなわち、「わかる人にはわかる」と言わんばかりの仕掛けが施されているからだ。アーティストからのメッセージを読み取れたとき、受け手は、さらなる親近感を作品とアーティストに対して覚え、深い愛情を持つようになる。

▶「わかる人にはわかる」というスタンス

「わかる人にはわかる」。その暗号を仕込んで鑑賞者に語りかけるアーティストの1人、サルバドール・ダリを取り上げよう。

ダリはシュルレアリスムのアーティストとして、自身の独特な画法を追求している。自らを「天才」と称し、夢とも現実とも言えないような独特の光景を画面の中に落とし込んでいく。時計が溶けていくさまを描いた《記憶の固執》(1931年) は、その神秘性から一度見たら忘れないほどのインパクトを持っている。

ダリは、意識と無意識の関係を説いた心理学者ジークムント・フロイトの研究を頼りに、夢と現実の境界が曖昧なイメージを描き出すことに熱狂する。それを実現する感覚を「偏執狂的批判的方法」と名づけた。

これは「ダブルイメージ」とも呼ばれ、1つの対象の中に2つ、もしくはそれ以上の像を入れ込む手法である。「意識を覚醒させたまま、妄想や強迫観念に身を任せ、現実を解釈する」という思想のもと、「覚醒と夢想状態の境目で見えてくる現実」を描く。その方法が、あるモチーフの中に別のモチーフを描くというやり方である。これにより、鑑賞者は作品を通してダリが見た「覚醒と夢想状態」を同時に追体験できるのだ。

《ビキニと3つのスフィンクス》という作品がある（図表6-4）。錯覚を利用したダリの感覚に従えば、鑑賞者はこの絵を、キャッチーで単純な騙し絵として楽しむことができる。

スフィンクスにたとえているのは、人の頭のような3つの物体である。それらは煙のようにも見える。それこそがダリのねらいであり、人の頭と爆発が描かれているダブルイメージなのだ。2つ目に大きな物体は樹木にも変化しており、イメージが幾重にも重なっている。

実はこの作品は、広島、長崎に原子爆弾が投下されたことに端を発している。それはダリにショックを与え、「人はなぜ戦争をするのか」というテーマが本作の制作に至る内的必然性となった。個人的な必然性はもとより、核の脅威という時代的必然性、彼独自の革新的な感覚で表現する系譜的必然性をもって、本作を創り上げている。

1947年に制作されたこの作品は、戦争、原爆、平和をテーマにしている。ダブルイメージで制作されているが、実はこの絵は、さらに戦争に関する歴史的事実も描いているのである。[3]

まさにここが、ダリが仕掛けた「暗号」である。

1932年、アインシュタインは、戦争とその終結についてフロイトと

---

[3] 諸橋近代美術館［2004］p.19。

図表6-4 ▶ サルバドール・ダリ《ビキニと3つのスフィンクス》(1947年)

(諸橋近代美術館所蔵)

アインシュタイン　　　　　　　　フロイト

© Salvador Dalí, Fundació Gala-Salvador Dalí, JASPAR Tokyo, 2025 B0866

手紙でやり取りした事実がある。★4 ダリはそのことをどうやらフロイト
から聞いて知っていて、2人を作品の中に登場させた。手前のキノコ雲
の中にアインシュタインを、左側の緑にフロイトの顔を入れ込んだ。ダ
リが仕掛けた「暗号」により、原子爆弾への絶望や悲壮感、怒り、そし
て、ダリ本人の死生観といった強い気持ちを、現代の私たちにも伝えて
いる。それは彼の感覚を学んで、初めてわかることでもある。

　アーティストは「わかる人にはわかる」というスタンスで描いてい
る。ある意味においては、受け手の愛情を試しているともいえる。「感
覚の非対称性」を少しでも軽減できれば、「熱狂の非対称性」も小さく
なっていく。原体験を追体験する。虜になった鑑賞者は、アーティスト
が作品に閉じ込めた暗号を解読しようと躍起になる。それは時間を超え
たメッセージとなり、鑑賞者は作品とアーティストにさらに愛着を感じ
るようになる。

▶熱狂を引き出す「感覚」とは

　では、いったいどれくらいの感覚を持てば、作品から熱狂を引き出す
ことができるだろうか。実は、このことについて、ダリが興味深い評価
を行っている。図表6-5を見てほしい。

　このリストは、彼が十数年をかけて、自分を含む11名のアーティス
トを評価したものである。ルネサンス以降から、ダリと同世代のピカ
ソ、そして、ダリ本人に至るまでのアーティストを、ダリ自らの感覚に
基づいて同じ基準で採点をしたものだ。アーティストがアーティストを
鑑賞者の立場で評価するという、奇抜な取り組みをしている。いかにも
「天才」を自称したダリらしい試みである。

　ダリが鑑賞者としての立場になったときに、どのようなポイントで
「感覚」を判断しているのかが明らかとなる点で、きわめて有益な情報

★4　アインシュタイン／フロイト［2016］にその往復書簡が収められている。

176　第Ⅱ部◆アートが見せる革新的な価値創造

図表6-5▶ダリの評価

	技術	霊感	色彩	主題	天才性	構図	独創性	神秘性	真実性	総合点	順位
フェルメール	20	20	20	20	20	20	19	20	20	179	1
ラファエロ	19	19	18	20	20	20	20	20	20	176	2
ベラスケス	20	19	20	19	20	20	20	15	20	173	3
ダ・ヴィンチ	17	18	15	19	20	18	19	20	20	166	4
ダリ	12	17	10	17	19	18	17	19	19	148	5
ピカソ	9	19	9	18	20	16	7	2	7	107	6
アングル	15	12	11	15	0	6	6	10	20	95	7
メソニエ	5	0	1	3	0	1	2	17	18	47	8
マネ	3	1	6	4	0	4	5	0	14	37	9
ブグロー	11	1	1	1	0	0	0	0	15	29	10
モンドリアン	0	0	0	0	0	1	0.5	0	3.5	5	11

（出所）Dali［1964;1974］を加筆・修正して作成。

といえる。

　そのポイントとは、技術、霊感（インスピレーション）、色彩、主題、天才性、構図、独創性、神秘性、真実性の9つである。天才性や真実性など、ダリ本人にしか内容がわからない項目もあるため、その詳細をひもときたいところではあるが、項目ごとの個別の説明は、残念ながら明示されていない。[5] しかしながら、鑑賞者としての「感覚」は、これら9つで十分に説明がつきそうだ。

　ダリの評価はランキングではなかったが、彼がどのようなアーティストにリスペクトを捧げているのかを明らかにするため、筆者はここに総合点をつけてランキングにしてみた。その結果、ダリ本人は5位となっ

────────

★5　世界有数のダリのコレクションを持つ諸橋近代美術館の学芸員によれば、個別に項目を説明した文献は存在していない。

た。自称天才のわりには慎ましい結果であるが、実際、ダリはアートに対してはストイックな姿勢を貫いており、この評価においても自身を過大に位置づけることはなかったともいえる。

ランキングではダリを超えるアーティストは4人。ヨハネス・フェルメール、ラファエロ・サンティ、ディエゴ・ベラスケス、そしてレオナルド・ダ・ヴィンチであった。いずれもダリよりも200年以上前を生きた、いわゆる「オールドマスター」と呼ばれる、17世紀までの古典の巨匠たちである。

フェルメールは、独創性の1点減点を除いて、すべての項目が満点であった。ダリの作品には、フェルメール本人や、その作品にオマージュを捧げたものも見られる。創作活動を通じて尊敬の念を形にしたのである。ダリの感覚は、《ビキニと3つのスフィンクス》に見られるように一見派手に見えるが、実は、精密さを追求する古典をリスペクトするアーティストであることがわかる。

一方で、近現代のアーティストに対する評価は、きわめて厳しい。パブロ・ピカソにおいては天才性や霊感の良さは認めているものの、それ以外は惨憺たるものである。特に神秘性については気に入らなかったようである。また独創性や真実性についても、辛口の評価となっている。そのため、総合点数はダリ本人とダ・ヴィンチとの差（18点）よりも大きく乖離（41点）している。

さらなる厳しさは、エドゥアール・マネに対しても容赦なく向けられている。印象主義に多大なる影響を与えつつも独自の写実主義を貫き通したマネに対し、真実性には比較的高い点数を与えている一方、それ以外はほとんど評価していない。特に天才性と神秘性は全くないと結論づけている。

悲惨なのは、ピエド・モンドリアンである。カンディンスキーと並ぶ抽象絵画の祖であるにもかかわらず、散々な点数をつけられている。カンディンスキーとは対照的に原色を使った整然とした構図で「冷たい抽象」と呼ばれていたために、霊感や色彩の点数が低いことは予想できる

が、ほぼすべての項目がゼロに近い点数で、総合点も限りなくゼロに近い理由は、かなうことなら、ぜひとも聞いてみたいものである。

もっとも、彼自身の主観的評価であるため、完全にダリの好き嫌いがはっきりと反映された極端なものであることは否めない。ある意味では、天才を演じるダリのパフォーマンスとしても受け取れるが、逆にダリの好みもよく理解できる。

アーティストでありながら、鑑賞者として「様式や感覚はいったん度外視し、創り手に関する情報は脇に置いて、絵はこうやって見るのだ」と私たちに伝えていることがよくわかる。

アートを評価する際は、ダリが示した鑑賞者としての9つの「感覚」が1つの目安になると理解できれば、まずはよい。

▶感覚をつかまえる

ダリによる9つの項目は、感覚を判断するうえで、いずれも重要な意味合いを持っている。事実、鑑賞者としての基礎能力は、この9つで十分説明できるのではないだろうか。ただし、9つをあらかじめすべてインプットしておくのは困難なので、今後作品を見るときのためにも単純化しておこう。やや乱暴ではあることを承知で、傾向が近いもの同士を分類すれば、以下の3つになる。

①シグネチャー（Signature；技術・色彩・構図・独創性）……アーティスト固有の技術やテーマ、概念、そして、思想である。すでに述べてきた「超絶技巧」や「色彩」、そして、遠近法や「構図（多視点構図含む）」は、これに該当する。シグネチャーは、同じアーティストの複数の作品を見た経験があるならば、アーティストの「独創性」そのものとして、比較的簡単に認識できる。逆にある1つの作品からでも「らしさ」を見出せるのであれば、それがまさにシグネチャーだ。

②知覚力（Perception；霊感・主題・真実性）……アーティストが持つ、自然を鋭く観察し捉える能力、直感（霊感）を駆使して真実を一瞬にして把握する能力、それらを素早く主題として表現する能力が該当する。鑑賞者にとっての知覚力もこれと同じものなので、作品から主題と意味を読み取る際は、意識してほしい。

③魅力（Attraction；天才性・神秘性）……その作品が与える、論理では説明しにくいえもいわれぬ吸引力のことである。それは、凡人では理解が困難な、天才的な発想から起こるものだ。ダ・ヴィンチが、なぜ肖像画の背景を天地創造にしたのか、などの謎がまさにこれである。作品からにじみ出るアーティストの才能、時代を超越して感動させる神秘的な力は、誰もが直感的に受信できるものであろう。そこに理由は必要ない。

こうして、大きく3つのポイントを理解することで、受け手は背景知識がなくても、創り手の大まかな感覚を捉えることができるようになる。創り手の感覚を学ぶことをきっかけに、作品からさらに大いなる熱狂を引き出すことができるだろう。

4. わかる人以上にわかろうとする熱狂

▶さらなる熱狂にも耐える懐の深さ

アーティストの感覚を少しでも深く学べば、その熱狂が増幅されて伝わってくることが理解できただろう。それによるアーティストの原体験を追体験することが、アートマインドセットの目的である。

他方で、その感覚がはっきり理解できないまま、長年にわたって明確な解釈がなされないでいる作品も相当数存在する。しかし、熱狂的な鑑賞者により、それが突如として解明されることがある。作品に込められ

た熱狂をどこまで感じ取ることができるのかは、作品への愛着がなせる技でもある。

　ロンドンのコートールド・ギャラリーに所蔵される《フォリー・ベルジェールのバー》は、1882年に制作された、エドゥアール・マネが最後に手掛けた大作である。受け手の熱狂がその謎を解明し、創り手の熱狂を100年以上の時を経て今一度蘇らせた特異な作品である。

　マネは、印象主義のアーティストたちを、技術や資金などから全面的に支援しつつも、結局は印象派展には出品せず、印象派グループには所属しなかった。すでに紹介した《草上の昼食》や《オランピア》などで問題提起とともに革新的な感覚を見せつけていたものの、最後まで時の権威であるサロン（官展）に出品し続けたオーセンティックな画家である。本作も1882年にサロンに出品し、入選している。マネが亡くなる半年前のことであった。

▶ 客観と主観で作品を受け取る

　まずは、作品を見てもらいたい（図表6-6）。バーカウンターの中央には、身なりを整えた女性がたたずんでいる。彼女の前には酒瓶やフルーツ、花が並べられている。背後には、何やらにぎやかな社交場が映し出され、右側には男性の姿も見える。これらは客観的事実なので、どの鑑賞者も等しく受け取る情報である。[6]

　追加的な情報として主観や推測も交えながら、さらに作品に入り込んでみよう。

　まずは女性の表情である。呆然としているのか、そもそも感情が無であるのか、表情を読み取ることが難しい印象だ。さらに画面には、女性

---

[6]　ちなみにロンドンでは、ほとんどの美術館は無料だが、中心地にある美術館でコートールド・ギャラリーだけは有料である。そのため、同館には美術に詳しい鑑賞者の割合が、他館と比べて多い。それでも、ほとんどの鑑賞者は、この目玉作品をじっくり見ることはせず、せいぜい1分程度で作品を後にする。

の姿が右側にもう1つ見える。2人いるのか、いや身なりが全く同じであることを考えると、彼女の背中なのだろうか。酒瓶やテーブルも背後にあることから、これはきっと鏡なのだろうと推測がつく。

そうなると、後ろに映ったにぎやかな光景は、実は本来、彼女の視線の先にある前景なのだろう。受け手側の私たちの側に、これらの景色が広がっているため、前景にもまた奥行きがあるように感じられる。横にいる男性は、鏡を通して映し出された像であり、本当は彼女の前にいて話しかけているのだろう。

以上は、状況を補足するために主観を交えつつ推察したものだが、実際にコートールド・ギャラリーの対話鑑賞会においても、こうしたコメントが参加者から出ていた。

筆者の個人的な感覚では、この作品の前に立つと、滞在時間が長くなる。長く絵の中に留まっていられる作品なのだ。最初に目に飛び込んできたときの感想を一言でいえば、「美しい」「華やかだ」。他方で、幻想的で、どこか寂しげな空気感が漂う。

同じように、「美しい」「にぎやかだ」「はかなげだ」という感想を持って、この作品から立ち去る鑑賞者は多い。

しかし、この作品を前にして、筆者がいつまでも立ち尽くしてしまうのは、そのような「視覚的な情緒」だけが理由ではない。実は、気になる点があるのだ。筆者はこの作品に一目惚れし、ロンドン在住時にコートールド・ギャラリーに通った。職場が比較的近かったこともあり、1年以上もの間、平均して週2日以上はこの作品を鑑賞した。同館のスタッフやキュレーターとも顔見知りになり、この絵について情報交換もした。それでも、解明できない点は多かった。

疑問点はこうだ。もし背後の像が、鏡の映し出したものならば、鑑賞者である自分が映り込むはずだ。しかし、その姿など作品中にあるはずがない。代わりに、鏡の中には彼女の横にいて話しかけているように見える男性がいる。すると、鑑賞者は「彼」となって画面に登場しているのだろうか。そうでないとすれば、彼の実像はどこにいるのだろうか。

図表6-6 ▶ マネ《フォリー・ベルジェールのバー》(1882年)

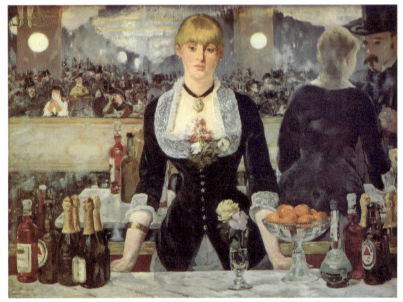

(コートールド・ギャラリー所蔵)

もしや鏡の世界は幻想であり、フィクションを描いているのか。そうであれば納得がいくのか。その程度の理解にしておいたほうが、作品に深入りしなくて済むだろうか。

ここまで来ると、すっかり作品の虜である。こうして、映し出された客観的事実から足りない理由を、主観的な推測によって埋めていくこととなる。

▶ **客観的事実を深掘りする**

ここから作品の意図を理解するには、マネがこの絵にどのように対峙したのかを知ることが必要になる。そのカギは、マネが制作に取り組む

に至った内的必然性にある。

　これはマネの最晩年の作品である。マネはブルジョアの裕福な家庭に育った。洒脱で気配りもできるパリジャンは、社交場にも顔を出した。ここに描かれているフォリー・ベルジェールは、マネが通った社交場の1つだ。ここはそもそもバーではなく、さまざまな催し物が行われる劇場（ミュージックホール）である。画面左上には、緑色のシューズと脚、空中ブランコのようなものが見えていることから、この日の催しはサーカスだったのだろう。この作品においては鏡が映し出した背景であり、女性の視線の先にある前景である。マネは、劇場の一角にあるバーの光景を切り取った。

　マネはこのとき、梅毒に苦しんでいた。左脚は壊疽が進み、歩くのもままならない状態であったといわれる。劇場でスケッチを描いた後は、自身のアトリエに、わざわざ劇場のバーそのままのセットを組んで制作に挑み、作品を完成させた。実際にバーテンダーを務めていたシュゾンという女性にモデルを依頼してまで、写実性を突き詰めた。

　晩年のマネは、若い頃に通ったこの劇場を懐かしく思ったはずだ。すでに外出もままならない容態となって、社交場やかつての仲間たちとの思い出はさらに募った。「ベル・エポック」と呼ばれた、パリの黄金時代を写し取る時代的な必然性もそこにはあったはずだ。アトリエにセットを組んでまで制作に向き合うほど、この作品に熱狂していたのだ。

　この作品を幻想的にしているのは、女性の後景として描かれる鏡だ。鏡を使いながら絵の中に全く異なる奥行きを創り出したベラスケスの《ラス・メニーナス》（図表3-7参照）にオマージュを捧げている。

　さらに、バーの女性の胸もとに、素早い筆触で花飾りを描いた点からも、本作へのオマージュが明らかだ。これは、マネが仕掛けた「わかる人にはわかる」暗号でもある。鏡は本作の主役である。ただし、鏡が映し出す像がずれているように見えるため、それがこの作品の違和感や神秘性へとつながり、多様な解釈を生むことになった。

　この作品が発表された当時より、鏡が映し出す世界の歪みは指摘され

ていた。

　「彼女の背中が鏡に映っているが、画家の不手際の結果であること
は間違いなく、彼女が話していて鏡に映っている紳士は絵の中には存
在しない。私たちはこの脱落を修復しなければならないと考えてい
る」

　これは、作品がサロンで展示された1882年に、フランスの週刊誌
『ジュルナル・アミュザン』に掲載されたコメントである。本来は男性
の実物が女性の前にいて、それを描かなければ、つじつまが合わないと
いうものだ。
　一方、所蔵するコートールド・ギャラリーは、鑑賞者に対して、以下
のように解説している。★7

　「マネは現地でスケッチを行ったが、この作品はすべてアトリエで
描いた。彼女は絵の中心である。彼女の謎めいた表情は、特に男性客
とやり取りしているように見えるので、不安にさせる。通常の遠近
法を無視し、マネは2人の姿を右にずらしている。左側のボトルも鏡
の中で同じようにずれている。この反射の戯れは、フォリー・ベル
ジェールの混乱した雰囲気を強調している。この作品においてマネ
は、複雑で吸い込まれるような構図を生み出した」

　所蔵する美術館においても、マネが反射をわざと乱しているとして、
非現実的な構図であることを示唆している。まるで、余命いくばくもな
いマネの創り出した幻想であるかのように。最期に鑑賞者に見せたの
は、現実と虚構の世界なのか。公式見解がそうであるように、このよう

────────

★7　コートールド・ギャラリー《フォリー・ベルジェールのバー》の館内キャプションを翻
　　訳。

な見方が美術史研究では広く支持されている通説である。

▶ 解明される違和感

　筆者は、その通説には違和感を覚える。マネは写実主義を貫いたアーティストである。自宅にセットを組んでまで、その写実性にこだわった。そんなマネが、幻想を描くのだろうか。批評家でなくても、マネの作風を知るものであればそう思わざるをえない。

　当時、斬新な描き方をした印象主義といえども、そのテーマは写実である。自己の内面や思いを、現実と混ぜて作品に描き込むようになるのは、アンリ・ルソーやシュルレアリスムの時代など、相当な時間が経ってからである。であれば、この絵画はいったいどのように説明がつくのか。

　そこにアプローチしたのが、美術家のマルコム・パークである。彼は自身の2001年の博士論文の中で、この構図が実際に実現しうることを証明した。フォリー・ベルジェール劇場の資料をもとに、背景になっている劇場の内部構造を3DCGで組成したうえで、マネと同じように実際にバーと鏡のセットをそっくりに組み、女性メイドと男性客を配置して構図の再現に挑んだ。さまざまに角度を計算しながら、多様なパターンを試した。その結果、鏡の中の世界が、作品とぴたりと一致する構図を創り出せることが証明された。それを再現したのが図表6-7である。

　構図上で、男性客は鏡の中だけに存在できることが証明された。女性客と向き合っているように見えるが、実は、女性に向かって正面からの視点ではなく、俯瞰図でいえば右に大きくずれた視点から斜めにカウンターを見ることで実現される構図なのだ。視点の立ち位置から左斜め上に伸びる破線の幅で示されたものが、マネの構図である。ちなみに、視点の高さはマネの身長から計算して、フロアから155センチ。すると図表6-7の下図のような構図が完成する。

　この実験により、《フォリー・ベルジェールのバー》は、マネが写実

186 第Ⅱ部◆アートが見せる革新的な価値創造

図表6-7▶マルコム・パークによる再現

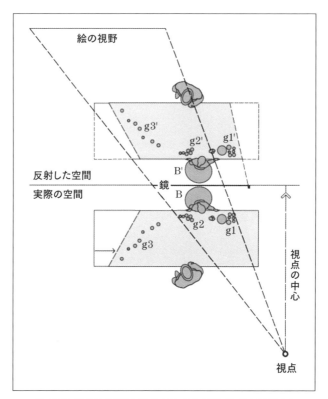

実現された構図

(出所) Park [2001] F38 (p.247) とF41 (p.249) を加筆修正。

図表6-8▶コートールド・ギャラリーの展示スペース

(出所) 筆者撮影。

主義を貫いて創り出した構図と鏡像であることが立証された。それまで、ほとんどの批評家は、「鏡像は幻想」と、違和感のある構図に納得のいくような説明をしていた。

しかし、パークのような熱狂的な鑑賞者が、マネの本当に意図したことを執念で証明することに成功した。サロンで人の目に触れてから、実に約120年が経っていた。これはまさに創り手の熱狂が、世紀を超えて受け手へと伝わった瞬間であった。筆者もまた、パークの熱狂を感じ取った。

この話は、筆者なりの続きがある。コートールド・ギャラリーでは現在、この作品を写真 (図表6-8) のように展示している。当館の公式解説

は、鏡像は幻想世界であるとのスタンスを崩していない。しかし、その前方右側には休憩用の椅子が置かれている。ただの休憩椅子であるし、その位置については特に説明もないが、筆者はここに明確な意図を感じている。作品が正真正銘の写実であるとの見解を認め、この椅子の配置こそがマネと同じ視点であることを示唆している。そんな意図を感じるのだ。

5. プロダクトで生み出される受け手の熱狂

　ここでは直感的な受け方を超えて、「わかる人にはわかる」という仕掛けが、創り手と受け手の熱狂を増幅させることを述べてきた。アーティストが奥深く仕込んだ熱狂という暗号は、時間をかけて受け手によって解読されることもあるのだ。その謎の解明に受け手が熱狂し、謎が明らかになった後には、作品にさらなる愛着を覚えることになる。それは、創り手とコミュニケーションが成立した瞬間なのだ。

　このように、受け手の熱狂を定義するのも創り手の熱狂次第である。創り手の熱狂なきところ、受け手のみが一方的に熱狂することなどはありえないのだ。

　ビジネスにおいても「熱狂の非対称性」は存在する。プロダクトに込められた熱狂を、受け手が感じ取ることができるのか。それには、「わかる人にはわかる」ポイントが仕込まれていることが重要だ。

▶スティーブ・ジョブズのマッキントッシュ

　最も熱狂的にビジネスを展開し、さらにスケールを大幅に拡大し続けたのは、やはりスティーブ・ジョブズ時代のアップルだろう。ただし、アップルのプロジェクトがすべて成功しているかといえば、そうではない。特に初期のマッキントッシュにおいては、熱狂しつつも成功とは言

いがたい結果をもたらした。

　ジョブズの内的必然性は、個人的必然性、時代的必然性、系譜的必然性の3つが揃っている。彼自身が欲しいものをプロダクトにしている点で、まずは個人的必然性を反映している。そして、個人でコンピュータを持つ創成期に、マイクロソフトとの強烈な競争をしながら個性を表現しようとする時代的必然性も存在する。

　何より、当時より彼がプロダクトに込めた、コンピュータ史上の系譜的必然性という視点で見ても、特異なプロダクトを生み出すことに成功している。独自のOSでクリエイティブなユーザー向けに創り出したマシンが、マッキントッシュであった。当時のコンピュータに抱く、まさに映画『2001年宇宙の旅』のHAL9000のような冷徹で怖いイメージとは対照的に、フレンドリーな印象を与える画期的なものであった。カリグラフィを学んだジョブズは徹底的にフォントにこだわり、細部に隙のない完成されたプロダクトを生み出した。

　また、プロダクトとしては完成しているので、ユーザー自身でアップグレードできないよう特殊な工具で筐体を開けられないようにしてしまう。しかし、中身を開けることができたならば、知る人のみぞ知る仕掛けが施されている（図表6-9）。

　そこには、ジョブズをはじめ、他のエンジニアたちの名前がサインされているのだ。あたかもアーティストの作品のように。アート作品であれば、創り手がサインして当然だ。ジョブズはそう考えたのだ。マッキントッシュ開発チームに所属し、ソフトウェア開発を行っていたアンディ・ハーツフェルドによる次の記述が、このことを詳細に物語っている。★8

　「マッキントッシュのチームはアーティストの集まりだったから、サインをするのは当たり前のことだった。各メンバーのサインをプラ

★8　Hertzfeld［1981］.

図表6-9 ▶ マッキントッシュ(128K)に施されたサイン

(出所) Macテクノロジー研究所。

スチックケースに彫り入れるという、とんでもないアイディアを思いついたのはスティーブだ。製品となるあらゆるMacの内側に我々のサインが付いた。ほとんどのお客さんの目に付かないのは、Macの内側を見るには特殊な工具が必要だから。とはいえ、我々は自分たちの名前が刻印されていることを誇りに思った、誰も気づかなかったとしてもね」

このようなファンをくすぐる仕掛けが、ユーザーにとってはたまらないポイントとなる。それは、アップルのプロダクトの「わかる人にはわかる」暗号として、プロダクトに内在する。そんなアーティスト集団の

プロダクトなら使ってみたいと思うだろう。アップルのプロダクトは人々の情緒をくすぐり、高い値段でも買いたくなるだけのブランド力があるといわれる。[9]

　ここまで見てきてわかるように、それは単にブランディングうんぬんで片付く話ではない。感覚的にシグネチャーを入れ込んでいるだけでもない。スティーブ・ジョブズら創り手たちの熱狂がまさにそうさせているのだ。

　他にも、アートの文脈を知る人にとっては、アップルの「わかる人にはわかる」は確認できる。たとえば、マッキントッシュのファインダーアイコンである。初代アイコンは、アンリ・マティスを、そして、現在まで引き継がれている顔をかたどったブルーとホワイトのアイコンは、パブロ・ピカソへのオマージュといわれている。必ずしもジョブズの指示によるものとはいえないが、いずれにしてもジョブズは生前、「Think different」キャンペーンにおいて、ピカソの肖像を使うなどして、アーティストへの尊敬の念を示している。

▶ 熱狂的なものづくりへ

　受け手は自身の感覚で、創り手の熱狂を感じ取ったときに、その作品への愛情をさらに深める。そこで初めて「熱狂の非対称性」は軽減され、創り手の意図を感じることができ、作品に大いなる尊敬と愛着を持つようになる。

　愛着はブランドによって生み出されるものではなく、尊敬と愛着こそがブランドを生み出すのだ。アートはそのような、作品を中心に置いた創り手と受け手の本来的な関係性を教えてくれる。それはプロダクトでも同じことだ。

　熱狂し、ひたむきに何かに想いを込める。そこから受け手ができるだ

★9　Galloway［2017］.

け多くのことを受け取ってくれれば、プロダクトはもちろん、創り手に対しても尊敬と愛着を持つはずだ。それはブランドと呼ばれる無形資産をはるかに超越した、ものづくりの根源といえる。

ただし、ビジネスの脈絡では、その伝播にスピードと効率性が要求される。受け手に熱狂してもらうのを待たずに、寿命が尽きてしまってはならないのだ。

第 **7** 章

アーティストの存在を浮き彫りにするアートマインドセット

D'où venons-nous ?
Que sommes-nous ?
Où allons-nous ?

我々はどこから来たのか？
我々は何者か？
我々はどこへ行くのか？

—— ポール・ゴーガン

It's terribly dangerous for artists to fulfill other people's expectations.

アーティストにとって、他の誰かの期待に応えようとするのは、あまりに危険すぎることだよ。

—— デヴィッド・ボウイ

1. アートマインドセットを俯瞰する

　創り手の熱狂が込められていなければ、それはアートとはいえない。アート作品とは、受け手が創り手の熱狂を感じ取ることができるようになっている。そうでなければ、ごまかしにすぎない。

　本書では、カンディンスキーが述べたアート作品が成立する要件、すなわち「熱狂→感覚→作品→感覚→熱狂」の関係性をアートマインドセットと呼び、各要素を考察してきた。

　ここからは第3章から第6章までの内容を受けて、これら要素の骨子を改めて確認し、アートマインドセットの枠組みに沿って整理してみよう。

▶ 熱狂の源泉——内的必然性の3A

　創り手は、なぜ作品を作ろうとするのか。それは、何らかの原体験が存在するからである。その原体験をもとに、内的必然性に従って創造に取り組む。内的必然性とは、個人的必然性（Aspiration）、時代的必然性（Age）、系譜的必然性（Ancestry）の3Aである。

　すべてが揃っていれば、創作活動に取りかかるうえで、これ以上の強固な理由はない。なかでも、とりわけ系譜的必然性が作品を特別な存在にしていく。

　個人的必然性と時代的必然性は、創り手の心の内に存在する主観的な情熱である。一方、系譜的必然性は、これまでの歴史を振り返っても存在しない表現を新たに提起しようとする使命感である。人々の価値観を刷新するほどのインパクトを持ち、その後の歴史に明らかな影響を与え

る意味で客観的に確認できるものだ。

　そのため、系譜的必然性によってもたらされた価値は、一度認められたら時代を一変させるほどの不可逆性を持つ。まさに「彼以前、彼以後」という表現がふさわしいほどの転換点を迎える。アート作品が長きにわたって称えられながら存在できるのは、この理由が大きい。

　ただし、3つの内的必然性はすべて関連している。アーティストは自ら表現したいと思ったこと、その時代だからこそ表現しようとしたことを、最終的に系譜のうえで表現するというアプローチをとるからだ。

　アーティストは、そうして世界を永遠に変えてきた。

▶ 創り手の感覚──シグネチャーとオマージュ

　創り手が熱狂を作品に込める際は、自身の内面を外側に描き出す。そのときに駆使するのが、創り手の感覚である。感覚とは、創り手の持っているテーマ、技術、思想を表す。そこで用いられる創り手独特の感覚が「シグネチャー」である。それは、創り手を一目に識別できる「サイン」であり、「看板」でもあり、そして「記号」なのだ（図表4-10参照）。

　アーティストは、そのシグネチャーを敬意とともに模倣し、模倣されることを好む。いわゆる「オマージュ」である。アーティストは、オマージュされた瞬間、それに続くアーティストにも認められる存在となり、系譜上重要な位置づけとなる。レオナルド・ダ・ヴィンチのスフマートや空気遠近法、クロード・モネの筆触分割や素早い筆致、セザンヌの多視点構図や構築的筆致などを見れば、誰が創始者かの判断はおおよそつく。模倣されることでもアーティストは永遠に生き続けるのだ。

　感覚は作品を良くするために機能するが、それだけではない。創り手の熱狂を外部に引き出す役割も担う。熱狂が高まれば、アーティストはそれを受けて外部にアウトプットできるだけの感覚を磨かなくてはならない。

▶ アート作品──ごまかしか否か

　アート作品には、必ず熱量が込められている。創り手が感じていた熱狂が、その独特の感覚を通じて作品に保存される。逆説的に言うならば、熱狂のない作品を生み出せば、それこそがカンディンスキーのいうごまかしの産物となる。

　つまり、単に美しいからという視覚的理由だけで感覚を発揮して作品を創っても、そこに熱狂がなければ模様やイラストと同じである。逆に創り手がイラストや漫画、ただのデザインなどと呼んでいたとしても、そこに創り手なりの熱狂が大いに宿っていて、それが十分に表現されているのであれば、アート作品といえるのである。

　たとえコミッション（依頼）であっても、創り手は本人の創りたいものを生み出していることが多いはずだ。「そこを赤に塗ってくれ」とクライアントからリクエストされても、熱狂をもって作品に接しているなら、意にそぐわないものは応じないだろう。

　そうした要望を聞いてしまえば、次第に創り手の意志は弱まり、アート作品と呼べるものではなくなっていき、最終的には単なるデザインや模様になってしまう。創り手の創造活動は、いかに熱量を作品に込めていくのかにかかっている。

▶ 受け手の感覚──好きなものは好き

　鑑賞者である受け手は、アーティスト本人ではなく作品と対峙する。つまり、創造物から何かを受け取る。よく知らないアーティストであれば、単純に美しさや、不思議さなどで「感じる」であろう。

　実のところ、最初の段階ではそれでよい。というよりも、そうするほかにない。そのため、多くの人を魅きつける名画には、まずはそのような間口の広さがある。ポップであったり、美しかったり、爽やかな印象であったり、コミカルであったり。受け手に「好きなものは好き」だか

ら仕方ない、と思わせるだけの力を持っている。

その後、そのアーティストの問題意識が見え隠れするようになれば、アーティストの感覚を学ぶ必要がある。創り手と受け手の間には「感覚の非対称性」があるからだ。芸術性の高いアーティストや、系譜上革新的なことを試みるアーティストと鑑賞者との間には大きな感覚の隔たりが存在する。もし情緒的にでも気になった作品とそれを生み出したアーティストがいれば、受け手はその感覚を学ぼうとするかもしれない。

しかし、著名なアーティストを除いては情報が整理されていないこともあり、自身でその感覚を解釈することは困難だ。また、情緒的に好きなレベル程度では、そこまで熱心に学ぼうともしないだろう。

そこで重要な役割を果たしてくれるのが、キュレーションである。初めて出会う創り手の感覚については、その意味を解釈し、紹介する存在が必要だが、アート界では価値伝道の補完者として美術商の存在がある。彼らは、作品が受け手の感覚に深く訴えかけない段階でも、創り手の感覚を咀嚼して解説する。そうすることで受け手は、創り手の感覚を知り、自身の感覚を高めることができる。彼らによって感覚を高められれば、受け手は作品とそのアーティストに熱狂するきっかけを得る。

▶ 熱狂の追体験——わかる人にはわかる

感覚を通して、作品の好き嫌いが判断できるようになれば、次第にその作品に保存された熱量を感じられるようになる。創り手の感覚を学び、受け手自身が感覚を高めていけば、おのずと創り手の熱狂が感じられるのだ。

いわば、創り手が作品に込めた「わかる人にはわかる」ポイントを理解できたとき、受け手はさらに作品に愛着を持つことになる。そして、その作品を理解しようと、さらに没入するだろう。ともすれば、偏愛によって自分なりに通説以上の理解を得ようと試みることもあるだろう。それらは、受け手が熱狂している状況でもあるが、実は、創り手の熱狂

図表7-1▶アートマインドセット

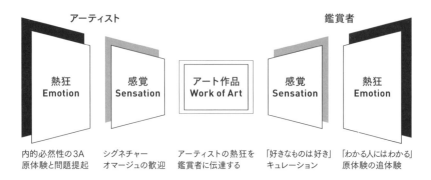

を理解しようとする行為にほかならない。

　こうして、創り手と受け手の間の「熱狂の非対称性」を減らすことが可能となる。

　このように、アーティストは自身の熱狂を、感覚を通じて作品として創り上げ、鑑賞者の感覚を通じて、彼らに熱狂を追体験させている。作品は熱狂の伝達手段なのだ(図表7-1)。

2. アーティストの熱狂を鑑賞者の熱狂へ

　ここからは、アーティストが、どのようにしてアート作品を通じて鑑賞者とつながっているのかを確認するため、彼らとその作品をアートマインドセットのフレームワークに落とし込んでみよう。アーティストが熱狂や感覚をもとに生み出した作品については、本書でも個別に取り上げてきたものである。ただし、鑑賞者の感覚や熱狂は、鑑賞者によって異なるため、当該アーティストに対する一般的な認知や評価をもとにしている。

　11人に及ぶアーティストのマインドセットを知ることで、各アー

ティストが作品を通じて、いかに鑑賞者とコミュニケーションをとっているのかを見て取ることができる。アーティストは、作品を通じて感覚をシンクロさせながら、どのように自身の熱狂を鑑賞者に追体験させているのか。

　なお、より明確に彼らの考えを知るために、各アーティストが革新的な展開を図ろうと思い立ったタイミングと作品に限定した。

▶ ワシリー・カンディンスキー

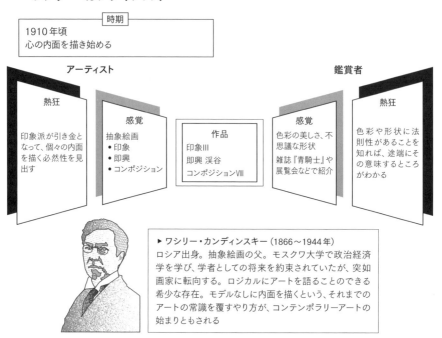

　カンディンスキーは、心の内面を描こうと熱狂し、形や色彩を印象・即興・コンポジションという感覚を用いて抽象絵画の基礎を創り上げた。鑑賞者は、作品から豊かな色彩や、不思議な形を美しいと感じ取る。そして、その謎を解く過程でカンディンスキーの内面に起こった出来事が、色彩や形態に影響を及ぼしていること、さらにそこに一定の法則があることを知ると、その奥深さに熱狂する。

▶ レオナルド・ダ・ヴィンチ

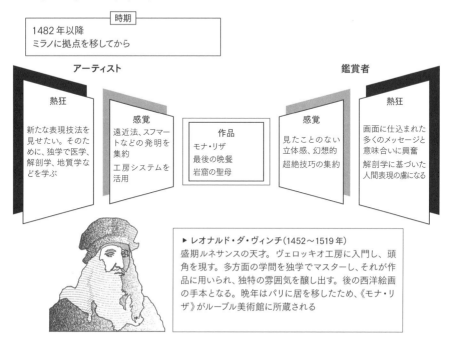

ダ・ヴィンチは、フィレンツェからミラノに拠点を移し、そこでも自身の工房を持った。この時期は、ダ・ヴィンチが《岩窟の聖母》の依頼を取りつけた頃である。自身の熱狂を追求できるようになった結果、多くの傑作が生まれ始める。視覚で見たものを絵画で表現することに熱狂し、多様な学問を学んで技術を極度に高めた。そして、一点透視図法や空気遠近法、さらにスフマートといった、ルネサンス絵画を代表する感覚を独自に追求して超絶技巧へと進展させた。

鑑賞者は作品に幻想性を感じるが、彼の作品にはそれにとどまらぬほどの吸引力がある。巧みに仕込まれたコードがあることを知ることで、作品に熱狂する。

▶ ヨハネス・フェルメール

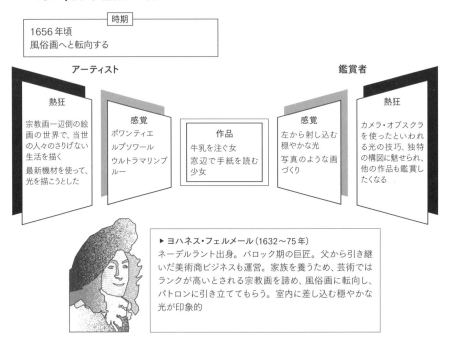

　フェルメールは風俗画に転向し、庶民の日常を描くことに没頭した。その主題を描くため、レンズやカメラ・オブスクラといった、当時の最新技術を取り入れるほど熱狂した。★1 そして後に彼のシグネチャーとなる、ポワンティエやルプソワールといった感覚が確立したともいわれる。

　鑑賞者は、室内に差し込む穏やかな光や奥行きを感じ取り、大いに魅了された。他のバロック期のアーティストと同じく明暗を使いこなすが、それを宗教や神話でなく、日常の穏やかさを描くために活用している点で、異色の存在として認識される。当時の最新技術に裏打ちされていること、さらに自身の他の作品との関連性があることを知るにつけ、フェルメールの探究力に感服し、熱狂することになる。

★1　Steadman [2001], Hockney [2006].

▶ フランシスコ・デ・ゴヤ

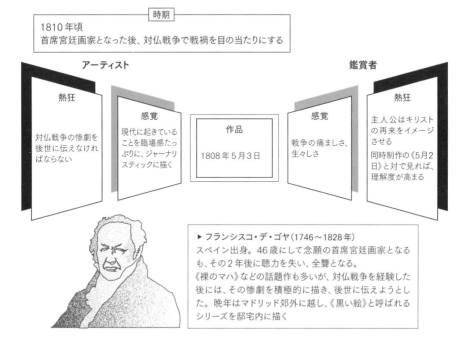

　ゴヤは、念願の首席宮廷画家になったものの、全聾となってしまう。その後に名作を生み出すが、対仏戦争に直面し、王宮は激動の時代に翻弄されていく。ナポレオンの撤退後、彼は戦争の悲惨さを後世に伝えることに熱狂し、明暗法などのドラマチックな感覚を交えて、ジャーナリスティックな作品を生み出した。

　鑑賞者は、当世に起きていた悲惨さを、ゴヤ独自の感覚をもって生々しく知ることになる。そこから、作者がいかにその作品に取り組んだのか、いかにフランス軍が蛮行を繰り返したのかを自身で知るきっかけとなれば、ゴヤ本人の熱狂を追体験することとなる。

▶エドゥアール・マネ

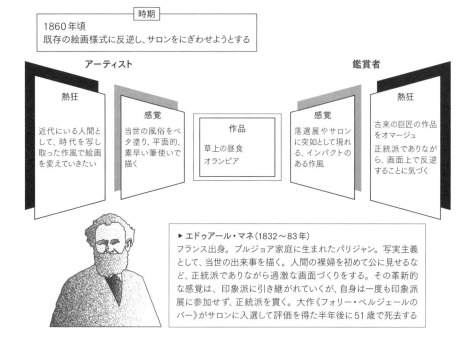

マネは、19世紀の近代に生きる人間として、当世の出来事を次世代に伝えようと考えていた。当時の権威であったサロンに出品しながらも、その枠組みでタブーとされる題材を選び、権威の価値観を変革しようと熱狂していた。その結果、ルネサンス以来の古典主義とは異なるベタ塗り、平面、素早い筆さばきといった新感覚にも挑戦し、絵画革命の先鞭をつけた。その感覚は、後の印象派へと引き継がれていく。

鑑賞者は、破廉恥ともいえる攻めすぎた主題による作品から、良くも悪くもえもいわれぬ新しい感覚を受け取った。多くの批評も巻き起こしたが、それこそがマネが世の中に投げかけた問題提起である。批評を通じて浮き彫りになった新しい感覚がわかると、世の中は彼を再評価した。

▶ クロード・モネ

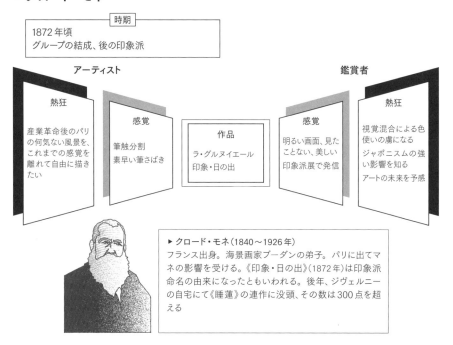

モネは、マネから多くの影響を受け、技術的にも経済的にも支援を受けた。産業革命による新たな時代の風景を切り取るのにふさわしい表現をしたい。そのことに熱狂し、仲間とともに新たな感覚の開発に取り組んだ。マネ譲りの素早い筆さばきと、絵の具をパレットで混ぜない筆触分割で、明るく動きのある作品を創り出した。

鑑賞者は、その明るさや色彩の豊かさを評価した。一方で、ルネサンス期のような写実絵画が中心であった当時では、批判も多かった。しかし、当世に必要な感覚で世界を表現するというモネの内的必然性に触れたとき、鑑賞者は、絵画の革新的なアプローチとして彼の作品に熱狂するようになる。浮世絵や日本文化の影響を受けたことが知られるようになると、さらなる熱狂を呼んだ。

▶ ポール・セザンヌ

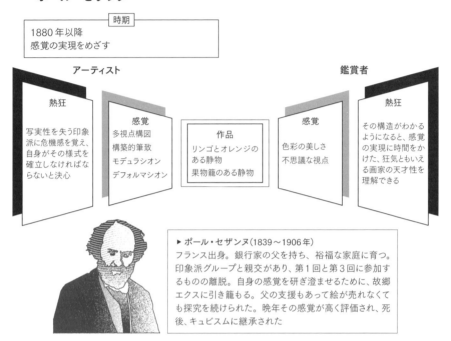

　セザンヌは、モネの率いる印象派が台頭する時代において、雰囲気や動きを重視した画面作りが主役となり、絵画が輪郭を失っていくのではないかと危機感を覚えた。そうして、自身の様式を高めていくことに熱狂する。これまでの絵画の作法をいったん脇に置き、多視点構図や構築的筆致などの独特の感覚を発揮して、作品を創った。

　鑑賞者は、これまで見たことのない不思議な感覚にとらわれる。どこかおかしい、しかし整然と画創りがされている。しかも、多様で美しい色彩。このような感覚でセザンヌの作品を受け取ることになるだろう。それをきっかけとして、セザンヌの感覚を調べるようになれば、絵画が到達した新たな境地であることを思い知らされる。感覚の実現として、鑑賞者の熱狂と礼賛の対象となり、セザンヌは「近代絵画の父」と呼ばれるまでに至った。

▶ ポール・ゴーガン

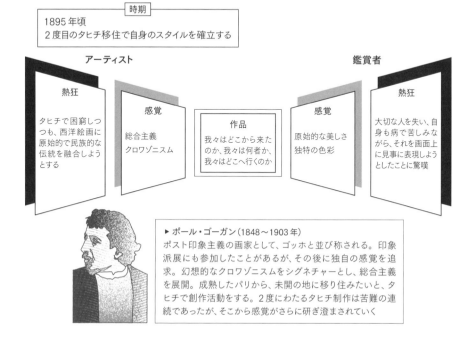

ゴーガンは、未開のイメージのあったタヒチで創作活動をしたが、経済的にも肉体的にも、そして精神的にも困窮した。その中で、自身が描くべき主題も死生観を伴うものが多くなり、いよいよ自殺をするつもりで、そこにすべての感覚を取り込んだ作品《我々はどこから来たのか、我々は何者か、我々はどこへ行くのか》に取りかかった。

鑑賞者は、ゴーガンの作品から原始的な美しさや、クロワゾニスムによる独特の表現法と色彩を感じ取るが、この作品はその究極である。死を覚悟した表現ゆえ、他の作品とは一線を画する感覚を受け取る。さらに探究すると、西洋祭壇画やキリスト教の教理問答が内在していることを知ることになる。ゴーガンがタヒチで遂げようとしたこと、そして彼の宗教観などを知ることになり、ゴーガンの創作態度、さらには彼自身に熱狂を覚える。

▶ パブロ・ピカソ

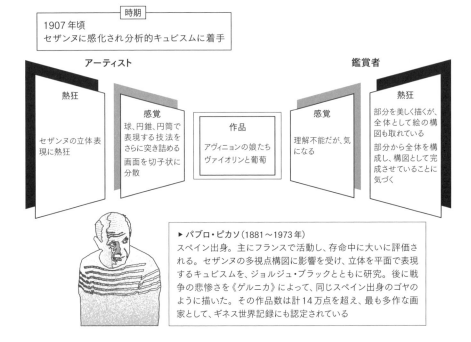

　ピカソは、セザンヌの絵画を見て熱狂したうちの1人だ。セザンヌの実現した「自然は球、円錐、円筒として取り扱わねばならぬ」という感覚を継承し、さらに明確化して追求した。それは後に「キュビスム」と呼ばれる。

　鑑賞者は、さらに難解になった立体性を感じ取り、理解しがたい感覚にとらわれる。しかし同時に、なぜか全体的に不安定さがなく、落ち着いた構図に収められていると感じる。これこそ、ピカソが追求した部分と全体を同時に達成しようとする立体構図であった。鑑賞者は、ピカソの熱狂的な意欲を知り、近代絵画に新たな革命を起こそうとする彼のエネルギーに興奮する。

▶ サルバドール・ダリ

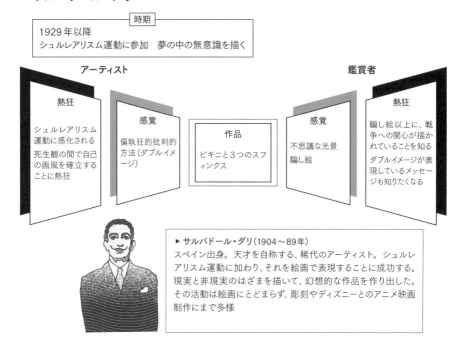

ダリは、シュルレアリスム運動に加わり、それを絵画的に表現することに熱狂し、独自の感覚である偏執狂的批判的方法（ダブルイメージ）を確立する。その感覚に基づいて創造された作品は、不思議なオーラを放っている。

鑑賞者は、現実と非現実の間に漂う騙し絵のような感覚に、これまでに味わったことのない感覚を覚える。それだけでも、ダリ人気を支えるのに十分な理由であった。しかし、実は単なる騙し絵ではなく、2つ以上の異なるメッセージが含まれていることを知ると、大いに熱狂する。

▶ アンディ・ウォーホル

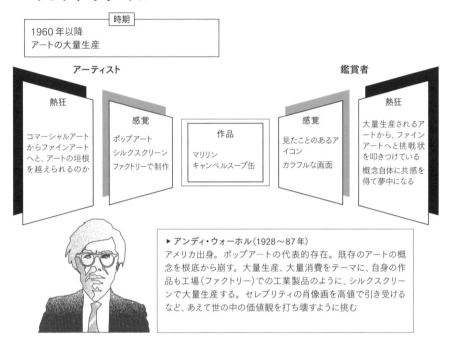

　ウォーホルは、コマーシャルアートをファインアートたらしめるために概念自体を変革しようと熱狂した。ポップアートと呼ばれる感覚をもとに、シルクスクリーンで作品を大量生産した。さらに、その制作方法についても独特であった。これまでのアーティストが持った工房ではなく、あえて「ファクトリー」と呼んで、アートの工業化を意識させた。

　鑑賞者は、時代のアイコンをモチーフにした作品を見て、親しみを感じる。しかし、それがアートの概念そのものを変革させる意図で創られたものであることを知ると、彼の姿勢を評価し、熱狂する。

第7章◆アーティストの存在を浮き彫りにするアートマインドセット　211

　このように見てくると、すべてのアーティストにおいて、作品がいか
に鑑賞者に訴えかけ、認められ、そして熱狂されているのかが理解でき
る。ただし、これらアートマインドセットから汲み取ってほしい点は、
当てはまりの良さや優れた説明力ではなく、アートマインドセットが持
つ、これまでの価値創造を超えたイノベーションのあり方である。

3. 熱狂でつながる

　アーティストと鑑賞者は作品を通してコミュニケーションを図ってい
る。これまでのアーティストとその作品からわかることは、①感覚レベ
ルで通じ合うことで多くの人に好まれ、②熱狂レベルで通じることで長
く敬愛される作品になっているということだ。

　多くの作品は、感覚で通じ合っているといえる。これは、アーティス
トの感覚を、鑑賞者が「美しい」「不思議だ」などの形容詞的な表現で
直感的に受け取る関係を意味する。フェルメールの使ったポワンティエ
やルプソワールといった感覚は、穏やかな日常における室内風景として
鑑賞者が楽しめる根拠になっている。モネが使った筆触分割は、鑑賞者
にとって明るく豊かな色彩として認知されている。ダリが使った偏執狂
的批判的方法は、騙し絵として楽しむことができる。このように、アー
ティストとの間で感覚のシンクロが成立したとき、鑑賞者はその作品と
アーティスト本人を好み、アートを楽しむことができる。

　これに対して、アートに心酔する人々、あるいはアートを専門にする
人々は、熱狂レベルでアーティストとつながっているはずだ。鑑賞者が
表現技術以上の意味を見出し、より深いレベルで作品を理解しようとす
ると、彼らの関心はアーティストがなぜそれを生み出したのかに向か
う。そうして自分なりにでも調べ始めれば、熱狂レベルに足を踏み込む
ことになる。

　その過程で、アーティストが作品を生み出したきっかけ、時代背景、

図表7-2▶熱狂でつながっているか

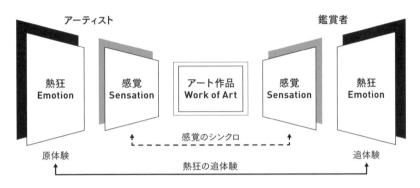

　そして、美術界への貢献意欲などを知ることになる。それこそが、熱狂のコミュニケーションである。アーティストの熱狂を追体験することになるのだ（図表7-2）。

　ダ・ヴィンチの作品から超絶技巧による幻想的な感覚を得る。それでコミュニケーションが終わる場合もある。しかし、どうしても気になった鑑賞者は、リアリティのある人間描写がなぜ可能になるのか、その理由を探ることになる。ダ・ヴィンチが人々を驚かせる表現をするために、実に長くの時間をかけて多様な学問を追究したことを知る。それがわかれば、すっかりアーティストの虜になってしまうだろう。

　平面的でベタ塗り、といった感覚で女性の裸体を表現するマネの作品から、鑑賞者は直感的に衝撃を受ける。しかし、それだけで満足しない。なぜ、マネがそのような作品を創ろうとしたのか。そこからは熱狂レベルでのコミュニケーションになる。鑑賞者は、当時の絵画芸術が持つ限界を超えようとして挑戦を続けたマネの熱狂を追体験する。マネが複数の作品で、時の権威に挑戦を続けた反逆のアーティストであること、印象派のグループがマネを尊敬したことを知れば、ファンになってしまう。それこそが熱狂のコミュニケーションだ。

　このように、世紀をまたいで愛される作品は、感覚レベルでは言うま

でもなく、熱狂レベルでもコミュニケーションを成立させているのだ。そこにある深い考察に耐えられるからこそ、長きにわたって鑑賞者を魅きつける力を持つ。

　私たちがアーティストから学ぶべき点は、まさにここにある。ものづくりにおいて、デザインの良さや見た目の美しさは、ユーザーの感覚に訴えかけるうえで不可欠の要素だ。しかし、それだけでものづくりは終わらない。ユーザーに長く愛してもらい、後にそれがイノベーションであったと認めてもらうには、そのデザインである理由、すなわち、メーカーの熱狂や、それをもたらした原体験まで表現されていなければならない。アートマインドセットからは、このようなことを学ぶことができるのだ。

　本章では、第2部で見てきたすべての要素を統括し、「熱狂→感覚→作品→感覚→熱狂」へと再び集約して、アートマインドセットとはいったい何であるのかを明らかにした。それは、アーティストに限らず、すべてのものづくりの担い手が備えておくべき心構えである。

　いわば、イノベーティブな価値創造の本質なのだ。外見上に現れるデザイン（感覚）を超えて、作品がアートたるためには、創り手の熱狂が必要であることを改めて認識することになった。それを無視して、受け手だけを一方的に熱狂させることなど、到底ありえないのだ。

　では、ビジネスの脈絡においては、どうあるべきか。

　続く第Ⅲ部では、アートマインドセットに基づく価値創造活動をビジネスに転写すれば、事業態度がどのようにアップデートされていくのか、そして、あるべきビジネスモデルの概念はどのようになるのかについて検討する。

第III部 熱狂する ビジネスモデル

ここまでは、個別のアーティストやアート作品を観ながら、アートにおけるイノベーティブな価値創造のあり方を、アートマインドセットによって明らかにしてきた。本書の締めくくりとなる第III部では、アートとビジネスの交差点を浮き彫りにすることを試みる。アートマインドセットをどのようにビジネスに転写するのか、そこからビジネスモデルの概念をどうアップデートするのかについて述べる。さらに、概念で終わらせないために、新たなビジネスモデルのフレームワーク「バリュー・インターセクション」を提示する。

第 **8** 章

アートマインドセットを
ビジネスに転写する

During my life, I have put on and taken off four hats: artist, scientist, designer, and engineer.

これまでの人生で、私はアーティスト、科学者、デザイナー、エンジニアという4つの帽子をかぶったり脱いだりしてきた。

——リッチ・ゴールド

ここまで、アーティストの熱狂から感覚を通じてアート作品が生まれ、それを鑑賞者の感覚を通じて熱狂を復元するというアートマインドセットを見てきた。このマインドセットをビジネスに取り入れることで、価値創造のあり方はどのように変化するのだろうか。

　本章では、ビジネス・アートマインドセットが具体的にどのようなものであるのかを、第Ⅱ部の要旨を踏まえながら示すことにしよう。

1. ビジネスへの転写

　一連の要素からなるアートマインドセットは、カンディンスキーのたった1行のシンプルな一文「熱狂→感覚→作品→感覚→熱狂」が始まりであった。わずか1行に、アーティストが価値創造に向かうときに心得ておくべき考え方が十分に凝縮されている。そう確信したため、本書はそれをフレームワークとして構築した。

　この枠組みは、すべての「創り手」において有効な考え方といえる。それは絵画、音楽、漫画、あるいは映像などの分野にとどまらない。ビジネスにおける「ものづくり」すべてに適用されるべきであるとの考えを持っている。以降では、この考え方をビジネスに転写していこう。

▶ ビジネスマインドセットへの適用

　どの企業も、プロダクト開発とその後の評価に思い悩んで久しい。だからといって、これといった明確な切り口を持っているわけでもない。

　カンディンスキーが示したアート作品のあるべき姿をビジネスに転用できれば、企業の価値創造活動は革新的になるのではないだろうか。そ

図表8-1 ▶ アートマインドセットをビジネスへ転写

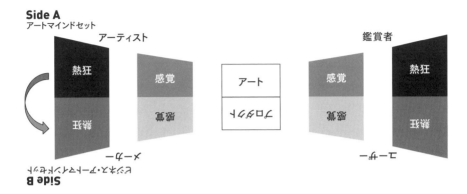

のフレームワーク化を試みたのが図表8-1である。

アート作品への取り組み姿勢を「サイドA」とすれば、それをビジネスサイドである「サイドB」に転写できれば、ビジネスパーソンの価値創造への取り組み姿勢は変わるはずだ。つまり、アートマインドセットをサイドBで展開する。これが「ビジネス・アートマインドセット」である。ビジネスにおける価値創造に、どのような新しい示唆がもたらされるのだろうか。

▶ メーカーの熱狂の源泉——原体験と問題意識

企業の熱狂とは、とりもなおさず価値創造の理由である。特にイノベーティブなプロダクトを生み出したいと思っているのであれば、この点は強く意識する必要がある。

なぜ、それをする必要があるのか。

価値創造の理由が「儲かるから」「他社もやっているから」「なんとなく」であってはならない。仮にアーティストがそのような態度で制作に臨めば、結果として生み出される作品がいかに無意味なものになるのか

は、すぐさま理解できるだろう。

　イノベーティブなプロダクトを生み出すときは、起業家や事業責任者は、そのきっかけとなった原体験を探るべきだ。それは偶然に出会うこともあれば、過去すでに通り過ぎてしまった何かであるかもしれない。このとき、原体験を明確にするには問題意識を持つことが不可欠である。

　ビジネスの目的が「問題解決」である限り、ビジネスパーソンは常に課されている問題を解こうとする。しかし、アートマインドセットを軸とすれば、このスタンスは大きく変えなければならない。技術進化が早く、昨日は想像もしなかったことが起こる世の中では、誰も問題を示してくれない。何が問題なのかを常に意識し、解いている問題が本当に適切なのかという「問題提起」の姿勢を持たなければならない。

　それを突き詰めるうえで、内的必然性はきわめて有効な概念である。すなわち、なぜそのビジネスをしようと思ったのかという個人的必然性、この時代だからこそそのものが問われる時代的必然性、さらにはこれまでのビジネスの中でどのような位置づけになるのかを考える系譜的必然性である。

　誰かがすでにやっていることの繰り返しではないか？　人々の行動を変えるほど革新的なものであるのか？　などと、自身に課すべき問題は実は非常に多岐にわたる。

　これらのことが明確になっているか否かで、この先ビジネスを進めるにあたって大きな違いが出てくる。原体験と問題提起は、そのまま「ストーリー」となる。人は、ストーリーにこそ価値を感じるのだ。試しに、身近にある起業ストーリーや開発秘話を、この原体験と問題提起に照らし合わせてみてほしい。必ずフィットするものが、有名企業や名物プロダクトには存在しているはずだ。

　それが存在しないプロダクトやビジネスの価値は希薄で空虚であり、誰かの気に留まるようなものにはならない。熱狂を標榜するストーリーこそが、ユーザーのニーズや単純なデザインの良し悪し、あるいは短絡

的なプロモーションを大きく超越する源泉となるのだ。

▶ メーカーの感覚──シグネチャー

　原体験や、それを引き出す問題意識がベースとなって、企業が世の中に向ける「問題提起」が明らかになっていく。それを企業が持つ感覚をもとに、現段階での「解」としてプロダクトに体現していく。熱狂と無関係に、感覚のみをもってプロダクトを生み出すこともできる。それが偶然ヒットすることもあるだろう。ただし、感覚はあくまでも手段である。何らかの目的を、プロダクトに結実させるための手段にすぎないのだ。

　企業の感覚とは、企業が持つ技術、テーマ、思想などの集合体のことである。それが重要であることは否定しないが、そもそも伝えるべき熱狂や原体験、問題提起がない限り、プロダクトは機能の塊となり、大切な何かが保存されることはない。ゆえに人々は、情緒的価値や熱量を感じない。そのようなプロダクトは、マーケットに埋もれ、今後歴史に名を残すこともないだろう。

　その脈絡においては、単に機能や技術のみではプロダクトの良し悪しは、もはや証明できない。いくら技術力に優れていても、原体験からくる熱狂を表現するのにふさわしいプロダクトでなければ、言い換えれば、感覚に先んじる熱狂との関係性がなければ、機能的プロダクトの域は出ないのである。

　ビジネスでは、熱狂と感覚の関係性を認識できて初めて「シグネチャー」が意味を持つ。逆に熱狂なく、表面的なシグネチャーらしきもののみで戦っている企業は、簡単に模倣されるだろう。それは、アーティスティックな企業のデザインやロゴを真似しただけの産物なのかもしれない。

　このことは、デジタル領域でのアプリケーションであっても例外ではない。問題を提起し、自ら解決するメーカーは、優先事項を理解してい

る。さまざまな制約の下で実装する機能に取捨選択が必要な場合、企業によって重視するべき事項は異なるはずだ。同じようなサービスを提供する企業であっても、ユーザーインターフェースやユーザーエクスペリエンスに優劣の差ができるのは、こうした理由によるところが大きい。

なお、企業が卓越した感覚を発揮できたとすれば、今度は良い意味で模倣されていく。敬意のある模倣は、オリジナルの功績がいつまでも称えられる意味で歓迎してもよい。偉大なアート作品がそうであるように。スティーブ・ジョブズがiPodの発表会で、ソニーのウォークマンと盛田昭夫氏を称えたように。

他方で、創り手の技術を心なく模倣し、利益を収奪しようとする企業には、断固対処してしかるべきである。しかし残念なことに、技術やデザインの模倣は最終的には止めようがない。

では、どうしたらよいのか。結論としては、模倣されたとしても圧倒的な違いを見せつけるしかない。それこそが、プロダクトを生み出すに至った内的必然性とその原体験からなるストーリーである。熱狂の模倣は並大抵ではできない。アーティストの感覚は常に熱狂とリンクしている。ビジネスにおいても、シグネチャーが屈強の存在感をプロダクトにもたらしてくれるはずだ。

その際には、できるだけ早期にかつ多くの人に、ストーリーとともにシグネチャーを認知してもらうことが肝要である。そうすることで、心ない模倣はすぐに世の中の知るところとなり、マーケットはオリジナルを擁護するよう反応してくれるはずだ。

▶ プロダクト・アズ・アート(PaArt)

アートの文脈をプロダクトに持ち込んだものが、第1章で述べたプロダクト・アズ・アート（PaArt）である。それは、これまでのビジネスの脈絡とは真逆になるほどの3つの特徴を備えることになる。順に見ていこう。

❶ メーカー本位の熱狂的プロダクトアウト

PaArtとは、端的にいえば、「プロダクトアウト」、つまり、メーカー本位のものづくりに回帰するということだ。マーケティング思考による「マーケットイン」が染みついたビジネスパーソンには、時代が逆戻りしたような違和感を覚え、「何を今さら？」と物申したくなるかもしれない。

現代のビジネスでは「企業の論理」ではものを作るな、売るな、とさんざん教えられてきた。なのに、なぜ真逆のことを言うのか、といらだちを覚えるかもしれない。

しかし、ここまでの文脈をよく考えてほしい。イノベーティブなプロダクトを生み出すことを期待して、アートから学んできたはずだ。歴史に名を残すアート作品はマーケットインでものづくりをしていただろうか。そうではない。アートマインドセットをもとにプロダクトを捉えれば、おのずとプロダクトアウトになるのだ。

ただし、これは従来のプロダクトアウトとは異なる。これまでは、コストや投資の論理や、社内政治、あるいは、技術的限界や技術的優位性をユーザーに押しつけるようなものをプロダクトアウトと呼んできた。

他方で、アートマインドセットにおいては、メーカー本位でプロダクトを生み出しつつも、熱狂や原体験をもとに、妥協なきものづくりと、世界を前に進めるだけの気概をもって取り組む。まさに、アーティストが作品づくりに取り組む姿を思い起こせばよい。アーティストは自分の熱狂と感覚を頼りに制作をする。革新的であるためには、企業もアーティストの熱狂と感覚の捉え方をプロダクトづくりに転写し、実践する必要がある。いうなれば、「熱狂的プロダクトアウト」である。

❷ ユーザーファーストではない

プロダクトアウトに関連して、アートマインドセットでは、これまでのビジネスのやり方に対して逆張りをしたかのような、もう1つの考え

が必須となる。それは「ユーザーファーストではない」ということだ。

　そもそもアート作品では、鑑賞者のニーズに合わせて作品を創ることもないし、制作過程で鑑賞者にすり寄ったり、おもねったりすることもない。アーティストが熱狂した原体験を鑑賞者にも追体験してもらおうとするため、創り手が常に受け手をリードする関係となる。

　これをプロダクトに当てはめれば、メーカーは常にユーザーをリードしなければならない。誤解を恐れずにいうならば、PaArtは、ユーザーファースト志向ではないのだ。この点も、ユーザーファーストこそが重要であるとする既存のビジネス思考とは真っ向から異なる。現在のユーザーが望むものを単に提供するのではなく、ユーザーがまだ気づいていない未来の可能性を先取りして具現化するのだ。いうなれば、「現在のユーザーファースト」ではなく、「未来のユーザーファースト」ということだ。

　アーティストが作品に向かうとき、実は、自分自身を鑑賞者としている。自分が鑑賞したい作品が世の中になく、だからこそ自分自身が作品として生み出しているともいえる。自分自身が創り手でありながら、それを欲している未来の受け手でもあるのだ。光の動きが表現された作品が見たいから、モネはそれを描いた。対象のすべての美しさが1つの画角で表現されたものを見たいから、セザンヌはそれを描いた。セザンヌ亡き後、さらに突き詰めた作品が見たいから、ピカソとブラックはそれを描いた。

　このように、少なくとも近代以降、アーティストは現在の鑑賞者のことを考えているわけではなく、自分自身を鑑賞者として制作に挑んでいることが多い。自分自身こそ、未来の鑑賞者なのだ。これを踏まえると、PaArtでは「現在のユーザーファースト」ではなく、「未来のユーザーファースト」を志向したメーカー本位のプロダクト創りなのである。

　以上のPaArtと、これまでのプロダクトの特徴を比較したものが図表8-2である。

図表8-2▶プロダクト・アズ・アートの特異性

	既存のプロダクト志向	プロダクト・アズ・アート
創作方法	マーケットイン	熱狂的プロダクトアウト
ユーザーとの向き合い方	現在のユーザーファースト	メーカー自身がユーザー 未来のユーザーファースト

❸デザインとストーリーが未来のユーザーに訴求する

　ここまで見てきたように、PaArtとは、いわば「未来のユーザーファーストによる熱狂的プロダクトアウト」によって生み出されたプロダクトであるといえる。ここで、アートとしてのプロダクトが、どのようにユーザーに評価されるのか。そのプロセスを知り、PaArtをどのように未来のユーザーに提案するのかについて理解を深めたい。

　まずは、アート作品がどのように鑑賞者に訴えかけるのか見てみよう。そもそも、アート作品は、アーティストの感覚によって熱狂が落とし込まれたものである。そのため鑑賞者はまず、アーティストの感覚を知ることになる。感覚によって色彩や主題、技術といったシグネチャーによる要素が表面に現れてくる。これは、主にデザインとして作品に現れるため、鑑賞者はまずデザインに魅きつけられる。

　デザインが気に入ったら、続いては、その作品にどれほど熱狂できるかが重要なポイントとなる。それは、アーティストがいつ、どのようなとき、いかにして思いついて作品を創り上げたのかという内的必然性や原体験の領域である。そうして鑑賞者は、自身の感覚を通して創り手のストーリーを理解しようとする。

　第1章でも述べたとおり、アートは史上最高額の動産であり続けているが、アーティストがそれを創り上げたときの原価は微々たるものだ。

図表8-3 ▶ アートからプロダクトへ

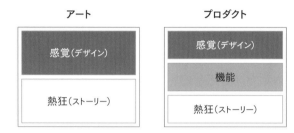

しかも、アートには鑑賞以外の機能がない。価値のほとんどは情緒的なものなのだ。

一方、ビジネスに目を移せば、プロダクトの脈絡では、それが果たす機能が重視されていることが、アートとの大きな違いである。プロダクトは何らかの役に立てるために購入されるので、それを認識し購入する際には、機能部分が重視される。しかしながら、現代においては豊富な機能を持つプロダクトであふれているため、消費者が1つのプロダクトの検討にかけられる時間は少ない。最低限の機能が備わっていることが前提の世の中で、人々がまず機能に注目する傾向はどんどん弱まっている。

このような状況では、ユーザーは見た目やデザインに反応する。デザインは創り手の感覚によってもたらされる。しかし、デザインも模倣可能である現在は、さらに別のポイントでプロダクトの良し悪しや購入判断がなされる。そのポイントこそがストーリーであり、熱狂の出番である（図表8-3）。

プロダクトにおいては、これまで情緒的価値は主にデザインが担うものとされ、「デザイン思考」が台頭した。しかし、敬意のない模倣によって簡単に類似品が生まれる状況では、プロダクトの外見のみで情緒的価値を見出すことは難しい。その脈絡では、なぜそのようなデザインになっているのかを説明するストーリーのほうが、はるかに価値がある。

消費者のプロダクト評価は、まずデザイン、次に機能、そして、ストーリーの順になされる。本来当たり前ともいえるこのプロダクトの見方は、アートという機能をほとんど持たない物体の価値創造に向き合うことによって、初めて表面化する。

メーカーの熱量が保存されており、そのストーリーが明快なプロダクトは長く支持されるだろう。そもそもプロダクトの全体的な価値の中で機能の占める割合が小さいほど、機能による差別化が困難なほど、この傾向は強くなる。骨董品やラグジュアリーバッグ、機械式時計、高級車などはまさにその典型だ。

陳腐化のスピードが速いと思われるデジタルプロダクトであっても例外ではない。アップルがiPhoneを発売したのが2007年、開発は2004年頃から始まっている。それから20年以上にもわたって、基本形を変えないまま進化を続けて、モデルが継続している。テスラがModel Sを発売したのが2012年。それ以降、ボディやシャーシは、おおむねそのままに現在も販売を継続している。いかにデジタル時代でプロダクトの陳腐化が激しいといえども、熱狂を形にしたプロダクトにおいては、基本デザインをそのまま活かし続けることができる。今やユーザーは機能ではなく、メーカーの熱狂とそのストーリーを購入しているのだ。

▶ユーザーの感覚──好きなものは好き

アート作品では、「きれい」「かっこいい」「よくわからない」「不思議だ」などの形容詞で表される言葉で、鑑賞者は感覚を表現する。実は、プロダクトにおいても、同じことが起こっている。

店頭に並べられたプロダクトを見て、まずは形容詞で判断する。細かい機能が気になるのはその後だ。すでに述べたとおり、消費者はまず自身の感覚でデザインに反応する。情緒的に好きかそうでないかを判断する。デザインが購入決定における大きな役割を担っているのだ。消費者はその程度でしか、プロダクトを評価しない。少なくともプロダクトを

認知する段階では、そこまで内容に踏み込んで評価していないのだ。

となると、形容詞で刺さるプロダクトはまずもって有利である。ユーザーの感覚では、「好きなものは好き」なのだ。特に機能がないアート作品ではそれが如実であるが、プロダクトでも同じだ。プロダクトの第一印象が、ユーザーに与える影響は大きい。そこで好意的な反応がなければ、ストーリーには行き着かないのだ。

アップルのiPhoneやテスラのModel Sが、それを生み出したスティーブ・ジョブズやイーロン・マスクの熱狂にまでたどり着かせるのは、そもそもユーザーの感覚に直感的に訴えかけるデザインの良し悪しが大きく影響しているからだ。好きなものは好き、美しいものは美しいのだ。デザインを気に入ったユーザーは、買い替えのタイミングでも、他の企業のプロダクトに浮気する理由がなくなる。それにより高水準の継続率が期待できる。

マーケットへ導入する時点では、デザインだけではなかなか消費者の正しい認知までは至らない。そこで、キュレーションが重要となる。自社のことだけではなく、プロダクトの内容を的確に紹介する補完パートナーの存在が不可欠である。補完パートナーの協力を得ることで、プロダクトの表層から一歩踏み込んだところにある特殊機能や、奥底にあるストーリーにようやく関心を持ってもらえるのだ。

▶ ユーザーの熱狂——わかる人にはわかる

キャッチーなポイントやキュレーションによって、プロダクトのストーリー部分にまでユーザーの興味関心を引き込むことができれば、後は彼らに熱狂を感じてもらい、没入してもらうステージになる。ただしそのためには、繰り返しになるが、そもそもプロダクトに創り手の熱狂が込められていなければならない。センスだけで創り上げたようなプロダクトでは、ユーザーは熱狂するはずがないからだ。

最近、「ユーザーを感動させるプロダクトを作れ」「ユーザーを熱狂的

なファンにせよ」といった号令が社内で発せられる状況に遭遇することがある。では果たして、その企業の経営者、事業責任者、従業員はそのプロダクト創りに熱狂しているのだろうか。企業が内的必然性や原体験と、そこからもたらされるストーリーを強く持っているのだろうか。それなしに、消費者を感動させる、熱狂させることは絶対に不可能だ。

企業がユーザーの感覚に訴えかけた後には、興味関心が高いユーザーを熱狂させるため、「わかる人にはわかる」仕掛けを施しておくことが必要だ。具体的には、隠された機能や、通を唸らせるポイントなどである。それにより初めて、プロダクトにユーザーを没入させるほどの「奥行き」が生まれ、熱狂させることができる（図表8-3参照）。

これらを解読できたとき、ユーザーはメーカーがなぜそのプロダクトを生み出したのか、原体験を追体験することになる。プロダクトに対して得もいわれぬ「帰属意識」のようなものを感じるだろう。

以上のマインドセットをビジネスの脈絡に落とし込んだのが、ビジネス・アートマインドセットである（図表8-4）。アートマインドセットを

図表8-4 ▶ ビジネス・アートマインドセット

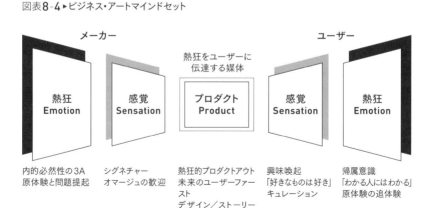

ビジネスに落とし込めば、ビジネスはどのように変貌を遂げるべきなのかが理解できるだろう。

その骨子は次の6つに集約される。既存のビジネスとの違いを確認してほしい。

①創り手の熱狂をすべてを貫く鍵概念とすること
②内的必然性と、それがもたらす原体験と問題意識を持つこと
③熱狂を表現するための手段であるシグネチャーを示し、オマージュを歓迎すること
④熱狂に基づくプロダクトアウトで、未来のユーザーファーストであること
⑤マーケット性を担保するために興味を喚起し、キュレーションすること
⑥ユーザーが帰属意識を持てるほどの「奥行き」で熱狂を追体験できること

2. ビジネスモデルへの展開

ここまで、今後のビジネスに必要なマインドセットを、アートの文脈から習得した。これらは、クリエイティブなプロダクトづくりにおいて、ビジネスの世界に大きな影響を及ぼす。しかし一方で、ビジネスはプロダクトづくりで終わるものではない。ビジネスはプロダクトを生み出し、上梓し、それにより顧客やユーザーを喜ばせ、最終的に期待水準を超える利益を獲得して初めて目的を達成するのだ。

ここからは、ビジネス・アートマインドセットに基づいてプロダクトづくりをするだけでなく、それをビジネスモデルとして成立させるために必要な構成要素を確認しておきたい。

ビジネスモデルへの適用

　ビジネス・アートマインドセット（BAM）は、メーカー主導のイノベーティブなプロダクト創りに有効な枠組みである。ビジネスの文脈では、プロダクト創りだけでなく、それをユーザーに届ける段取りを組み、最終的に利益を得ることが必須となる。

　新たなビジネスモデルは、「自身の熱狂を届けながら、利益を得る仕組み」となることは、すでに第2章で示し、これを「熱狂的ビジネスモデル」と呼んだ。その構成要素は、自分価値、プロセス、利益の3つとなり（図表2-12参照）、今後のビジネスモデルに対する認識を大きく変化させる。

　そもそもBAMは、アーティストのマインドセットから着想を得たものであるが、大別して2つの要素から成ることがわかる。1つはメーカーの熱狂に基づいてプロダクトを生み出すこと（熱狂→感覚→プロダクト）、2つ目はプロダクトをユーザーのもとに届けて、彼らを熱狂させること（プロダクト→感覚→熱狂）である。

　前者は、上記のビジネスモデルの脈絡でいえば、PaArtにおいて完結する、メーカーによる「自分価値」の提案である。意識すべきは、いまだ存在しない「プロダクト」ではなく、まだ認識されておらず焦点が当てられていない「未来のユーザー」である。メーカーは、内的必然性に基づいて、自分自身を「未来のユーザー」としてプロダクトの制作に当たらなければならない。メーカーの問題提起こそがカギとなるのだ。

　後者は、PaArtが適切なユーザーに届けられる「プロセス」を意味している。まだ明確に認識されていない「未来のユーザー」にどうしたら出会えるのか。気にかけてもらえるのか。彼らに対して「わかる人にはわかる」ポイントを伝導するには何がポイントになるのか。ユーザーの熱狂を得るには、これらのことに関するキュレーションやストーリーテリングが重要となるのだ。

　プロダクトを生み出す「自分価値」、ユーザーを熱狂させる「プロ

図表8-5 ▶ BAMからビジネスモデルへ

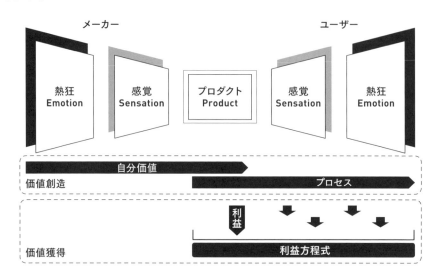

セス」。この2つの要素は、企業が顧客に対して価値を創造する行為であり、【価値創造】と総称される行為である。このように見てくると、BAMは、企業の価値創造そのものといえる。

一方、ビジネスモデルの文脈から見た場合には、もう1つ欠くことのできない要素がある。それが【価値獲得】である。プロダクト起点で儲けを生み出す「利益方程式」が担う、ものづくりをビジネスとして成立させるための最後の砦である。

以上を図示したものが図表8-5である。ここまでBAMでは、オーバーラップする部分はあるものの、主に「自分価値」を中心に説明した。これらをさらにビジネスモデルの概念へと派生させるため、以下ではまず、ビジネスモデルの脈絡で、ユーザーを熱狂させる「プロセス」の概念について、改めて確認しておきたい。

▶ 提供プロセス

　BAMによる価値創造の実現には、ビジネスプロセスを成功裏に実行することが重要となる。そのためには、どうやって消費者にプロダクトを広めていくのかを考え、その際に自分が最もうまくやれる「強み」を棚卸しして、自社ではうまくやれないことは最適なパートナーに任せるといった交通整理が必要となる。

　BAMでは、開発の段階でユーザーにおもねることはしない。もちろん、これはユーザーを完全に無視することではない。というのも、メーカーはユーザーの状況については、すでにある程度知っているからだ。どのようなプロダクトが流行し、どのようなプロダクトに問題があるのか、マーケットの状況についても知っているはずだ。

　実は、アーティストも同じような環境にあったことを思い出してほしい。たとえば、サロン（官展）に入選する作品はどのような傾向にあるのか、大衆はどのような作品を望んでいるのか、依頼主である教会は作風をどうしてほしいのか。

　実際に、そのようなことを無視して、アーティストの熱狂のみで独りよがりの作品を制作しても、市場性がなければ作品は売れず、生活費や工房の維持費は賄えなくなり創作活動も継続できなくなってしまう。そのため、アーティストはある程度の受け手の情報は肌感覚で理解していたはずだ。

　ただし、受け手のことを理解しているからといって、それに歩み寄るかどうかは、また別の話である。成し遂げたいことを徹底的に追求して、需要は完全に無視するアーティストもいるかもしれない。いずれにしても、アーティストは自身の熱狂を犠牲にしてまで、鑑賞者に寄り添うことはない。度を過ぎた鑑賞者や依頼者重視のものづくりは、熱狂を欠いた単なるデザインになってしまうからだ。

　これと同じように、企業も、嫌でもマーケット情報は目にしているだろう。いや、それ以上に十分にユーザーの要望は理解しているはずだ。

しかしながら、クリエイティブなプロダクトを生み出したいのであれば、やはりいったんユーザーを抜きにして、企業が本当に熱狂するものを生み出すしかない。

となると、それを最終的にユーザーに熱狂してもらうように活動を想定することが、ビジネスでは肝要となる。つまり、生み出したプロダクトを成功裏に消費者のもとに届けるビジネスプロセスが必要である。

プロセスとしては、PaArtの性質を見極めたうえで興味喚起を促すことになる。ただし、メーカーが想定した未来のユーザーと、現在のユーザーの間にはギャップがある。そのため、プロダクト自体にも、現在のユーザーにとってキャッチーな入口があり、それをわかりやすく言語化して伝えるよう、メーカーサイドからのコミュニケーションが必要となる。

たとえば、プロダクトのディテールだけでも人々の感覚を刺激するよう、キャッチーで広い間口を持って多くの消費者に愛される仕掛けを用意することである。理解に時間がかかるプロダクトであっても、視覚のみでも反応できるデザインを仕込んでおく。形容詞で表現できるポイントを用意しておけば、なおよい。

さらに、消費者の深い理解を得るために、キュレーションを活用した二段構えのアプローチでユーザーの感覚に訴えかける体制を取る。その際に重要になるのは、流通業者がキュレーションを行ってくれるのか、彼らとの関係性を創れるのかという点だ。あたかもアーティストと美術商のように、二人三脚で価値を訴求できることが望ましい。ユーザーがそのプロダクトに熱狂できるかは、メーカーの熱狂がストレートに伝わるかにかかっているからだ。

以上のプロセスにより、【価値創造】の概念がより明確になったことだろう。続いて、「利益方程式」がもたらす【価値獲得】について、節を改めて詳しく説明していく。

3. ビジネスモデルを完成させる価値獲得

▶ 価値獲得

　BAMをビジネスモデルに昇華させるには、最終的に利益を生み出す方法を考慮しなければならない。すなわち、【価値獲得】である。創り手が熱狂のもと、思いどおりに作品を生み出したとき、どうやって利益を得るのか。

　アーティストに目を転じると、ある時代から作品を美術商に販売することで利益を得るようになった。彼らは買い手のもとに渡ったときではなく、美術商に購入してもらった瞬間に収益と利益を確定していた。そこでキャッシュフローも確定することから、不安定な生活を強いられるアーティストにとっては最適な方法であった。美術商は、安く仕入れた作品を再販売して、さらに利益を獲得していった。

　アーティストは、作品を創っては美術商に売る行為を繰り返していた。しかし、創作意欲が湧かないときは作品が生まれず、収益を得ることができなくなる。結果として、アーティストは困窮していく。

　第5章で紹介した、美術商のデュラン＝リュエルは、アーティストが作品を生み出せずに困っていたときでも、彼らに定期的に資金援助をすることで印象派のアーティストを支えたといわれる。

　あるいは、画材屋のジュリアン・タンギーは、絵の具代も支払えない画家に、代金の代わりに絵を受け取っていた。実際にタンギーはセザンヌの多くの作品を持っていた。ファン・ゴッホとも親交が深く、肖像画《タンギー爺さん》でモデルになっているほどだ。

　他方で、近代以降のアーティストは、作品を販売する以外に収益の多様化によって価値獲得を試みている。たとえば、ブランドとのコラボレーションによって、その作品の権利から収益化するなどの試みもある。

236　第Ⅲ部◆熱狂するビジネスモデル

図表8-6▶30の価値獲得

価値獲得	概要	代表事例
① プロダクト販売	すべてのプロダクトの原価に一定の利幅を付ける	トヨタ ユニクロ
② サービス業の物販	サービス業が物販を組み合わせて利益を高める	ANA
③ プロダクトミックス	利益率の異なるプロダクトを組み合わせて事業の利益を生む	流通業 リゾート業
④ 非メインプロダクト	主要プロダクトと併売するプロダクトの利益率を高める	飲食店
⑤ マルチコンポーネント	中身が同じプロダクトだが、状況により利益率を変える	コカ・コーラ
⑥ 事前付帯（保険・ファイナンス）	主要プロダクトだけでは不足する利益を販売時のサービスで補う	AppleCare
⑦ 事後付帯（メンテナンス）	主要プロダクトだけでは不足する利益を販売後のサービスで補う	自動車ディーラー
⑧ サービス化（コンサル化）	プロダクトを活用する際の補助サービスで利益を生む	IBM
⑨ 非メインターゲット	メインターゲットからは低く、それ以外からは高い利益を得る	子ども映画 ブッフェ
⑩ オークション	支払者が入札することで、対象プロダクトの利益を多く回収する	Googleアドワーズ
⑪ ダイナミックプライシング	支払者の状況に応じて、同じプロダクトの請求額を変える	テーマパーク
⑫ 定額制サブスクリプション	期間ごとに定額の利用料を回収し、時間をかけて利益を積む	ソニー セールスフォース
⑬ 前金制サブスクリプション	前払いで利用料を払ってもらい、先に利益を確定させる	新聞、雑誌
⑭ 従量制サブスクリプション	利用量に応じて利用料を回収し、時間をかけて利益を積む	デアゴスティーニ AWS
⑮ リピーター	1ユーザーが何回も買うことを前提に利益を生む	ディズニーランド

（出所）川上［2021］pp.74-75を修正。

第8章◆アートマインドセットをビジネスに転写する　237

価値獲得	概要	代表事例
⑯ロングテール	製品ラインナップの豊富さで集客し、売れ筋商品で利益を得る	アマゾン
⑰リース	一定期間の利用を契約で縛り、時間をかけて利益を回収する	オリックス
⑱レーザーブレイド	本体は利益率を低く付属は高くして、時間をかけて利益を生む	任天堂 キヤノン
⑲メンバーシップ（会費）	会費回収と本業の利益を合わせて利益を生む	コストコ
⑳フリーミアム	本体は無料で付属は利益率を高くし、時間をかけて利益を回収	Dropbox
㉑バイプロダクト（副産物）	事業活動で生まれた副産物の対価を顧客以外の支払者に提供	テスラ
㉒コンテンツ（IP）	コンテンツやIPの転用を利益の重要な柱にする	ルーカスフィルム
㉓フィービジネス	顧客以外にライバルや取引先からも手数料で利益を生む	楽天市場 Amazonマーケットプレイス
㉔プライオリティ	優先的に利用できる権利を利益の重要な柱にする	富士急ハイランド
㉕三者間市場	広告主からの広告料を利益の重要な柱にする	リクルート
㉖マッチメイキング	提供者と利用者を結びつける対価を利益の重要な柱にする	メルカリ
㉗アンバサダー	紹介者には料金を大幅減免して、集客と顧客育成で利益をつくる	MS Office ネスカフェバリスタ
㉘スノッププレミアム	同じプロダクトに高く支払う人を設定して利益を回収	アメックス・ブラック
㉙フランチャイズ	成功した事業手法の利用許諾の対価を利益の重要な柱にする	セブン–イレブン
㉚データアクセス	蓄積したデータにアクセスする権利を利益の重要な柱にする	PubLine （紀伊國屋書店）

これは、やりたいことをやりつつも、価値獲得をするにはどうしたらよいのかを問題意識に据えた収益化の考え方そのものであった。経済的安定こそが、自由なものづくりを実現するカギであるとアーティスト自身も理解しているはずだ。

価値獲得に関しては、実際に事業を行う企業のほうが進んでいる。プロダクトを販売する以外にも、さまざまな方法で最終的に利益を生み出すことができる。期待利益水準を超えることを常に要求されてきたビジネスの現場では、収益源を多様化して、それらを組み合わせながら、企業としての期間利益を生み出す方法が検討されてきた。

たとえば、購入よりもはるかに低い定額料金を月々支払ってもらうことで、時間を経て利益を積み上げていく定額制サブスクリプションや、副産物から多くの収益を得て積算し最終的に事業利益を達成するバイプロダクト、媒体によって価格を変えながら合わせ技で利益を創るマルチコンポーネントなど、さまざまな方法がある。

図表8-6を見てほしい。これは、すでに著名な価値獲得の30パターンをまとめたものだ。この30以外にも方法はあるが、数え上げればきりがない。そこで、おおむねこれだけあれば、世の中の価値獲得の8割は説明できるだろうという、著名なものを列挙した。基本的にここにないものは、特定の企業が秘匿していたり、あるいは、今まさに作り出しているものだ。

価値獲得のパターンは、多様な収益源に役割を与えつつ、利益率にメリハリをつけたり、組み合わせながら生まれたものだ。過去に経営者自身が創り出したものであるため、以降も増え続けることになる。いずれにせよ、価値獲得には、プロダクトを販売する以外にも少なくともこれだけ多様な収益源のパターンがあることを知ってほしい。

これら価値獲得の30のパターンを並べて共通点をひもとけば、一定の法則を見出すことができる。すなわち、①誰が大黒柱で、②何が利益を生むのか、そして③どのように回収が完了するのかといったストーリーで構成されている。順に見ていくことにしよう。

▶誰が大黒柱か

　利益の担い手、すなわち、大黒柱は誰かという質問をすれば、すぐに「ユーザー」という答えが返ってくることが多い。もちろん、どのビジネスにおいても、利益を生んでくれるのは、主たるユーザーであると考えるのが自然であろう。しかし、実際にはそうでない場合も多くある。具体例を見てみよう。

　メディアで多く使われる価値獲得に、「三者間市場」（図表8-6の㉕）がある。これはユーザーには全く課金をしないか、あるいは軽量の課金をする一方、広告主に多額の課金をして、トータルで事業利益を得る方法である。

　広告で利益を得る価値獲得であるが、利益の担い手とユーザーが分離している本質を示す意図で、プレイヤーが3組いることを意識するために、ビジネスモデルの脈絡では「三者間市場」と呼ばれる（図表8-7）。ユーザーからの支払いだけで利益をとることは諦め、彼らが負担するべきコストや利益の多くを広告主から徴収する仕組みである。

　古くから地上波テレビ放送で用いられ、現在はインターネットのホームページ閲覧、YouTubeなどの動画サービスでも活用されている。さ

図表8-7 ▶ 三者間市場

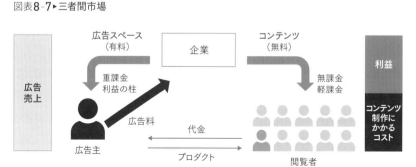

（出所）川上 [2021] p.110。

らに、ユーザーに多少の課金をするやり方は、雑誌で採用されてきた。読者からはわずかな金額しか回収しないため、雑誌に広告を出す広告主からの収益が主たる利益の源泉となっている。

このように、企業に収益をもたらすプレイヤーはユーザーだけではない。利益においては、ユーザー以上に利益をくれる重要なプレイヤーが存在し、彼らが大黒柱になっていることがあるのだ。その事業の大黒柱は誰か？　企業はいま一度、利益の担い手が誰であるのかを改めて認識しておく必要がある。

▶ 何が利益源か

企業に利益をもたらすのは、主要なプロダクトだけとは限らない。実は、プロダクト周辺のユーザー接点、つまり、タッチポイントが主要プロダクト以上に利益をもたらすことがある。

たとえば、ユーザーはプロダクトをさらにうまく活用したいときには、何らかのオプション、いわゆる補完プロダクトを使うはずだ。自動車であれば高級オーディオや特注ホイールなど、パソコンであればハードディスクやメモリの増設、婦人のハンドバッグであればハンドルに巻くスカーフや本体を飾るチャーム、プリンタであればインクやトナーなど、さまざまなものが考えられるだろう。

ユーザーがプロダクトを利用して問題を解決するには、補完プロダクトだけでは不足で、人的で手厚い補完サービスも必要とするときがある。たとえば、納品時に自分で取りに行くのではなく物流サービスを利用したり、購入後の相談をしたり、また、購入時にファイナンスのサポートを受けたり、さらには、メンテナンスなどのアフターサービスや、他の企業を紹介してもらうなど、さまざまなサービスがある。これらはすべて収益源となる。

図表8-8はこれらを一覧にしたものであり、さまざまな収益源があることが見て取れる。これら収益源の利益率は、すべて異なっている。重

図表8-8▶利益源を探す

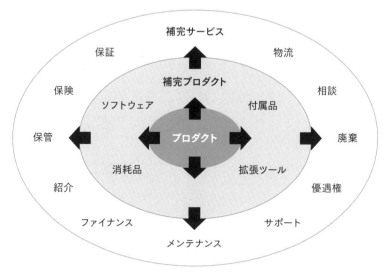

(出所) 川上 [2021] p.133。

要なことは、プロダクト以上の利益率を持つ補完プロダクトや補完サービスが多く存在しており、何を「利益源」とするのかを決めることである。主要なプロダクトが利益源でなかったとしたら、他のプロダクトやサービスを利益源として消費してもらうような利益獲得の仕掛けを作ることが必要だ。

最も基本的なやり方が、利益率の異なる収益源を組み合わせる「プロダクトミックス」(図表8-6の③) である。その基本形は、図表8-9に示すとおりである。

その派生形として、「非メインプロダクト」(④) や「事前付帯」(⑥) といったやり方がある。

前者は、看板商品である主要プロダクトはあえて利益率を低くして販売価格を抑え込み、ユーザーの支持を得るやり方であり、代わりに利益源となるサブ商品を同時に購入してもらうことで、全体の利益率を高め

図表8-9▶利益率の異なる収益源を組み合わせるプロダクトミックス

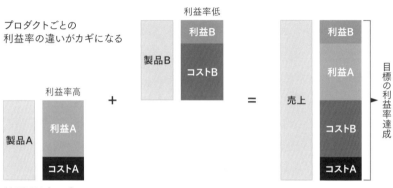

(出所) 川上 [2021] p.81。

ている。飲食業界などで多用され、ハンバーガーとドリンク（補完プロダクト）、牛丼と卵（補完プロダクト）のような形で利用されてきた。

後者は、主要プロダクト以上に利益率の高い補完プロダクトや補完サービスを販売時にクロスセルするやり方である。具体的には、自動車ディーラーによる自動車販売と自動車保険（補完サービス）、アップルによるiPhone販売時のAppleCare+（補完サービス）の組み合わせがそれである。

利益源を認識するうえで重要なことは、主要プロダクト以外の補完プロダクトや補完サービスの収益源を見つけ、その利益率の差を把握することである。加えて、それらの収益源を組み合わせて期待利益を達成するストーリーをユーザーに提案できるかどうかも検討する必要がある。

▶ **どのように期待利益を回収するか**

ここまで、誰が大黒柱で、何が利益源かについて見てきた。これだけでも、さまざまな利益の生み方を認識できるようになるが、ここに時間

軸を加えることで、価値獲得の空間はさらに広がりを見せる。利益源から「どのように回収するのか」である。これには2つの選択肢しかない。「直ちに」か「時間をかけて」である。

前者は、大黒柱からもたらされる利益を、その利益源から1回の支払いで利益を回収しきるやり方を指す。直ちに回収する分、キャッシュフローとして優れたやり方だ。貸し倒れのリスクもない。しかし、回収金額が多くなること、そして、回収したら取引が終了することなど、長期的に見たら旨味が少ないともいえる。もちろん、大黒柱が自発的にリピートしてくれればよいが、それは企業側でコントロールできることではない。

他方、後者は時間をかけて回収するため、支払いを一度にさせるわけではなく、負担感の少なさから多くのユーザーを集めやすい。回収に時間がかかるので、キャッシュはじっくり回収することになるが、その分、時間をかけることで、想定以上の利益を長期的に獲得することも可能である。長い目で見て安定的かつ高利益率のビジネスが期待できる。

これは、「定額制サブスクリプション」（図表8-6の⑫）のように、たとえば月当たり一定額を12回にわたって回収して期間利益を獲得するやり方である。そのため、「リース」（⑰）のような分割払いと、時間軸の使い方は同じである。月額にすることで、ユーザーはプロダクトを購入しやすくなり、期待利益もきちんと回収する。

他方、「レーザーブレイド」（⑱）や「フリーミアム」（⑳）のように、利用に応じて期間を隔てて利益源に支払ってもらうやり方もある。これは、図表8-9で見たプロダクトミックスを、時間軸を使ってじっくり回収する価値獲得である。

レーザーブレイドは、カミソリ本体と替刃の組み合わせにその名が由来する。本体の利益率を低く設定して普及に努め、補完プロダクトや補完サービスを消費してもらうことで利益を回収するやり方である（図表8-10）。

さまざまなプロダクトで使われ、今やプリンタとトナー、ゲームにお

図表8-10▶主要プロダクト以外の利益源で時間をかけて利益回収するレーザーブレイド

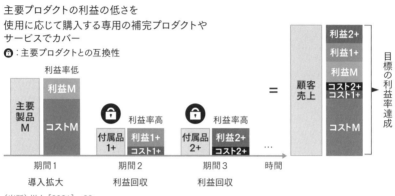

(出所) 川上 [2021] p.99。

けるハードウェアとソフトウェア、ウォーターサーバーと水などの組み合わせで多用されている。これらもすべて、利益源は主要プロダクト以外の何かである。

フリーミアムとは、「無料」と「プレミアム」を組み合わせた言葉である。限界費用がかからないデジタルプロダクト、特にスマートフォンのゲームやストレージサービスなどで有効な手法である。基本構造はレーザーブレイドと同じであるが、フリーミアムでは主要プロダクトの価格を思い切ってゼロにし、集客装置にしてしまう。その後、利益源である補完プロダクトや補完サービスの支払いによって、事業利益の回収が完結する価値獲得である。

このように、利益を見るときは、回収のタイミングについても考える必要がある。利益が上がっても、それがいつ回収できるのか、キャッシュフローもにらんでおく必要があるからだ。大黒柱と利益源を明確に捉えることに加えて、その価値獲得がどのタイミングで完結するのかを知ることはビジネスの存続においてきわめて重要である。

あるいは、回収タイミングをずらすことで、逆に多くの大黒柱を引き

第8章◆アートマインドセットをビジネスに転写する　245

寄せることに成功して利益額を高めることができるならば、それを戦略的に活用することもできる。

▶ 利益方程式

　ここまで、大黒柱が誰で、利益源は何で、それをどのように回収するのかといった要素について説明してきた。実は、これら要素の組み合わせによって、価値獲得のパターンは出来上がっている。

　その組み合わせ方はこうだ。大黒柱は「主要顧客」か、それとも、よりたくさん利益をくれる「別の支払者」を見つけることができているか。利益源は「主要プロダクト」か、それとも、別に「さらに儲ける利益源」を見つけているか。回収のタイミングは「直ちに」か、それともリスクを承知で「時間をかけて」か。

　このような利益に関する3要素の組み合わせで、価値獲得のパターンを生み出す考え方を「利益方程式」と呼ぶ（図表8-11）。これに基づけば、多くの企業が用いる「主要顧客」から「主要プロダクト」で「直ちに」回収するやり方は、「プロダクト販売」というたった1つの価値獲得にすぎないことがわかる。図表8-6で確認したように、すでに知られている著名なパターンだけでも、他に29個あり、それ以外にも利益方程式によって無限に出現することになる。

　利益方程式の考え方は、主要プロダクトで利益が生まれなくても、利益を生み出す方法があることに気づかせてくれる。イノベーティブなプロダクトが単体で利益を生むことができなくても、他の利益源を探し、大黒柱を探し、さらに回収タイミングも変化させることで、事業利益を生み出せる方策があることを意味している。いわば、利益のバックアップ体制だ。

　自分価値に基づいたエッジの効いたプロダクトは、すぐさまユーザーの支持を得て利益を生み出すことは難しい。利益方程式は、クリエイティブなプロダクトアウトによって利益創出のチャレンジができる点

図表8-11▶利益方程式

で、心強い価値獲得の根拠である。熱狂的ビジネスモデルに不可欠の概念といえる。

4. アートマインドセットのビジネスモデルへ

　本章では、カンディンスキーの説をもとにしたアートマインドセットによって、今後プロダクトに向かう姿勢や、生み出したプロダクトをどのようにして大衆に広めていくのか、そして、彼らにどうやって創り手の熱狂を感じてもらうのかといった点について述べてきた。
　アートマインドセットは、企業がプロダクトに向かう姿勢を刷新する。ただし、それだけで企業は儲けることはできない。最終的にビジネスとして成立させるためには、プロダクトを生み出す姿勢のみでは不十分なのだ。そのような認識のもと、本章では、アートマインドセットに関するプロセスと価値獲得についても明らかにした。
　プロセスについては、アートも最終的に作品をコレクターに販売する以上、通常のビジネスと似たプロセスをたどることが理解できる。ここでのポイントは、創り手のプロダクトアウトで生み出されたプロダクトをどのようにして大衆に認知させ、紹介し、購買に結びつけるのかということだ。
　他方、価値獲得に関しては、基本的にはアーティストがプロダクト販売によって利益を得ることを前提としている点から考えれば、ビジネス

サイドからの概念の補強が必要である。そこで、代表的な30の価値獲得パターンを紹介し、その背後にある利益方程式について説明した。これらはビジネス界において利益を増やすために議論してきたものであるが、この文脈からすれば、実はクリエイティブなプロダクトを扱う場面にこそ、真に必要とされるものだろう。

　本章で明らかになったアートマインドセットにおけるビジネスの姿勢をもとに、第9章では、それに最適なビジネスモデルの分析と設計に有効なフレームワークの構築を試みたい。

第 **9** 章

熱狂的ビジネスモデル

If something's important enough, you should try. Even if the probable outcome is failure.

重要なものがあれば試してみるべきだ。予想できる結果が失敗だとしても。

——イーロン・マスク

ここまで、革新的なプロダクトアウトに求められる態度を、ビジネス・アートマインドセットとして定義し、それを熱狂的ビジネスモデルへと昇華させてきた。本書の締めくくりとなるこの章では、熱狂的ビジネスモデルを実際に稼働させるために有効なフレームワークを示す。

1. 熱狂的ビジネスモデルのフレームワーク

ここまで示したとおり、熱狂的ビジネスモデルは、熱狂に基づく自分価値を届けて、利益を得る仕組みである。最も重要な要素は「熱狂」であるが、最終的にそれが利益を生み出さなければ、ビジネスとはいえない。

しかし、概念のまま留めておいては実践ができない。ここでは、熱狂的なビジネスを生み出すための運用可能なフレームワークを示す。こうしたフレームワークがあれば、ビジネスの現場においてもアイディア出しやその共有、さらには問題を見つけてアップデートをする際にも有益である。革新的なプロダクトアウトで利益を生む。これまで述べてきたビジネス・アートマインドセット（BAM）に利益方程式を融合できれば、この目的に応えることができる。

図表9-1を見てほしい。

BAMを主軸として、プロダクトを中心に縦に利益方程式が貫いている。これは、アートの熱狂とビジネスの冷静を、1つの枠組みで両立させるものである。このフレームワークは、革新的な価値創造（value creation）と利益を生み出す価値獲得（value capture）の両方が交差していることから、「バリュー・インターセクション（value intersection）」と呼ぶことにする。

第9章◆熱狂的ビジネスモデル　251

図表**9-1**▶熱狂的ビジネスモデルのフレームワーク──バリュー・インターセクション

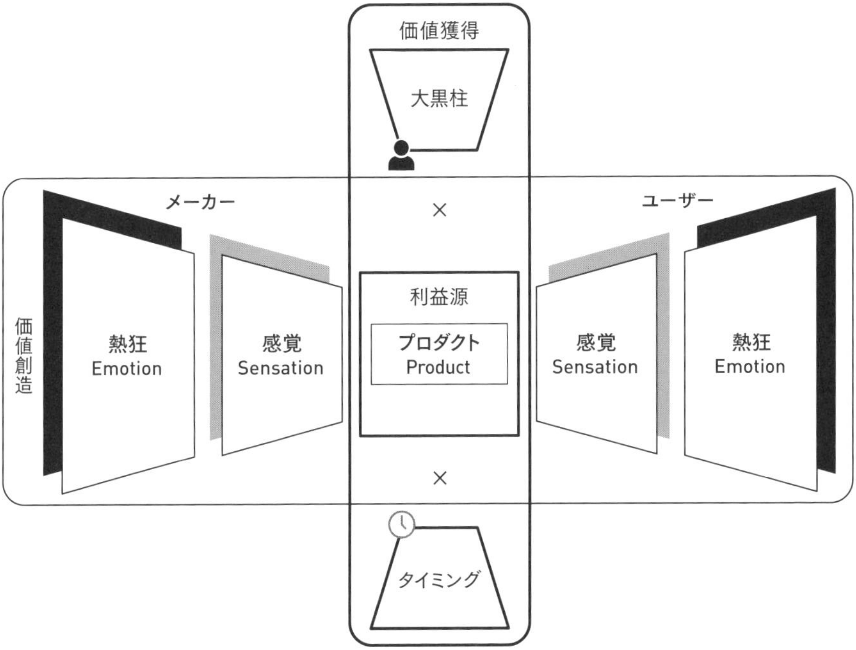

価値獲得

大黒柱

メーカー　　×　　ユーザー

利益源

プロダクト
Product

価値創造　熱狂
Emotion　感覚
Sensation　感覚
Sensation　熱狂
Emotion

×

タイミング

　まさにアートとビジネスの交差点を意味している。

　まずは、水平方向に走るBAMによってプロダクト・アズ・アートを
生み出し、ユーザーが熱狂を感じ取るまでのストーリーを明らかにす
る。ここで重要なことは、メーカーの熱狂を中心に論を展開するため
に、ユーザーに熱狂を追体験させるための伝達経路を確立することであ
る。

　その後、プロダクトを基軸として、どのように利益を獲得するのかを
垂直に貫く利益方程式により示す。プロダクトを生み出したからといっ
て、それが「利益源」になるとは限らない。企業が必要とする利益水準
を達成するのに、プロダクト以上の利益率になる収益源を利益源として
もよい。また、その支払者は誰なのか、必要利益をどう回収するのかに

ついては、「大黒柱」と「タイミング」でそれぞれ把握できればよい。

　なお、過去のビジネスモデルを分析する際には、そのプロジェクトの開始時期を明確にする必要がある。あとから振り返る際にも、結果が出た時点で分析をしても意味がない。まだ始めたばかりで勝敗が全くわからない段階に時間を巻き戻して、その時点からプロジェクトが一定程度完成するのに必要な時間的スパン、具体的には2年から5年程度の未来（いわゆる「レトロフューチャー」）を想定して、バリュー・インターセクションを描くのが最も効果的である。つまり、分析するというよりも、過去にさかのぼって当事者意識を持って設計すると考えてほしい。

　アーティストの考え方と利益を同時に達成する。これこそが、本書がビジネスパーソンに提案するビジネスモデルのフレームワークである。まさにイノベーティブな価値創造と、多様な価値獲得を融合させた、新時代のビジネスモデルである。

　バリュー・インターセクションには、プロダクトそのものや利益といった、企業にとってはこれまで慣れ親しんだキーワードが入っているが、最も重要なことは「熱狂」である。まずは企業の熱狂からユーザーの熱狂に至るまでのストーリーの構築を、最優先事項としてもらいたい。

2. ビジネス界のアーティスト

▶偉大なアーティストの功績

　革新的な価値創造と、利益を生み出す価値獲得を同時に達成する。これまで紹介してきた偉大なアーティストの中には、革新的な価値創造を遂げただけでなく、存命中に有名になり富を得た者もいる。すなわち、価値獲得にも成功しているのだ。バリュー・インターセクションの観点から見れば、成功事例といえる。

各フェーズで彼らが成し遂げたことを要約すると、以下の5つになる。

①世の中の人々の価値観を変えた（メーカーおよびユーザーの熱狂）
②すでにある感覚をもとに新たな感覚を創り上げた（メーカーの感覚）
③系譜上で説明できないほどの進歩を遂げる（プロダクト）
④爆発的に普及させた（ユーザーの感覚）
⑤以上を貫きつつ、価値獲得に成功した

　新たな作品を提案することで、人々の価値観を根本から変えてしまう。カンディンスキーは抽象絵画において、ダ・ヴィンチは西洋絵画そのものにおいて、モネは印象主義において、セザンヌは自身の感覚の実現において、ピカソはキュビスムにおいて、そして、ダリはシュルレアリスムにおいて新たな感覚を提案し、後戻りできないほど人々の価値観を変えてしまった。

　ただし、それは先人が築き上げた感覚をもとに融合することで新たに生まれたものである。カンディンスキーは印象派の影響を受けているし、印象派はマネから多くの感覚を吸収し、ピカソはセザンヌの感覚を自身の感覚と融合して、キュビスムを生み出した。つまりは、先人のシグネチャーに自身の感覚を融合させることで、新たなシグネチャーを完成させてきた。

　しかし、彼らの進歩はまた、当時は系譜上に位置づけることは難しく、異端と見なされた。特にモネやセザンヌは、かなりの嘲笑を浴びた。今や、系譜には確かに存在するが、それほど急進的な進歩をアート界にもたらしたのだ。

　こうした感覚は急激に広まり、世の中で支持を得た。ただし、必ずしも彼らが開発者でもないのだ。モネの筆触分割はそのシグネチャーとして認識されているが、彼のオリジナルではない。親交のあったマネこそが開発者である。そして、マネの感覚もまた完全なオリジナルとはいえ

ない。すでに述べたように、ベラスケスがその感覚を作品に示している。

　ポイントは、その感覚を開発したかどうかよりも、その感覚を広めることに成功したかどうかだ。感覚が「シグネチャー」として人々に認識させるに至ったかどうかが重要である。誰がシグネチャーにして、世に広めたのか。アート界の巨匠たちは、それをうまく印象づけることに成功している。

　革新的な価値創造を意図的に実行したアーティストは、富を得ることにも成功している。世の中を大きく飛躍させたが、鑑賞者を置いてきぼりにするほどではなかった。そのため、評価されるまでにそう長くはかからなかった。

　偉大なアーティストはバリュー・インターセクションの各フェーズにおいて、以上のような功績を生み出しているのだ。

▶ 数少ないビジネス界のアーティスト

　では、ビジネスに視点を移してみよう。このような功績を達成した企業や経営者は、どれほど存在するだろうか。筆者の知る限り、その数はきわめて少ない。しかも、グローバルスケールで実現している企業となれば、2社に絞り込まれる。それが、本書でも数少ない企業事例としてたびたび登場したアップルとテスラである。

　取りかかった時代が異なるので、この2社がプロダクト投入した時期に時間を巻き戻してみる。すると、2社が世に問うたプロダクト・アズ・アートとそれを実現した価値創造、さらに価値獲得の成果は、上記のアーティストのあげた功績と、驚くほど似ていることがわかる。

　2社は世の中の人々の価値観を大きく変えた。アップルはコンピュータとスマートフォンで、テスラはEV（電気自動車）で、一度知ったら、後戻りできないほどのインパクトをユーザーに与えた。それは、とりもなおさず、事業を担当したリーダーの強烈な内的必然性に裏打ちされる

ものであった。

スティーブ・ジョブズは、誰もがカジュアルにコンピュータや、さらには、もっと簡単に指先で使えるマシンを持つ時代を到来させることに本気で挑んだ。他方、イーロン・マスクは、自動車から出す排ガスのない世界、ゼロエミッションに本気で挑んだ。その熱量が込められたプロダクトを活用したユーザーは、根底から価値観を変えられてしまうことになった。

また、アップルとテスラに共通する優れた感覚が、「コンバージングテクノロジー」★1だ。これは、その時期にすでに存在していた技術を組み合わせてできた、新たな統合的な技術を意味する。

2社のプロダクトデザインが優れていることはいうまでもないが、それもまた何かをベースにしている。アップルは、グラフィカル・ユーザーインターフェース（GUI）やスマートフォンにおけるマルチタッチなどの技術を組み合わせて、ユーザーに新たな感覚を見せつけている。テスラのオートパイロットも、すでにあったレーダー技術によるオートクルーズに、カメラ認識によるレーンキープアシストの技術などを組み合わせてパッケージ化し、いち早く「自動運転」をイメージさせるテクノロジーとして提案したものである。

さらに、2社はそれまでのなだらかな技術進歩を、いきなり飛躍的に実現するプロダクトを投入した。アップルであれば、ジョブズの得意とした「現実歪曲」によって、非連続な未来的プロダクトを見せつけた。テスラは、マスクのビジョンを実現するために、不眠不休で工場を動かしながら、熱狂的に指揮するという力技を使った。結果として、未来的なプロダクトを見せつけ、人々を驚かせた。

アップルのiPhoneの累計出荷台数は、2021年には20億を超えた。間違いなくこれまでに世界で最も多く売れたプロダクトである。テスラのEVは、2024年には累計生産台数は700万台を超えて、世界1位であ

★1　これに関しては、Merchant［2017］が詳しい。

る。

　だからといって、この2社はスマートフォンとEVの創始者ではない。スマートフォンの原型はすでに、1993年に生み出され、特許まで取得されている。世界初の量産EVに至っては、1947年に日本で開発されている。2社は普及に成功した企業であり、その勝因はパッケージングやデザインなどの美的センス、それにシグネチャーにあるといってよい。彼らは自身がユーザーとして妥協なきプロダクト創りに励み、ユーザーの支持を勝ち取るに至ったのだ。

　アップルもテスラも順調に利益を生み、成長し、資本市場でも存在感を見せつけている。

　さまざまな文脈でそのビジネスのやり方が取り上げられる2社であるが、これら企業がいかにアートマインドセットと親和性が高いかが理解できただろう。

3. バリュー・インターセクションによる　熱狂的ビジネスモデルの追体験

　バリュー・インターセクションは本来、熱狂的ビジネスモデルのデザインツールとして構築されたものである。そのため、そのデザインは未来の事業に託すことになる。ただし、バリュー・インターセクションがどの程度、熱狂的ビジネスモデルの考え方と親和性が高いのかを確認する必要がある。

　そこで、アップルとテスラの2社について、適切な時期に時間を巻き戻し、彼らがどのように熱狂的ビジネスモデルを描いていたのかを、バリュー・インターセクションによって明らかにしてみよう。

▶ ジョブズのアップルコンピュータ（マッキントッシュ）

　最初は、マッキントッシュ発売時における、アップルのビジネスモデ

第9章◆熱狂的ビジネスモデル　257

図表**9-2**▶マッキントッシュ発売時のアップルコンピュータ

時期

1984年頃
マッキントッシュ期

メーカー

大黒柱
ユーザー

ユーザー

熱狂

一家に一台のコン
ピュータ時代を創る
未来のユーザーと
して熱狂

感覚

親しみやすいデ
ザイン
クールなフォント
GUI

×

利益源

プロダクト
マッキントッシュ

×

タイミング
直ちに

感覚

CM「1984」の斬
新さ
ジョブズのプレゼ
ンテーション

熱狂

細部に潜むこだわ
りで熱狂を追体験
ブランドのファンに
なる

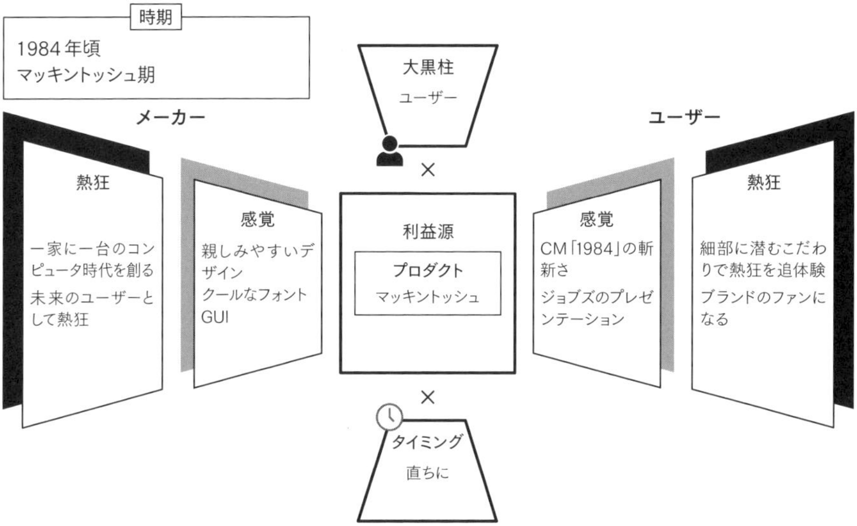

ルだ (図表**9-2**)。当時はまだアップルコンピュータという社名で、その
社名どおり、コンピュータをメインに製造するメーカーであった。途中
からスティーブ・ジョブズが指揮を執ることになったこのプロダクト
は、1984年に華々しく登場する。その開発ストーリーはよく知られる
ところであり、また本書にもたびたび登場しているので、ここでは主に
熱狂のありかと価値獲得に焦点を当てて見ていきたい。

　1984年の株主総会で、事実上初となるスティーブ・ジョブズのプレ
ゼンテーションが行われた。当時のマッキントッシュのCMでは、次
のようなフレーズが繰り返される。

　"Macintosh, the computer for the rest of us"
　(これまでコンピュータを使ったこともなかった、私達のためのコンピュータ)

どの家庭にもコンピュータを普及させたい、それは歴史的な転換点となるはずだ。そのような内的必然性が彼を揺り動かした。紆余曲折あったものの、マッキントッシュの開発は、ジョブズ主導で2年間にわたって執り行われたプロジェクトであった。

　そうして生み出されたマッキントッシュは、直感的に使用できる親しみやすいマシンとして登場する。その感覚は当時としては革新的で、外観のデザインだけでなく、ジョブズがこだわったフォント、そして現在のコンピュータのベースとなるGUIを、一般用のマシンに初めて採用した。もともとその技術は、ジョブズが思いついたものではなかったが、普及させたのは、まぎれもなく彼だ。今や、マッキントッシュのシグネチャーとなって、世界中のパソコンすべてに「オマージュ」されている。

　マッキントッシュが一般にお目見えするときには、ジョブズ本人によるプレゼンテーションで、マシンが自らの声で挨拶することで、人々を驚かせ、同時に親しみやすいマシンとして印象づけた。その後、事業担当者本人のプレゼンテーションによって、プロダクトの価値を認識させるやり方が、アップルをはじめとするすべてのデジタル企業、ものづくり企業において標準形となる。

　マッキントッシュは歴史を永遠に変えたプロダクトである。ジョブズ自身が未来のユーザーとなって、彼の欲するものを形にした。ユーザーの声を聞いていたら誕生しなかったであろう。デザインは画期的で、そのストーリーも魅力的である。

　当時のコンピュータとしては破格の2000ドル近い価格であっても、拡張性をなくしたクローズドシステムであっても、マッキントッシュは熱狂的プロダクトとして、多くの人々の支持を得た。誰もケースを開けられないものの、何かの機会にでもシステムを開けることができれば、創造者たちのサインを確認することもできる。まさにプロダクト・アズ・アート、いやコンピュータ・アズ・アートであった。

　ただし、マッキントッシュはジョブズが絵に描いたように売れなかっ

た。当時のアップルの価値獲得はきわめて凡庸で、マシンを売るしか利益を得る方法はなかった。それは図表9-2からも明らかだ。高価格と拡張性のなさが災いし、マシンは売れず、会社も財務的に逼迫する。ジョブズは、たった1年半で役職を降ろされ、ついにはアップルを去ることになった。

　熱狂的に生み出されたプロダクトだが、そこで利益を獲得し、確固たるビジネスモデルを創り上げるには至らなかった。あまりにもジョブズの熱狂が強烈すぎて、未来を先取りしすぎたことも大きな理由であるが、なんといっても時代は1984年。

　ユーザーがジョブズの熱狂を理解して、プロダクトを支持したとしても、ユーザーの規模が1984年にはきわめて限られたものであったことが原因である。ユーザーにマシンを売る以外、利益を得る方法がない状況において、これはアップルに致命傷にもなりかねないダメージを与える結果となった。

▶ ジョブズのアップル（iPhone）

　1996年にアップルコンピュータに復帰したジョブズは、1998年にiMacを世界大ヒットさせ初代マッキントッシュの屈辱を晴らす。その後、2001年にはiPodで音楽体験を変えるほどの大変革を起こした。

　そして2007年、いよいよ彼自身が「電話の再発明」と呼んだiPhoneを発表する。同じ年、発表の直前、社名から「コンピュータ」を取り除き、アップルへと名称変更を果たした。それほどiPhoneは、アップルにとっても社の運命を背負うほどの期待を背負っていた。

　iPhoneにおいても、その成功ストーリーはさまざまに語られてきた。ここではバリュー・インターセクションによって、いかに熱狂的ビジネスモデルを構築したのかを見ていく（図表9-3）。

　復帰後に立て続けにヒットを出したジョブズは、「指先で操ることのできるコンピュータ」を開発したいとの思いを抱くようになる。しか

図表9-3▶iPhone発売時のアップル

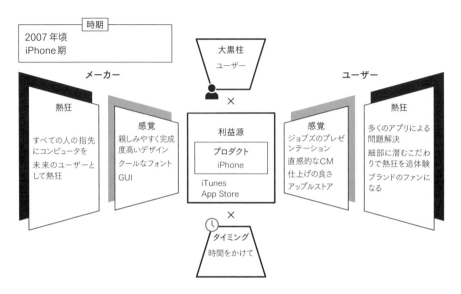

も、それ自体でインターネットに接続できるマシン。実は最初、タブレット型の端末、すなわち、iPadを製造するつもりだった。[2] 同時に、iPodを携帯電話へと進化させて発売する計画が並走しており、それらが1つに合流して現在のiPhoneとなる。

実は、ジョブズ不在中のアップルには、携帯端末で苦い経験があった。スタイラスペンを使った「ニュートン」を発売したが、全く売れず、瀕死のアップルをさらに破綻の道へと追い込んだ過去がある。

しかし、ジョブズのプロダクトはそれとは違っていた。見たこともないプロダクトなので、ユーザーがどう反応するかはわからない。ただ、彼には確信があった。ジョブズ本人が未来のユーザーだからだ。彼は自分が欲しいと思えるレベルにまで、プロダクトの質を向上させたのだ。

---

[2] Isaacson [2011].

まだ世にないプロダクトであるが、すでにiPodもiTunesも、ユーザーの支持を得ていた。

ジョブズは自信を持ってiPhoneをリリースした。そこでもアップルらしくGUIの美しさはもちろん、プロダクトとしてのiPhone本体のデザインも高品質であった。ものづくりの町、日本の新潟県燕市で仕上げがされる鏡面仕上げの美しい背面を持ち、手触りもそれまでの携帯電話とは異次元であった。

背面には、"Designed by Apple in California"という文字が躍る。このプロダクトにおいてデザインが何より重要であることが誇示された。ここから、製造拠点を持たないファブレス企業であるアップルにとって、デザインや表現が何より重要なシグネチャーであることを感じ取ることができる。

そして、このプロダクトがジョブズお得意のプレゼンテーションで世界中に知らしめられるや否や、瞬く間に大ヒットとなった。アメリカ以外の多くの国でも、1年遅れで2世代目にあたるiPhone 3Gから流通するようになった。

iPhoneは、価値獲得も洗練されている。本体から利益を得ることに加えて、App Storeでのアプリケーションの販売手数料やiTunesでの音楽販売などのより粗利の高いビジネスで最終利益を高めた。

iPhoneはジョブズ自身を未来のユーザーと見立てて創られたプロダクトである。iPodの成功から、ユーザーが何を欲しがっているのかは比較的容易に想像がついた。音楽プレーヤーとコンピュータと携帯電話の融合。ただし、それを単純に足し合わせただけではなく、全く新しいマシンとして世に送り出したのだ。この瞬間に、未来のユーザーは現在のユーザーとなった。携帯電話の進歩が一気に10年進む、まさに現実歪曲をやってのけたのだ。

▶ マスクのテスラモーターズ（高級スポーツカー）

シリコンバレーで生まれたEV企業、テスラモーターズ。その創業者は、マーティン・エバーハードとマーク・ターペニングの2人であった。創業後の資本調達段階で、イーロン・マスクが力を貸し、会社を拡大した功績者として、共同創業者と名乗る。事実、テスラモーターズが前進したのは、ひとえにマスクの力によるものであった。熱狂的ビジネスモデルでは、このときのテスラのビジネスは、図表9-4のように表現できる。

このビジネスモデルは、テスラ初の量産車であるテスラロードスターを開発中に、マスク自身が発表した「秘密のマスタープラン」に基づいている。彼はそのプランで、次のように述べている。[3]

> 「ご存知のように、テスラモーターズの最初の製品は、テスラロードスターというハイパフォーマンス電動スポーツカーです。しかしながら、私たちが長期的には、手頃な価格のファミリーカーを含む様々なモデルを生産しようと計画していることをご存知でない方も少なくはないでしょう。なぜこのような計画を立てているかというと、テスラモーターズの包括的な目的（そして私がこの会社に出資している理由）が、採掘しては燃やす炭化水素社会から、私が主要な持続可能ソリューションの1つであると考えるソーラー発電社会へのシフトを加速することだからです」

マスクは、ポルシェやフェラーリを加速で追い抜く、クールな電動スポーツカーを販売することを計画していた。しかし、本来の目的は、電動スポーツカーの創造ではなく、彼の内的必然性ともいえる「ゼロエミッション」の実現であった。化石燃料の自動車からもたらされる排ガ

---

[3] https://www.tesla.com/ja_jp/secret-master-plan

図表9-4 ▶ ロードスター開発時のテスラモーターズ

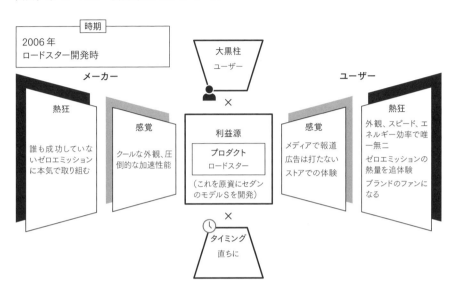

スをゼロにするために、既存の超高級スポーツカーをパフォーマンスで打ち負かす必要があったのだ。実際にテスラロードスターはスペック上、0-100km加速でそれをやってのけた。さらにスポーツカーとしてのスタイリングにも大いにこだわった。

　それによって、従来のガソリンを撒き散らして走る車に乗ることがカッコ悪いというイメージを持たせることが重要であった。しかも、エネルギー効率はトヨタのプリウスの倍。バリュー・インターセクションに描かれた2006年時点では、マスクとテスラ従業員の頭の中だけにある、まだ誰も見たことがない完全に熱狂的なプロダクトアウトのものづくりであった。まさにこれらが、ただの電気自動車とは一線を画すテスラのシグネチャーとなる。

　しかも、シリコンバレーのデジタル企業らしく、テスラモーターズに至っては価値獲得もしっかりと創り込まれている。これは、ベンチャー

264 第Ⅲ部◆熱狂するビジネスモデル

図表9-5▶秘密のマスタープラン（2006年8月2日の抜粋）

> ① スポーツカーを作る
> ② その売上で手頃な価格のクルマを作る
> ③ さらにその売上でもっと手頃な価格のクルマを作る
> ④ 上記を進めながら、ゼロエミッションの発電オプションを提供する

（出所）テスラウェブサイト（https://www.tesla.com/ja_jp/secret-master-plan）。

キャピタルとの良好な関係を保つためには、当たり前なのだろう（図表9-5）。

　高額のスポーツカーを販売し、その利益で高級セダンと、その先に普及価格帯のファミリーカー、さらには充電拠点をも創り上げるという長期のシナリオなのだ。それを臆面もなく、世の中に公表している。プロダクトの値段が高いが、ユーザーから得た利益を次の投資に回すためであり、それによってビジネスをさらに展開させることを明言したのだ。★4

　内的必然性に基づくプロダクトアウトでありながら、しっかりと利益を獲得しようとする姿勢も両立させている点に、未来のみを見据えて進む若き自動車会社の熱狂が垣間見える。

▶マスクのテスラ（普及価格帯へ）

　マスタープランを発表し、2009年にテスラロードスターが発売されると、そのクールさが話題になった。そして2012年、いよいよ高級スポーツセダンであるModel Sが発売される。価格は約6万ドルと、ロードスターの約10万ドルに比較すると手頃である。それでもメルセ

★4　詳しくは、川上［2017］を参照。

デス・ベンツやBMWのセダンと同価格の高級モデルであった。こうしたプロダクト創りも、就任時から変わらない「ゼロエミッション」という内的必然性に基づくものであった。

Model S以前は、メルセデスやBMWと肩を並べるほどの電気自動車は存在しなかった。しかもModel Sは、その外観もきわめてクールであった。居住性もトランクスペースも広く、極めつけは「オートパイロット」と呼ばれる半自動運転のシステムまで搭載し、申し分ないプロダクトであった。

さらにModel Sは、自動車本体がインターネットにつながっており、本体だけでソフトウェア・アップデートが可能 (OTA) なハードウェアを搭載していた。そのため、オートパイロットや基本システム (OS) 自体も、自動アップデートによって機能を向上させることができるのだ。機能の陳腐化の心配がない、まさに「走るスマートフォン」であった。

これらがテスラのシグネチャーとなって、世の中に認知されるようになった。いよいよ普及価格帯のModel 3を発表することになったのが、2016年である。この年、マスクは10年ぶりに「秘密のマスタープラン」を更新し、充電ネットワークや太陽光発電による持続可能なエネルギーのインフラを充実させることを表明する。

そして、2017年2月には社名から自動車企業をイメージさせる「モーターズ」を取り払い、現在のテスラへと改名する。このときの熱狂的ビジネスモデルを、バリュー・インターセクションで示したものが図表9-6である。

最初のモデルである高級スポーツカーのロードスターから、いよいよ普及車の大量生産へと舵を切るマスクの熱狂は、さらに強烈だった。価格はModel Sのさらに半額近い3万5000ドルであった。いまだかつて見たことのない普及価格帯のEVに、世の中は騒然とした。発表と同時に世界中から37万台以上の予約が入る。未来のユーザーに向けたプロダクトは、現在のユーザーの価値観を変えた。

しかも、このときマスクはとんでもない価値獲得を考案していた。通

図表9-6 ▶ 普及車開発時のテスラ

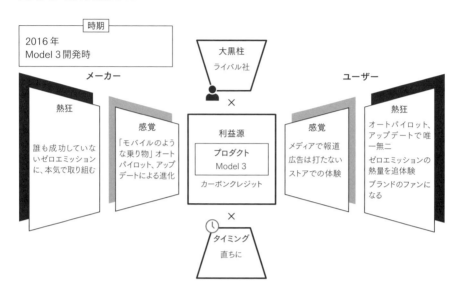

　常であれば、低価格で売り出すModel 3からは利益が出にくい。自動車産業では新規参入企業が、普及価格帯の自動車の生産販売を軌道に乗せることなど、夢のまた夢であった。

　大量に生産しない限りは、利益など到底生まれるはずもない。しかし、販売量を稼ぐために低価格で販売すれば、売れば売るほど損失を拡大させ、さらに首を絞めることになる。マスクはそんな初歩的な間違いは犯さなかった。

　彼には秘策があった。Model 3を販売するたびに発生するカーボンクレジットに注目したのだ。化石燃料を使う自動車を製造すれば、1台当たりペナルティを支払うことになる。その反対にEVはCO_2を発生させないため、クレジットが貯まるのだ。テスラはそのクレジットをライバル社に販売して利益を得たのだ。[5]

　これまでの自動車企業と同じ失敗をしないように、導入期のキャッ

シュショートは、ライバル社に副産物を販売することで乗り切った。まさにライバル社に課金して、彼らを大黒柱としたのだ。

熱狂的にプロダクトアウトを行い、それを大量生産し、多くのユーザーの支持も得る。さらには利益も確実に獲得する。マスクの熱狂が新たなビジネスモデルを作り出し、自動車産業の進化を非連続なものにした。マスクもまた熱狂によって、現実歪曲をやってのけたのだ。

ここまで、アップルにおいてはマッキントッシュとiPhone、テスラにおいてはロードスターとModel 3といった、それぞれのプロジェクトを熱狂的ビジネスモデルの枠組みで分析してきた。これらは熱狂的ビジネスモデルの要件を満たす数少ない事例である。既存のケーススタディやビジネスモデル分析でも幾度となく取り上げてこられた事例であるが、主にユーザー価値と生産方式がクローズアップされてきた。

これに対して、バリュー・インターセクションの視点では、熱狂的なプロダクトアウト、未来ユーザーとしての起業家、そしてプロダクト販売に依存しない利益獲得、といったイノベーティブな企業の特徴を引き出すことができる。

いかに自分価値を押し出しながら、利益獲得を実現するか。それを可視化するのが、バリュー・インターセクションの特徴である。

4. ビジネスモデルを熱狂的にするために

▶バリュー・インターセクションの特異点

イノベーションを成功させるには、価値創造と価値獲得の両方の革新性が求められる。筆者が携わってきた利益イノベーションの研究蓄積と

★5 詳しくは、川上 [2021] を参照。

図表9-7 ▶ 価値創造の一貫性と価値獲得の多様性

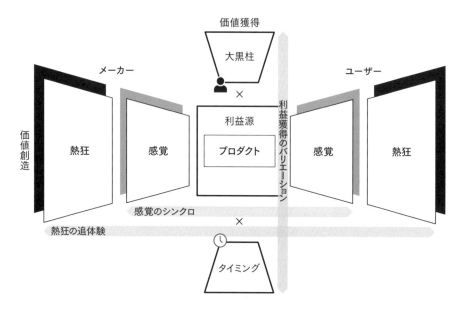

　本書で導き出したアートマインドセットを融合した、バリュー・インターセクションは、革新的なビジネスモデルを可視化するのにふさわしいデザインツールであるといえる。

　自分価値を発信源としてプロダクトをユーザーに届ける価値創造と、それに加えてなんとしてでも利益を生み出そうとする価値獲得の2つの特徴が、これまでのビジネスモデルの考え方とバリュー・インターセクションの大きく異なる点である。

　これらの特異点は、熱狂的ビジネスモデルを設計する際に、2つのチェックポイントを我々に示してくれる（図表9-7）。1つ目は、横に走る価値創造の一貫性、つまり、「感覚のシンクロと熱狂の追体験」である。2つ目は、縦を貫く価値獲得の多様性である「利益獲得のバリエーション」である。

　これらの点は、既存のビジネスを分析する際にも有効であり、既存の

ビジネスモデルの分析枠組みでは見えてこなかった視座を提供してくれる。以下では、すでに触れたアップルとテスラのそれぞれのプロジェクトの内容も踏まえながら見ていくことにしよう。

▶価値創造の一貫性

価値創造の一貫性は、横の関係である「感覚のシンクロ」と「熱狂の追体験」で表すことができる。実際のところ、企業がプロダクトを生み出す際には、感覚レベルにとどまらず熱狂レベルでユーザーとつながる必要がある。

一般的にプロダクトの良し悪しは、感覚で評価される。多くのユーザーに愛されるためには、メーカーの感覚が優れていることは、非常に重要だ。いわゆる「センスの良し悪し」は、そのままメーカーの感覚を意味しているからだ。

プロダクトやユーザーインターフェースのデザインは、メーカーの感覚の良し悪しで決定するといっても過言ではない。メーカーの感覚が悪いと、ユーザーの評価は悪くなる。感覚の悪いプロダクトを、ユーザーが一方的に過大評価することはありえない。デザイン思考が注目を浴びたのは、メーカーとユーザーとの間の感覚レベルでのシンクロを実現しようとしたことにある。このことが重要であることは論をまたない。

ただし、いくら感覚を研ぎ澄ませたところで、ユーザーをそのプロダクトに熱狂させることは難しい。ユーザーの熱狂には、プロダクト制作に先立つメーカー自身の熱狂が不可欠なのだ。経営者として、事業担当者として、あるいは開発責任者として、どのような原体験や内的必然性のもとに、そのプロダクトを生み出すようになったのか。それがユーザーに伝われば、メーカーの熱狂を追体験できる。いわゆる「ストーリー」だ。

マッキントッシュとiPhoneにおいて、アップルはデザインの美しさと、直感的なユーザーインターフェースで、ユーザーと感覚のシンクロ

を実現していた。他方で、ジョブズは「新たなテクノロジーをなんとしても普及させる」ことに熱狂していた。

彼のプレゼンテーションや、当時のアップルのCMは、まさにそのことに重点を置いて物事を伝えようとしていた。プロダクトのスペックなどには、ほとんど触れない。デザインについても、ほどほどである。

それよりも大切なことは、このプロダクトが彼の熱狂に基づいて、これまでの価値観を覆すものであり、これからはそれが主流になると信じて疑わないこと。そのような内的必然性がユーザーに伝わることで、プロダクトは競合他社が模倣したとしても特別な存在であり続けることができるのだ。

ロードスターとModel 3においても、テスラはこれまでにない自動車の世界観を見せようとした。EVによる加速体験と新たなデザイン、そして、自動車ではこれまで見たこともない未来的なユーザーインターフェースで、感覚のシンクロを実現する。

マスクもまた長らく1つのテーマに熱狂してきた。その内的必然性は「ゼロエミッションで地球環境を良くする」こと。ロードスターではそれを高級スポーツカーで、Model 3では普及車で表現してみせた。そうしたプロダクトから、当初は感覚でつながっていたユーザーも、乗るたびにマスクの「本気のゼロエミッション」を感じ、熱狂することとなる。

ものづくりにおいては、まず感覚のシンクロは重要である。それはデザインの良し悪しといった外見に表れる。ただし、感覚は模倣可能である。デザインやユーザーインターフェースは表面に出てくるため、いくら尖らせようともすぐに模倣されてしまうのだ。iPhoneもModel 3も、追随するメーカーに短時間に模倣されている。

むしろ、それは仕方がないことだ。感覚が良いほど、追随者は放っておかない。シグネチャーはオマージュされる運命にあるのだ。ただし、現実のビジネスの世界では、オマージュではなく、ただ単純に敬意のない模倣が無節操に繰り返されていくことが多いのもまた事実である。ともあれ感覚については外見上に表れるため、テクノロジーが劇的に進展

した現代においては、それをいくら研ぎ澄ませても模倣は避けられない
だろう。

　しかし、熱狂は違う。熱狂は模倣できないのだ。そこに嘘があると、
ユーザーは目ざとく感じ取る。逆に、プロダクトに熱狂が込められてい
ることを理解できているユーザーは、そのプロダクトを長く愛する。い
くら模倣されても、アップルとテスラのユーザーが離れないように。彼
らは、ジョブズやマスクの熱狂の追体験をしているのだ。

　熱狂はプロダクトの内面にある、メーカーの内的必然性であるため、
表面を見ただけではわからない。加えて、それが何であるのかは、メー
カーが言語化しない限り見えてこないのだ。熱狂は、長く時間をかけて
ユーザーに理解され、無意識にそのプロダクトを愛する理由になってい
る。

　メーカーの内的必然性は何か、メーカー自身がプロダクト創りに熱狂
しているか、そのプロダクトでユーザーが熱狂を追体験できているだろ
うか。すべてのメーカーは、直ちにそれを検証してほしい。

▶ 価値獲得の多様性

　価値獲得の多様性は、利益の生み方が硬直化していないかどうかを確
認するための概念である。

　既存ユーザーに、マイナーチェンジしたプロダクトを生み出すこと
は、価値獲得の観点から見て精神的に最も安心できる。熱狂的ビジネス
モデルは、これとは真逆のことをする。未来のユーザーに向けて革新的
なプロダクトを生み出すのだ。

　その際に感じる、経験豊かな財務担当者の精神的な不安定感は、言葉
にできないものがあるだろう。結果、社内から猛反対され、革新的なプ
ロダクト販売は取り止めになるか、よりユーザーにおもねった妥協の産
物として市場投入されることになるかもしれない。

　しかしながら、このような状況はあってはならない。価値獲得が価値

創造を邪魔するなど、あってはならないのだ。価値獲得は、価値創造あってこその存在である。プロダクトの良し悪しを脇に置いて、利益を皮算用するなど、企業都合以外の何物でもない。そのようなプロダクトにユーザーが熱狂することはない。それは結論として、中長期的に見れば利益を害する行動にほかならないのだ。

そこで、バリュー・インターセクションでは、生み出した革新的プロダクトを販売するという単純な利益獲得の方法以外にも、さまざまな方法を使って全体としての事業利益を生み出すことを推奨する。その方法は、概観しただけでも30パターン（図表8-6参照）、さらに作り出せば無数にあるのだ。

プロダクトを販売することだけに固執する意味は全くない。まだマーケットが存在しない革新的なプロダクトを生み出そうとするなら、なおさら売上だけに社の命運を託すのは危険な行為だ。プロダクト以外からも収益を生み、全体として利益を得る方法がないかを検討することが求められる。

アップルも、初期段階においては価値獲得に多様性が見られなかった。マッキントッシュの価値獲得は、まさにプロダクト販売そのものであり、想定よりも販売数が下回り、ジョブズが役職を解かれる羽目になった。

1980年代、まだまだモノが売れる時代には、プロダクト販売以外の価値獲得を想定することは不可能であったかもしれないが、あの時に利益獲得のバリエーションを持っていたら、と別の世界線を想像してしまうのは愚かな妄想だろうか。

他方、iPhoneにおいては実にさまざまな利益源を用意し、それらを時間をかけて事業利益にする価値獲得を仕込んでいる。この事実を見れば、ジョブズはあの手痛いマッキントッシュの伏線を、iPhoneの価値獲得で回収したのではないかとさえ思えてしまう。

マスクにおいても、あれだけの革新的なプロダクトを発表したが、利益については思ったよりも見込めなかった。ロードスターは高価格で売

りに出したもののプロダクト販売であったため、利ざやを稼ぐ以外に方法がなかった。しかも、自動車生産は想像以上に投資と操業経費がコストを引き上げる。その教訓から、普及車Model 3を大量生産して大量販売する際には、プロダクト販売という価値獲得は使わなかった。プロダクト以上の利益源である、カーボンクレジットを主役にしたのだ。これによりテスラは、2020年に初めて黒字化に成功した。価値創造と価値獲得のイノベーションを両立させたことがわかる。

　価値獲得は、革新的なプロダクト創造を支えるためにある。プロダクト販売に依拠する価値獲得は、時に価値創造の歩みを止めてしまう。価値創造のイノベーションのためには、売れ行き予測が困難なプロダクト以外からも利益を得られるよう、価値獲得のバリエーションを広く捉えることが不可欠である。イノベーションを志す事業プロジェクトでは、必ず検討してほしい。

　ここまでバリュー・インターセクションの特徴を述べながら、ビジネスモデルをより革新的かつ熱狂的にする要点を明らかにしてきた。既存のユーザーファーストではないプロダクトをどのように送り出し、未来のユーザーの支持を得るのか。それでいてどうやって利益を生むのか。

　バリュー・インターセクションによって、世に認められた革新的なプロダクトや、これまでかかわってきた実際のプロジェクトに当てはめ、担当者の視点で追体験する。そのシミュレーション経験を糧として、ものづくりを行う担当者は、熱狂的にプロダクト開発とビジネスモデル構築を行っていただきたい。

5. バリュー・インターセクションによる革新的ビジネスづくりへ

　熱狂的ビジネスモデルの主目的は、過去の革新的なビジネスを説明する以上に、これから新たに革新的なビジネスを生み出すために用いるこ

とにある。それは、創造性を発揮しつつも、利益を上げることのできるビジネスづくりそのものを意味している。

その際には、バリュー・インターセクションが力を発揮する。水平にはビジネス・アートマインドセット（BAM）が走っており、それがアーティスティックな価値創造を推進する。加えて垂直に貫く利益方程式が価値獲得の幅を広げる。

BAMに基づく価値創造は、プロダクトアウトゆえ、これまでのマーケットインやユーザーファースト（顧客第一）に慣れ親しんだビジネスパーソンにとっては違和感があるだろう。それ以上に、恐怖感もあるかもしれない。しかし、安心してほしい。

本書がアートに学んできた理由はここにある。非連続な状況でどのようにイノベーションに向き合うのか。自身が成し遂げたいことをプロダクトに込め、人々をリードする。それこそがビジネスに求められるマインドセットである。

それはきわめて挑戦的な取り組みとなるため覚悟が必要だ。しかし、ユーザーにおもねったとて結果は同じだ。短期的に利益は得られるかもしれないが、より長期の利益の源泉とはならず、企業価値に大きなインパクトは与えないだろう。

革新的な価値創造を支える、多様な価値獲得を実現するバリュー・インターセクション。このフレームワークが、企業のアートマインドセットの促進に一役買うことを願っている。

なお、このフレームワークは、アーティストにも有益である。創造性を犠牲にせず経済的安定性を手に入れることに、アーティストは日々苦悩しているだろう。企業のイノベーションにヒントをくれた彼ら・彼女らにも役立ててもらいたい。

おわりに

プロダクトアウトのものづくり。「今さらそんな馬鹿な」と衝撃を受けた読者がおられるかもしれない。しかし、何を信じればよいのかすら定かではない現代において求められるものづくりの姿勢とは、まさにプロダクトアウトなのではないだろうか。

もちろん、顧客（ユーザー）を喜ばせることが企業の真の目的であることに変わりはない。しかし、これだけ移り変わりが激しい世の中で、現在のユーザーの顔色を見ることは、果たして正しい企業行動と言えるだろうか。少なくとも筆者は、そうは思わない。

売れるからつくる。うけるから企画する。儲かるから真似る。長らくはそれでよかった。そうして現在のユーザーにおもねりすぎたプロダクトやサービスが出来上がり、最終的にユーザーを喜ばせることができなくなってしまった。

特にものづくりに対しては、プロダクトの機能部分や明らかな「痛み（ペイン）」に焦点を当てたプロダクトが生み出されるため、どれも似通ったものになりがちだ。しかし、相変わらず流行のマーケティング手法では、現在のユーザーを中心に分析がなされるし、ものづくりが行われる。短期的な利益は生み出せても、企業の個性がなくなってしまうのは無理もないだろう。

そこで本書では、「自分価値」を中心とした価値創造のあり方を提示した。その最良の手本となるのが、アートだ。最近耳目を引く現代アートではなく、美術史的に評価が確立されているルネサンス期から近代周辺のアーティストを分析対象とすることで、「尖った価値創造」がいかに生み出されるのかを明らかにした。価値創造のヒントはすでに美術館にあったのだ。

ロンドンで研究生活を送っていた筆者にとっては、「コスパの高い」

エンタテインメントとして絵画鑑賞は日常の趣味となっていた。鑑賞作品数を重ね、ジャンルも多様になっていくごとに、ふとごく当たり前の疑問を持つようになった。

「アートとは何を指すのか？」
「イラストとはどう違うのか？」
ひいては、「究極的に、ものづくりとは何なのか？」

奇をてらった言い方をするなら、絵画から語りかけられたのかもしれない。そうして導かれるように近隣の大英図書館で調べ物をしていたときに、ワシリー・カンディンスキーの著述に出会った。そこに書いてあった、100年以上前の雑誌記事の1行が、筆者のアート、いやすべての「もの」を見る感度を後戻りできないほど大きく変えてしまった。

感動→感覚→アート作品→感覚→感動
"Emotion – Gefühl – Werk – Gefühl – Emotion."

今でも、この一文を見ると胸から熱いものが湧き上がるのを感じる。すでに本書を読んでいただいた方はわかるように、創り手の熱狂なきものはアートではない。それだけにとどまらず、それが受け手を熱狂させて初めてアートと言える。

本書ではこのアーティストが持つべきマインドセットを、すべての「ものづくり」、すなわち、価値創造に当てはめることに挑んだ。それはマインドセットであり、単なる思考などではなく、それをも含む意欲や精神などの創作態度だ。

ここに、受け手におもねった創作をするという考えは皆無だ。もちろん、作品を創り出したあとに、受け手にその価値を伝える努力をしたり、「わかる人にはわかる」要素が、受け手を魅きつけてやまない状況を生み出すことはある。

しかし、価値創造のスタートは創り手自身が心震えたこと、あるいは、「これこそが自分が欲するものであり見たい作品だ」という「熱狂」こそが出発点なのだ。それは価値創造の中心を「自分価値」に置くことにほかならない。

ただし、それはユーザーを置いてきぼりにするという意味ではない。かといって、政治やコスト優先といった「会社都合」で生み出す旧来のプロダクトアウトでもない。自分こそが未来のユーザー代表であり、これこそが欲しかったのだと言えるものを生み出す「未来のユーザーファースト」を体現する考えなのだ。そうして、企業は初めてユーザーをリードできる存在となる。現に、スティーブ・ジョブズやイーロン・マスクがそうであったように。

価値創造の中心を「自分価値」に置くには、あなたが自分の企業のプロダクトをどれだけ愛しているのか、その問題がどれほど重要であるのかを熱を持って説明できることが問われるが、果たしてどうだろうか。既存ユーザーをできるだけ調査して、答えをもらおうとしていないだろうか。ユーザーの状況を知るのは重要だが、知りすぎて同情すると、あなたの存在意義は薄まる。皮肉なことに、差別化をしようと詳細な調査をした結果、なぜか同質化してしまう、エッジが丸まってしまう。そんな経験はないだろうか。

過度なマーケティング信奉により、自分を見失っては本末転倒だ。顧客は「答え」を握っているが、企業は「問い」を握っているのだ。いつの間にか、問いがないのに「答えの良し悪しを比較する」ことに奔走していないだろうか。それを続けたところで、対症療法にしかならず、長期的な価値創造と価値獲得の成果は得られない。

世の中は、あなたの企業の「問いかけ」を待っているのだ。だから本書では、現在のプロダクトにも創り手の熱狂があるのか、それを説明できるのか、顧客はプロダクトのどの部分を愛してくれているのか。そこからアプローチした。

本書を読まれたビジネスパーソンの皆さんには、積極的に美術館に足

を運んでほしいと思っている。幸運なことに、印象派などの展覧会は日本でも年に数回開かれている。抽象絵画でもよい。解釈が難解な作品からは、ぜひ創り手の「熱狂」を感じ取ってほしい。

その際にキャプション（解説）は見ないでほしい。そして、どのような形でもよいので、あなたの感覚に訴えかけるものがあったら、ぜひそのままの感覚を言語化していただきたい。その後、キャプションやパンフレット、それにインターネットなどで解説を見る。あなたの感覚と、創り手の熱狂と感覚が一致してくれば、あなたのものづくりの感覚は知らぬ間に高まっているだろう。

西洋絵画などはハードルが高いと思われた方は、ぜひ本書を持って美術館巡りをすることをお勧めする。特にパリやロンドン、あるいはニューヨークで絵画を見るチャンスがあれば、それらがどのような系譜にあるのかを把握しておくだけでも意味がある。特に第4章の図表4-10「代表的なアーティストの感覚」を手がかりとして鑑賞に挑んでほしい。熱狂と感覚を理解する際の最良のパートナーとなってくれるだろう。

アートから熱狂と感覚についてヒントを得たビジネスパーソンは、ビジネスに最適化したアートマインドセットを手に入れることができると信じている。

加えて、本書はビジネスマインドを補強したいアーティストを応援するという目的も有している。ビジネスパーソンばかりがアートから恩恵を得るのは不公平だ。良質なアートを見せてもらうためにも、アーティストにもビジネス的に成功してほしいと切に願っている。アーティストには、単純にパトロンによってストックの資金的援助をしてもらう以上に、安定的に創作を続けるためのサスティナブルなフローが必要だ。

アーティストにとっても、創作した作品をベースにどのようにマネタイズし、価値獲得をするのかといった視点が、欠かせないのだ。アーティストの方々には、ぜひ第Ⅲ部を中心に読んでいただき、サイドA（Art）からビジネスマインドを強化して、ビジネス・アートマインドセットを完成させてほしい。美術館の理事やアートクラブのメンバーと

して、アート界隈のビジネスのために力を注いでいる身として、この点もなんとしてもサポートさせていただきたいところである。

　本書は、東洋経済新報社から出版する3冊目の「作品」である。出版局の佐藤敬さんには同社でのすべての著書を担当していただいている。経営書でありながら、アート作品が多く登場するという変わり種にまでつきあっていただいた「熱狂」に心から感謝したい。また、編集者の三浦たまみさんは、長年にわたって私の考えなどを知る理解者であるだけでなく、奇遇なことにご自身もアートに精通し、アート関連の書籍を出版される著者でもある。三浦さんには、私の筆の「感覚」を高めていただいたことにお礼を申したい。

　また、本書の着想や制作にあたっては、他にもさまざまな皆さんの協力を得た。特に、筆者が理事を務める公益財団法人諸橋近代美術館の館長である諸橋英二さんと評議員の諸橋寛子さんには、アート業界のイロハをご教示いただいた。お二人の存在が、本書の内容を一層豊かにしていただいたことに深く感謝する。

　さらに、イギリスのアーティストであるP・J・クルックさんには公私にわたるお付き合いをいただき、ロンドンでの生活を有意義なものにしていただいた。著名なアーティストである彼女と、パートナーのリチャードさんのおかげで、アートマインドセットがなにかを考え、理解を深めるきっかけをもらったうえに、本書についても助言を頂いた。記して謝意を表したい。

　最後に、とかく厳しい状況で経済活動や創作活動をするすべての人々が、自分らしいものづくりをしながら、必要なリターンを得られる仕組みがつくれるようになることを祈念している。きっとこの先、皆さんが世界をリードできることを信じて。その際に、ビジネス・アートマインドセットがお役に立てたならば、これほど嬉しいことはない。

参考文献

- Afuah, A. [2003] *Business Models: A Strategic Management Approach.* McGraw-Hill.
- Baticle, J. [1986] *Goya: D'or et de Sang.* Fayard（高野優訳『ゴヤ——スペインの栄光と悲劇』創元社，1991年）.
- Bell, K. [2008] "The MFA Is the New MBA." *HBR.Org.* April 15.
- Bernard, E. [1912] *Souvenirs sur Paul Cézanne et Lettres. Troisième edition.* A La Rénovation Esthétique（有島生馬訳『改訳 回想のセザンヌ』岩波文庫，2000年）.
- Bernstein, J. S. [2006] *Arts Marketing Insights: The Dynamics of Building and Retaining Performing Arts Audiences.* Jossey-Bass（山本章子訳『芸術の売り方——劇場を満員にするマーケティング』英治出版，2007年）.
- Bourdieu, P. [2017] *Pierre Bourdieu Manet: A Symbolic Revolution.* Polity Press.
- Brooke-Hitching, E. [2022] *The Madman's Gallery: The Strangest Paintings, Sculptures and Other Curiosities From the History of Art.* Simon & Schuster（藤井留美訳『世界奇想美術館——異端・怪作・贋作でめぐる裏の美術史』日経ナショナルジオグラフィック，2023年）.
- Brown, T. [2019] *Change by Design, Revised and Updated: How Design Thinking Transforms Organizations and Inspires Innovation.* Harper Business（千葉敏生訳『デザイン思考が世界を変える（アップデート版）——イノベーションを導く新しい考え方』早川書房，2019年）.
- Cézanne, P., and É. Zola [2016] *Lettres Croisées 1858-1887.* Gallimard（吉田典子・高橋愛訳『セザンヌ＝ゾラ往復書簡 1858-1887』法政大学出版局，2019年）.
- Dali, S. [1964] *Journal d'un Génie.* La Table Ronde（東野芳明訳『天才の日記』二見書房，1971年）.
- ——— [1974] *Dali 50 Secrets Magiques.* Edita（音土知花訳『ダリ——私の50の秘伝』マール社，2009年）.
- Daum, K. [2005] "Entrepreneurs: The Artists of the Business World." *Journal of Business Strategy* 26(5): 53-57.
- Deci, E. L. [1972] "Intrinsic Motivation, Extrinsic Reinforcement, and Inequity." *Journal of Personality and Social Psychology* 22(1): 113-120.
- Dunne, A., and F. Raby [2013] *Speculative Everything: Design, Fiction, and Social Dreaming.* The MIT Press（千葉敏生訳『スペキュラティヴ・デザイン——問題解決から，問題提起へ。』BNN新社，2015年）.

- Dweck, C. S. [2006] *Mindset: The New Psychology of Success*. Random House（今西康子訳『マインドセット——「やればできる！」の研究』草思社，2016年）.
- Edwards, B. [2012] *Drawing on the Right Side of the Brain: The Definitive, 4th edition*. TarcherPerigee（野中邦子訳『決定版 脳の右側で描け（第4版）』河出書房新社，2013年）.
- Farthing, S. ed [2021] *Art: The Whole Story*. Thames & Hudson（樺山紘一監修『世界アート鑑賞図鑑（改訂版）』東京書籍，2023年）.
- Galloway, S. [2017] *The Four: The Hidden DNA of Amazon, Apple, Facebook, and Google*. Portfolio（渡会圭子訳『the four GAFA 四騎士が創り変えた世界』東洋経済新報社，2018年）.
- Gasquet, J. [1926] *Cézanne*. Éditions Bernheim-jeune（與謝野文子訳『セザンヌ』岩波文庫，2009年）.
- Gold, R. [2007] *The Plenitude: Creativity, Innovation, and Making Stuff*. The MIT Press.
- Gombrich, E. H. [1995] *The Story of Art 16th ed.* Phaidon Press（天野衛ほか訳『美術の物語』河出書房新社，2019年）.
- Harlow, H. F. [1953] "Motivation as a Factor in the Acquisition of New Responses." in J. S. Brown, et al., *Current Theory and Research in Motivation: A Symposium*. University of Nebraska Press, pp.24-49.
- Herman, A. E. [2016] *Visual Intelligence: Sharpen Your Perception, Change Your Life*. Houghton Mifflin Harcourt（岡本由香子訳『観察力を磨く 名画読解』早川書房，2016年）.
- Hertzfeld, A. [1981] "Reality Distortion Field." *Folklore* (https://www.folklore.org/Reality_Distortion_Field.html).
- Hockney, D., and Gayford, M. [2020] *A History of Pictures: From the Cave to the Computer Screen*. Thames & Hudson（木下哲夫訳『絵画の歴史——洞窟壁画からiPadまで（増補普及版）』青幻舎，2020年）.
- Hockney, D. [2006] *Secret Knowledge: Rediscovering the Lost Techniques of the Old Masters. New and Expanded Edition*. Avery（木下哲夫訳『秘密の知識——巨匠も用いた知られざる技術の解明』青幻舎，2006年）.
- Hook, P. [2009] *The Ultimate Trophy: How the Impressionist Painting Conquered the World*. Prestel Pub（中山ゆかり訳『印象派はこうして世界を征服した』白水社，2009年）.
- ——— [2013] *Breakfast at Sotheby's: An A-z Of The Art World*. Particular Books（中山ゆかり訳『サザビーズで朝食を——競売人が明かす美とお金の物語』フィルムアート社，2016年）.

- ――――[2017] *Rogues' Gallery: A History of Art and its Dealers.* Profile Books（中山ゆかり訳『ならず者たちのギャラリー――誰が「名画」をつくりだしたのか？』フィルムアート社，2018年）.
- Isaacson, W. [2011] *Steve Jobs.* Simon & Schuster（井口耕二訳『スティーブ・ジョブズ Ⅰ・Ⅱ』講談社，2011年）.
- Kandel, E. R. [2016] *Reductionism in Art and Brain Science: Bridging the Two Cultures.* Columbia University Press（高橋洋訳『なぜ脳はアートがわかるのか――現代美術史から学ぶ脳科学入門』青土社，2019年）.
- Kandinsky, W. [1912] *Über das Geistige in der Kunst 4th ed.* Benteli Verlag（西田秀穂訳『カンディンスキー著作集1 抽象芸術論――芸術における精神的なもの』美術出版社，1958年）.
- ――――[1913a] "Malerei als reine Kunst." *Der Sturm* 178/179: 98-99.
- ――――[1913b] *Rückblick. Mit einer Einleitung von Ludwig Grote und mit acht Farbtafeln.* Woldemar Klein Verlag（西田秀穂訳『カンディンスキー著作集4 回想』美術出版社，1979年）.
- ――――[1926] *Punkt und Linie zu Fläche : Beitrag zur Analyse der malerischen Elemente.* Benteli Verlag（西田秀穂訳『カンディンスキー著作集2 点・線・面――抽象芸術の基礎』美術出版社，1979年）.
- ――――[1955] *Essays über Kunst und Künstler.* Benteli Verlag（西田秀穂・西村規矩夫訳『カンディンスキー著作集3 芸術と芸術家――ある抽象画家の思索と記録（改訂版）』美術出版社，1987年）.
- Loran, E. [1963] *Cézanne's Composition: Analysis of His Form with Diagrams and Photographs of His Motifs. 3rd ed.* University of California Press（内田園生訳『セザンヌの構図』美術出版社，1972年）.
- Magretta, J. [2002] "Why Business Models Matter." *Harvard Business Review* 80(5): 86-92（村井章子訳「ビジネスモデルの正しい定義」『DIAMONDハーバード・ビジネス・レビュー』2022年8月号，pp.123-132）.
- Meara, T., and L. Alexander [2019] *Central Saint Martins Foundation in Art + Design: Key Lessons in Fashion, Fine Art, Graphic and Three-dimensional Design.* Ilex Press（倉地三奈子訳『世界最高峰の美術大学セントラル・セント・マーチンズで学ぶ デザイン・アートの基礎課程』BNN，2022年）.
- Merchant, B. [2017] *The One Device : The Secret History of the iPhone.* Little, Brown and Company（倉田幸信訳『ザ・ワン・デバイス――iPhoneという奇跡の"生態系"はいかに誕生したか』ダイヤモンド社，2019年）.
- Mintzberg, H. [2023] *Understanding Organizations...Finally!: Structure in Sevens.* Berrett-Koehler Publishers（池村千秋訳『ミンツバーグの組織論――7つの類型と力

学，そしてその先へ』ダイヤモンド社，2024年).

- Naylor, G. [1990] *The Arts and Crafts Movement: A Study of Its Sources, Ideals and Influence on Design Theory.* Trefoi Publications（川端康雄・菅靖子訳『アーツ・アンド・クラフツ運動』みすず書房，2013年).

- Osterwalder, A., and Y. Pigneur [2010] *Business Model Generation: A Handbook for Visionaries, Game Changers, and Challengers.* John Wiley & Sons（小山龍介訳『ビジネスモデル・ジェネレーション——ビジョナリー，イノベーターと挑戦者のためのハンドブック』翔泳社，2012年).

- Park, M. [2001] *Ambiguity, and the Engagement of Spatial Illusion within the Surface of Manet's Paintings.* Ph.D. diss., University of New South Wales.

- Pink, D. H. [2005] *A Whole New Mind: Why Right-Brainers Will Rule the Future.* Riverhead Books（大前研一訳『ハイ・コンセプト——「新しいこと」を考え出す人の時代』三笠書房，2006年).

- ——— [2009] *Drive: The Surprising Truth About What Motivates Us.* Riverhead Books（大前研一訳『モチベーション3.0——持続する「やる気！」をいかに引き出すか』講談社，2010年).

- Schlender, B., and R. Tetzeli [2015] *Becoming Steve Jobs: The Evolution of a Reckless Upstart into a Visionary Leader.* Crown Business（井口耕二訳『スティーブ・ジョブズ——無謀な男が真のリーダーになるまで　上・下』日本経済新聞出版社，2016年).

- Steadman, P. [2001] *Vermeer's Camera: Uncovering the Truth Behind the Masterpieces.* Oxford University Press（鈴木光太郎訳『フェルメールのカメラ——光と空間の謎を解く』新曜社，2010年).

- Thomas, H. [1972] *Goya: The Third of May 1808.* Allen Lane（都築忠七訳『ゴヤ——1808年5月3日』みすず書房，1978年).

- Verganti, R. [2016] *Overcrowded: Designing Meaningful Products in a World Awash with Ideas.* The MIT Press（八重樫文・安西洋之監訳『突破するデザイン——あふれるビジョンから最高のヒットをつくる』日経BP社，2017年).

- Whitaker, A. [2016] *Art Thinking: How to Carve Out Creative Space in a World of Schedules, Budgets, and Bosses.* Harper Business（不二淑子訳『アートシンキング——未知の領域が生まれるビジネス思考術』ハーパーコリンズ・ジャパン，2020年).

- Yenawine, P. [2013] *Visual Thinking Strategies: Using Art to Deepen Learning Across School Disciplines.* Harvard Education Press（京都造形芸術大学アート・コミュニケーション研究センター訳『どこからそう思う？　学力をのばす美術鑑賞』淡交社，2015年).

284　参考文献

- アインシュタイン，アルバート／ジグムント・フロイト［2016］『ひとはなぜ戦争をするのか』浅見昇吾訳，講談社学術文庫.
- 秋田麻早子［2019］『絵を見る技術——名画の構造を読み解く』朝日出版社.
- 秋丸知貴［2013］『ポール・セザンヌと蒸気鉄道——近代技術による視覚の変容』晃洋書房.
- 秋元雄史［2019］『アート思考——ビジネスと芸術で人々の幸福を高める方法』プレジデント社.
- 秋山聰・田中正之監修［2021］『西洋美術史』美術出版社.
- 朝山絵美［2024］『ビジネスで成功する人は芸術を学んでいる——MFA入門』プレジデント社.
- 荒川裕子［2023］『もっと知りたいターナー　生涯と作品（改訂版）』東京美術.
- 池澤摩耶［2023］『イギリスが教えてくれた　小さなサプライズが子どもの才能とやる気を引き出す「ひとつのケーキ」と「アート思考」』KADOKAWA.
- 大髙保二郎・松原典子［2011］『もっと知りたいゴヤ　生涯と作品』東京美術.
- 尾崎彰宏［1995］『レンブラント工房——絵画市場を翔けた画家』講談社選書メチエ.
- 川上昌直［2011］『ビジネスモデルのグランドデザイン——顧客価値と利益の共創』中央経済社.
- ————［2013］『儲ける仕組みをつくるフレームワークの教科書』かんき出版.
- ————［2017］『マネタイズ戦略——顧客価値提案にイノベーションを起こす新しい発想』ダイヤモンド社.
- ————［2019］『「つながり」の創りかた——新時代の収益化戦略　リカーリングモデル』東洋経済新報社.
- ————［2021］『収益多様化の戦略——既存事業を変えるマネタイズの新しいロジック』東洋経済新報社.
- 神田房枝［2020］『知覚力を磨く——絵画を観察するように世界を見る技法』ダイヤモンド社.
- ゴーギャン，ポール［1988］『ゴーギャンの手紙』東珠樹訳編，美術公論社.
- 小林秀雄［2020］『近代絵画』新潮文庫.
- 小林頼子［2021］『フェルメールとそのライバルたち——絵画市場と画家の戦略』KADOKAWA.
- 佐宗邦威［2019］『直感と論理をつなぐ思考法』ダイヤモンド社.
- 末永幸歩［2020］『「自分だけの答え」が見つかる　13歳からのアート思考』ダイヤモンド社.
- 高階秀爾［1997］『芸術のパトロンたち』岩波新書.
- ————［2017a］『カラー版 近代絵画史（増補版）　上——ロマン主義，印象派，ゴッホ』中公新書.

- ─────［2017b］『カラー版 近代絵画史（増補版） 下──世紀末絵画，ピカソ，シュルレアリスム』中公新書.
- ─────［2023a］『カラー版 名画を見る眼Ⅰ──油彩画誕生からマネまで』岩波新書.
- ─────［2023b］『カラー版 名画を見る眼Ⅱ──印象派からピカソまで』岩波新書.
- 髙橋芳郎［2022］『画商が読み解く 西洋アートのビジネス史』ディスカヴァー・トゥエンティワン.
- 電通美術回路編［2019］『アート・イン・ビジネス──ビジネスに効くアートの力』有斐閣.
- 永井隆則［2012］『もっと知りたいセザンヌ 生涯と作品』東京美術.
- ─────編［2019］『セザンヌ──近代絵画の父，とは何か？』三元社.
- 南波克行ほか［2023］「特集：A24とアメリカ映画の現在 （座談会）拡散するムード，孤絶した家」『ユリイカ』55（8）：98-113.
- 野々村健一［2023］『問いかけが仕事を創る』角川新書.
- 延岡健太郎［2011］『価値づくり経営の論理──日本製造業の生きる道 』日本経済新聞出版社.
- ─────［2021］『アート思考のものづくり』日本経済新聞出版.
- 長谷川一英［2023］『イノベーション創出を実現する 「アート思考」の技術』同文舘出版.
- 濱口秀司［2016］「『デザイン思考』を超えるデザイン思考──真のイノベーションを起こすために」『DIAMONDハーバード・ビジネス・レビュー』41（4）：26-39.
- 久松由理［2024］『10歳からの考える力を伸ばす 名画で学ぶ作文ドリル』かんき出版.
- 平松礼二［2016］『モネとジャポニスム──現代の日本画はなぜ世界に通用しないのか』PHP新書.
- ヒンディ，ニール［2018］『世界のビジネスリーダーがいまアートから学んでいること』長谷川雅彬監訳，小巻靖子訳，クロスメディア・パブリッシング.
- 堀田善衞［2011］『ゴヤⅢ 巨人の影に』集英社文庫.
- 増村岳史［2018］『ビジネスの限界はアートで超えろ！──「ゼロ→イチ」の思考法「アートシンキング」入門』ディスカヴァー・トゥエンティワン.
- 町田裕治［2021］『仕事に生かすアート思考──感性×論理性の磨き方』日経BP.
- 三浦篤［2024］『大人のための印象派講座』新潮社.
- 宮下規久朗［2011］『フェルメールの光とラ・トゥールの焔──「闇」の西洋絵画史』小学館101ビジュアル新書.
- 六人部昭典［2009］『もっと知りたいゴーギャン 生涯と作品』東京美術.
- 村上隆［2006］『芸術起業論』幻冬舎.
- 森永泰史［2020］『デザイン，アート，イノベーション』同文舘出版.
- 諸橋近代美術館［2004］『ギャラリーガイド』.

- 安井裕雄［2022］『もっと知りたいモネ　生涯と作品（改訂版）』高橋明也監修，東京美術．
- 山口周［2017］『世界のエリートはなぜ「美意識」を鍛えるのか？――経営における「アート」と「サイエンス」』光文社新書．
- 吉井仁実［2021］『〈問い〉から始めるアート思考』光文社新書．
- 若宮和男［2019］『ハウ・トゥ　アート・シンキング――閉塞感を打ち破る自分起点の思考法』実業之日本社．
- ―――――［2021］『ぐんぐん正解がわからなくなる！　アート思考ドリル』実業之日本社．
- 和田昭允［2015］『サイエンス思考――「知識」を「理解」に変える実践的方法論』ウェッジ．

【著者紹介】

川上昌直（かわかみ　まさなお）

経営学者。博士（経営学）。兵庫県立大学教授としてビジネスモデルを研究・教育するかたわら、ロンドン大学SOASでは特別招聘教授として、ビジネスパーソンに向けた「アートによる創造性開発」のコースディレクターを務める。利益イノベーションを主軸にしながらも革新的な価値を世の中に提案するため、アーティストのマインドセットを取り入れた新たなビジネスモデル概念の確立を試みている。諸橋近代美術館理事、ならびにチェルシーアーツクラブ（ロンドン）メンバーとして、日英でアーティストやアート関係者とのプロジェクトに関与しながら研鑽を積んでいる。主な著書に『ビジネスモデルのグランドデザイン』（中央経済社）、『ビジネスモデル思考法』『マネタイズ戦略』（以上、ダイヤモンド社）、『「つながり」の創りかた』『収益多様化の戦略』（以上、東洋経済新報社）などがある。

熱狂的ビジネスモデル
アートが見せる価値創造の未来

2025 年 4 月 8 日発行

著　者——川上昌直
発行者——山田徹也
発行所——東洋経済新報社
　　　　　〒103-8345　東京都中央区日本橋本石町 1-2-1
　　　　　電話＝東洋経済コールセンター　03(6386)1040
　　　　　https://toyokeizai.net/

装　丁……………竹内雄二
本文デザイン・DTP……米谷　豪
製　版……………朝日メディアインターナショナル
イラスト……………本村　誠
編集協力……………三浦たまみ
印　刷……………TOPPANクロレ
編集担当……………佐藤　敬

©2025 Kawakami Masanao　　　　Printed in Japan　　　　ISBN 978-4-492-53482-3

本書のコピー、スキャン、デジタル化等の無断複製は、著作権法上での例外である私的利用を除き禁じられています。本書を代行業者等の第三者に依頼してコピー、スキャンやデジタル化することは、たとえ個人や家庭内での利用であっても一切認められておりません。
落丁・乱丁本はお取替えいたします。